数智化成本核算与管理

主　编　孔　娟　于　蕾
副主编　韩　芳　曹春英　孔晓玲
　　　　杨晓星　彭雪薇
参　编　赵　军　陈萌萌　马玉红　姜天水
主　审　肖炳峰

北京理工大学出版社
BEIJING INSTITUTE OF TECHNOLOGY PRESS

图书在版编目(CIP)数据

数智化成本核算与管理 / 孔娟, 于蕾主编. -- 北京：
北京理工大学出版社, 2024.4
ISBN 978-7-5763-3808-9

Ⅰ. ①数… Ⅱ. ①孔… ②于… Ⅲ. ①成本计算 ②成本管理 Ⅳ. ①F231.2

中国国家版本馆 CIP 数据核字(2024)第 077362 号

责任编辑:钟　博　　　　**文案编辑**:钟　博
责任校对:刘亚男　　　　**责任印制**:施胜娟

出版发行 / 北京理工大学出版社有限责任公司
社　　址 / 北京市丰台区四合庄路 6 号
邮　　编 / 100070
电　　话 / (010)68914026(教材售后服务热线)
　　　　　　 (010)68944437(课件资源服务热线)
网　　址 / http://www.bitpress.com.cn

版 印 次 / 2024 年 4 月第 1 版第 1 次印刷
印　　刷 / 涿州市新华印刷有限公司
开　　本 / 787 mm×1092 mm　1/16
印　　张 / 16.75
字　　数 / 373 千字
定　　价 / 85.00 元

前 言

二十大报告指出，高质量发展是全面建设社会主义现代化国家的首要任务。制造业应以高质量供给引领和创新需求推动传统产业、低效产能产业向高端化、智能化、绿色化方向转变。数字化和智能化已经成为企业运营和管理的关键要素，数智化成本核算与管理在企业运营中的地位日益凸显，它不仅能够帮助企业更精确地控制成本，提高运营效率，还能为企业决策提供重要依据。

本教材以"立德树人"为根本任务，以"重在职业技能培养，理论必需够用为度"为理念，将"成本会计岗位任职要求、职业标准、工作过程"作为主体内容，对企业成本会计职业岗位标准等进行典型化处理，注重以真实生产项目、典型工作任务为载体组织教材内容，将相关理论知识点细化分解到工作项目和任务中，具有职业性、实用性、典型性、可操作性。

本教材构建思路核心为"新"，如下图所示。

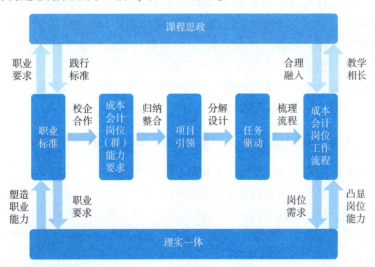

本教材具有以下特点。

（一）内容全面反映新时代教学改革成果

本教材以最新企业会计准则、税法为依据，紧跟产业发展趋势和行业人才需求，及时纳入产业发展的新技术、新工艺、新规范，使用企业案例，加入 Excel 软件运用内容，让成本核算趋于数字化和智能化；以课程建设为依托，反映典型岗位（群）职业能力要求并吸收行业企业专业技术人员深度参与教材编写，实现校企协同"双元"育人，全面反映新时代产教融合、校企合作、创新创业教育、现代学徒制和教育信息化等方面的教学改革成果；以培养职业能力为主线，将探究学习、与人交流、与人合作、解决问题、创新能力的培养贯穿教材始终。

（二）以课程思政为引领，筑建育人新高地

为了实现立德树人根本任务，在教材编写过程中充分挖掘思政元素，把二十大报告高质量发展任务目标寓于知识传授与能力培养之中；结合课程教学目标，在具体的项目任务中落实爱国爱家、工匠精神、劳模事迹、创新精神、质量意识、环境保护意识等，让学生浸润于"大思政"氛围之中，春风化雨，润物无声，实现立德树人的教育目标；体现教材价值引领，加强对学生的宇宙观、天下观、社会观、道德观的教育，注重传道授业解惑、育人育才有机统一。

（三）以"做"为中心的"教学合一"教材

本教材按照"以学生为中心，以学习成果为导向，促进自主学习"的思路进行开发，弱化"教学材料"的特征，强化"学习资料"的功能，理论知识以必须够用为度，辅助学生学习，将"成本会计岗位任职要求、职业标准、工作过程"作为主体内容，将相关理论知识点细化分解到工作任务中，便于运用"工学结合""做中学""学中做"和"做中教"教学模式，体现"做教学合一"理念。

（四）编写体例、形式和内容适合职业教育特点

本教材结构设计符合学生的认知规律，采用项目化设计，以"任务"为驱动，更加突出实践性，力求实现情境化教学。本教材共分1个导学和8个项目，下设若干任务，明确学习目标，设置"任务实施"，学生通过完成任务，总结知识，循序渐进地实现必要的知识积累、动手能力和分析问题能力的提高，符合学生的认知规律和接受能力；充分提升学生的职业核心素养，将家国情怀、工匠精神、劳动品质等品行潜移默化地融入学习，使学生在完成技能学习的同时提升职业素养。

（五）新形态一体化教材，实现教学资源共建共享

为了充分发挥"互联网+教材"的优势，本教材配备了二维码学习资源，用手机扫描本教材中的二维码即可获得课程资源支持，也可登录职教云平台或超星学银在线平台学习本课程，同时本教材提供配套教学课件、课程标准、技能训练答案及解析等供任课教师使用。新形态一体化教材便于学生即时学习和个性化学习，有助于教师进行教学模式创新。

课程门户网址如下：

https://mooc1.chaoxing.com/course/222803573.html（超星学银在线平台）；

https://sdlgzy.zjy2.icve.com.cn/course.html？courseOpenId＝ayh6admon4ld99hyfy3o7g（职教云平台）。

负责编写本教材的教师具有多年的实际工作经验和教学经验。参加本教材编写的

有山东理工职业学院孔娟、肖炳峰、于蕾、韩芳、曹春英、孔晓玲、杨晓星、彭雪薇、赵军、陈萌萌、马玉红，重庆理工大学会计学硕士研究生姜天水，山东万国云大数据科技有限公司研究中心主任宁心意、济宁京杭会计师事务所李连伟对项目的设计和工作任务的开发进行了全程指导。本教材由孔娟负责主编、定稿，并编写导学、项目一~项目四及进行微课建设；肖炳峰担任主审，负责书稿的审核；于蕾负责编写项目八；韩芳负责编写项目七；曹春英负责编写项目五；孔晓玲负责编写项目六；杨晓星负责编写项目三的任务三、项目五的任务四；彭雪薇负责编写项目六的任务四及进行微课建设；赵军、陈萌萌、马玉红和姜天水参与编写工作，负责资料的收集和整理。

　　本教材旨在传播高职教育基于工作过程系统化的最新理念和数字信息一体化教学模式，推广财会类专业课程体系改革的好经验和好方法，创新高职财会专业类相关会计课程的体系和内容设置。

　　本教材不仅适用于财会类专业、财经类专业、经济管理类专业高职高专的教学，也可作为应用型本科院校老师和学生的参考用书，还可以作为在职会计人员培训及相关从业人员的自学用书。

　　由于编者的时间和水平有限，书中难免存在疏漏之处，敬请读者批评指正，以使本教材日臻完善。

编　者

目录

导学 认知成本会计 ·· 1

    任务一 明确成本会计的对象、职能和任务 ················· 1

    任务二 理解产品成本核算原则、要求和一般程序 ··········· 5

    任务三 识别生产类型及管理要求对成本计算的影响 ········· 14

项目一 运用品种法归集、分配要素费用 ·················· 20

    任务一 选择品种法计算产品成本 ······················· 20

    任务二 归集、分配材料和动力费用 ····················· 26

    任务三 归集、分配职工薪酬 ··························· 38

    任务四 归集、分配折旧费用和其他费用 ················· 50

项目二 运用品种法归集、分配综合费用 ·················· 58

    任务一 归集、分配辅助生产费用 ······················· 58

    任务二 归集、分配制造费用 ··························· 76

    任务三 归集、分配损失性费用 ························· 84

项目三 运用品种法计算完工产品成本 ···················· 95

    任务一 清查在产品 ································· 95

    任务二 计算完工产品成本 ··························· 100

    任务三 运用 Excel 以品种法计算产品成本 ·············· 120

项目四 编制与分析成本报表 ···························· 122

    任务一 编制与分析产品生产成本表 ····················· 122

    任务二 编制与分析主要产品单位成本表 ················· 135

    任务三 编制与分析各种费用明细表 ····················· 142

项目五　运用分批法计算产品成本 ……………………… 151

任务一　选择分批计算产品成本 …………………………… 151

任务二　运用一般分批法计算产品成本 …………………… 155

任务三　运用简化分批法计算产品成本 …………………… 168

任务四　运用 Excel 以分批法计算产品成本 ……………… 175

项目六　运用分步法计算产品成本 ……………………… 178

任务一　选择分步法计算产品成本 ………………………… 178

任务二　运用逐步结转分步法计算产品成本 ……………… 182

任务三　运用平行结转分步法计算产品成本 ……………… 204

任务四　运用 Excel 以逐步结转分步法计算产品成本 …… 219

项目七　运用辅助方法计算产品成本 …………………… 222

任务一　运用分类法计算产品成本 ………………………… 222

任务二　计算联产品、副产品成本 ………………………… 229

项目八　成本控制与考核 ………………………………… 238

任务一　控制成本费用 ……………………………………… 238

任务二　考核成本费用 ……………………………………… 253

参考文献 …………………………………………………… 260

导学 认知成本会计

✓ 导　读

二十大报告提出并贯彻新发展理念，着力推动高质量发展，实施供给侧结构性改革，就是要求企业提供的产品要满足人民生活水平不断提高的需要，提供质优价廉的产品。在市场经济中，企业的竞争实质上是产品的竞争。决定产品竞争优劣的有产品的价格、质量、款式、性能、售后服务等，在这些因素中，产品质量和价格是最重要的因素。因此，企业的竞争是产品质量和价格的竞争，而产品质量和价格取决于产品成本。企业要正确计算成本，加强成本管理，努力降低控制成本。

✓ 学习目标

知识目标	能力目标	素质目标
1.理解成本会计的对象、职能、核算的原则和要求 2.熟悉成本核算的一般程序及成本计算的基础工作 3.掌握产品成本计算方法的选择	1.能够正确区分各种类型的费用 2.会合理设置成本费用核算的账户并能够正确运用各成本费用核算的账户 3.能根据企业的特点合理选择产品成本计算方法	1.懂得感恩父母、回馈社会，树立家国情怀意识 2.养成勤俭节约、珍惜资源的习惯 3.树立正确的会计职业道德观念，培养良好的沟通及团队合作能力

任务一 明确成本会计的对象、职能和任务

▶ 任务导读

张欣、李玉、王红三位投资人合伙开办了一家公司，从事蛋糕制作与销售业务。为了给蛋糕定价，在计算蛋糕生产成本时他们发生了分歧。现在来看一看是哪个地方出现了问题。本月生产蛋糕 20 万个，其他成本资料如下。

（1）材料消耗 200 万元。其中，生产产品消耗 195 万元，车间管理人员消耗 1 万元，行政管理人员消耗 2 万元，销售人员消耗 2 万元。

（2）支付职工薪酬150万元。其中，生产工人职工薪酬为60万元，车间管理人员薪酬为15万元，行政管理人员薪酬为30万元，销售人员薪酬为45万元。

（3）支付房屋租赁费20万元。其中，车间耗用15万元，行政部门耗用5万元。

（4）支付水电费15万元。其中，生产产品耗用10万元，行政部门耗用5万元。

（5）固定资产折旧费为15万元。其中，机器设备折旧14万元，行政管理部门设施折旧1万元

张欣、李玉计算一个蛋糕成本的过程为：

$$(200+150+20+15+15)\div20=20(元)$$

王红计算一个蛋糕成本的过程为：

$$(196+75+15+10+14)\div20=15.5(元)$$

请问：

（1）谁计算的蛋糕成本是正确的？

（2）他们为什么会发生这样的错误呢？你能指导他们吗？

任务陈述

成本会计是随着社会经济的发展逐步形成和不断完善的。在不同的历史阶段，成本会计在成本管理中的具体对象不同，其职能和任务也各不相同。因此，要做好成本核算工作，必须对成本会计的对象、职能和任务进行全面的了解，为正确计算成本提供理论上的支持。

任务	（1）理解成本会计的概念。 （2）掌握成本会计的对象。 （3）明确成本会计的职能。 （4）了解成本会计的任务。

任务分析

成本会计作为企业经营管理的重要组成部分，必须满足企业经营管理的要求，要满足企业经营管理的要求，特别是成本管理方面的要求，就必须对成本会计提出具体的任务。成本会计的任务受制于成本会计的对象和职能，不同时期成本会计的对象和职能不同，应完成的任务也不同。随着现代成本会计内涵和外延的扩大，企业成本核算人员应在掌握成本经济含义的基础上，明确现阶段成本会计的对象和职能，以便在成本核算过程中充分发挥成本会计在成本管理中的职能作用，实现成本核算的目标任务。

知识准备

成本会计是会计学的一个分支，是以一定的成本计算对象，计算归集生产经营过程中发生的生产耗费，分析考核成本计划完成情况，强化成本管理的一种专业会计。

成本会计的对象，是指成本会计所要反映和监督的内容。

一、成本会计的对象

（一）成本会计的一般对象

成本会计的对象可概括为：各行业企业的生产经营业务成本和有关的经营管理费用，简称为成本、费用。因此，成本会计实际上是成本、费用会计。

（二）现代成本会计的对象

在现代成本会计中，出现了许多新的成本概念，如变动成本、固定成本、边际成本、机会成本、目标成本、标准成本、可控成本、责任成本，从而组成了多元化的成本概念体系。现代成本会计的对象，应该包括各行业企业生产经营业务成本、有关的经营管理费用和各项专项成本。

> **特 别 提 醒**
>
> 成本会计的对象：在工业企业中表现为为生产产品而发生的生产成本和期间费用。

二、成本会计的职能

成本会计的职能是指成本会计在企业经营管理中所具有的功能。成本会计在不同的历史时期具有不同的职能，其最初的职能仅是成本核算。现代成本会计的职能包括成本预测、成本决策、成本计划、成本控制、成本核算、成本分析、成本考核等七项职能。

七项职能相互联系、相互依存，构成企业成本会计工作的有机整体。成本预测是成本决策的前提，成本决策又是成本预测的结果，也是成本计划的依据，成本计划是成本决策的具体化，成本控制是对成本计划实施的监督，成本核算是对成本计划的检验，成本分析与成本考核是实现成本决策目标和完成成本计划的手段。其中，成本核算是成本管理最基本的职能。

三、成本会计的任务

成本会计的任务是成本会计职能的具体化，也是人们期望成本会计达到的目标要求。

第一，核算生产费用、经营管理费用和计算产品的生产成本，为企业生产经营管理提供所需的信息数据。

第二，进行成本预测，参与经营决策，编制成本计划，为企业有计划地进行成本管理，提高管理水平和经济效益服务。

第三，严格审核和控制各项费用支出，努力节约开支，不断降低成本，以保证成本计划的完成。

第四，定期进行成本分析，考核企业的经营成果，为企业的经济决策提供依据。

学习笔记

任务实施

（1）成本会计的概念是什么？
（2）成本会计的对象是什么？
（3）成本会计的职能是什么？
（4）成本会计的任务是什么？

【"任务导读" 解析】

（1）王红计算的蛋糕成本是正确的。

（2）张欣、李玉混淆了生产费用和期间费用的区别。生产费用是指企业为生产一定种类和数量的产品所发生的各项支出，如生产产品而消耗的材料各费用、职工薪酬、车间为组织产品生产发生的费用等。生产费用随着产品的形成而构成产品成本。

期间费用是指企业在一定会计期间为生产经营的正常进行而发生的各项费用，如企业为销售产品而发生的销售费用、企业管理部门为日常管理而发生的管理费用以及为筹集资金而发生财务费用。

（3）正确计算产品成本是产品定价的基础，是企业进行生产经营决策的重要依据。

任务拓展

思考：成本会计的任务主要取决于企业经营管理的要求，还受制于成本会计的对象和职能，为什么？

悟道明理：人生　　悟道明理：共产党　　中国会计的发展　　成本会计职能
投入成本的思考　　人的初心和使命

技能闯关

一、单项选择题

1. （　　）是根据一定的成本计算对象，采用适当的成本计算方法，按规定的成本项目，通过各种费用的归集和分配，计算出各种产品的总成本和单位成本。

A. 成本预测　　　　B. 成本决策　　　　C. 成本核算　　　　D. 成本分析

2. （　　）是成本管理最基本的职能。

A. 成本预测　　　　B. 成本决策　　　　C. 成本核算　　　　D. 成本分析

3. 成本会计实际上是（　　）会计。

A. 收入、支出　　　B. 成本、费用　　　C. 收入、费用　　　D. 成本、支出

二、多项选择题

1. 制造业成本会计的对象有（　　）。

A. 为制造产品消耗的原材料

B. 为制造产品耗用的动力费用

C. 支付给生产工人的薪酬

D. 企业生产单位为组织和管理生产而支付的办公费

2. 成本会计的对象在工业企业中表现为（　　）。

A. 为生产产品而发生的生产成本　　　　B. 期间费用

C. 营业外支出　　　　　　　　　　　　D. 制造费用

3. 现代成本会计的对象包括（　　）。

A. 变动成本　　　　B. 固定成本　　　　C. 边际成本　　　　D. 机会成本

4. 现代成本会计的职能包括（　　）。

A. 成本预测　　　　B. 成本决策　　　　C. 成本计划　　　　D. 成本控制

三、判断题

1. 监督是成本会计最基本的职能。　　　　　　　　　　　　　　　　（　　）

2. 企业生产部门因生产原因发生的废品损失以及季节性、修理期间的停工损失是制造业成本会计的对象。　　　　　　　　　　　　　　　　　　　　（　　）

3. 生产性固定资产折旧费不是制造业成本会计的对象。　　　　　　　（　　）

4. 销售费用是指企业的行政管理部门为组织和管理生产而发生的各种费用。
　　　　　　　　　　　　　　　　　　　　　　　　　　　　　　　　（　　）

▶ 学习心得

（1）学习内容的梳理——画思维导图。（50分）

（2）假如你是成本核算岗位的会计，学习本任务对你的具体工作的指导和帮助有哪些？（可以包括但不限于如何选择和运用成本核算方法）（50分）

任务二　理解产品成本核算原则、要求和一般程序

▶ 任务导读

东方铝业股份有限公司属于一家中型制造企业。该企业设有 3 个基本生产车间，用于产品生产。同时，该企业设有一个修理车间和一个供电车间。修理车间负责企业

内部设备维修和其他修理工作；供电车间负责企业生产部门及管理部门用电调整和分配工作。

每月末，财务部门核算产品成本时首先将修理车间和供电车间归集的生产费用在各受益单位之间进行分配，然后将3个车间发生的制造费用在整个企业内进行第2次分配，最后计算完工产品成本和月末在产品成本。

请问：这种成本核算流程是否正确？

▶ 任务陈述

在社会生活中，不管做什么，都必须遵守各自的行为规则。产品成本是反映企业生产经营管理工作质量的综合性指标，也是确定产品价格的基础，这就决定了成本核算的严肃性和规范性。成本核算人员如何从成本管理的角度出发，保证成本核算的质量，发挥成本核算在企业经营管理中的作用？下面通过成本核算原则和要求的任务进行认知。

任务	（1）明确成本核算的原则和要求。 （2）掌握费用的分类。 （3）能够正确划分各项费用界限。 （4）掌握产品成本核算账户的设置。

▶ 任务分析

成本核算过程，既是对生产过程中各种耗费归类反映的过程，又是为满足企业管理要求进行信息反馈的过程，还是对成本计划的实施进行检验和控制的过程。产品成本核算既要符合企业会计准则、企业会计制度对成本会计核算的基本要求，又要符合企业生产特点和成本管理的特定要求，在充分发挥成本会计职能的基础上，为企业提供高质量的成本信息资料。

▶ 知识准备

一、成本核算的原则

为了规范成本会计工作，提供有用的成本管理信息，企业必须严格遵循以下成本会计核算原则。

（一）合法性原则

计入成本的费用，必须符合国家有关的法律、法规和制度的规定，严格遵守国家关于成本、费用开支范围的规定。

（二）合理性原则

合理性原则要求费用的分配做到公正、合理，分配标准符合受益原则，即谁受益谁负担，受益多的多负担，受益少的少负担。

（三）分期核算原则

产品成本的分期核算，是对产品负担生产费用所规定的起讫期，它与产品成本计算期是有区别的。产品成本计算期主要取决于生产组织的特点，受产品生产类型的影响，计算完工产品的期间并不一定完全与产品的生产周期或会计结算期一致。

（四）实际成本计价原则

实际成本计价原则要求企业发生的成本费用按所耗某项财产物质的实际成本计量。在计划成本下，虽然日常转入的费用成本是计划成本，但在期末必须将成本差异进行结转，将计划成本调整为实际成本。

（五）一致性原则

一致性原则是指与成本核算所采用的成本计算方法及与成本核算有关的会计处理方法应保持前后各期一致，使前后各期的核算资料相互衔接，便于比较。

（六）重要性原则

重要性原则要求对产品成本中的重要内容应单独设立项目反映，并力求准确，而对次要的、在成本项目中所占比重很小的内容则从简处理。

二、成本核算要求

（一）对费用进行合理分类

生产费用按经济用途分类，分为计入产品成本的生产费用和计入当期损益的期间费用。

计入产品成本的生产费用根据具体用途划分为若干个项目，即成本项目。

制造业一般应设立以下成本项目。

（1）直接材料，也称为原材料，指直接用于产品生产，构成产品实体的原材料、主要材料、外购半成品及有助于产品形成的辅助材料。

（2）燃料与动力，指直接用于产品生产的外购和自制的燃料及动力。

（3）直接人工，也称为职工薪酬，指直接从事产品生产工人的工资、奖金和各种津贴以及按规定提取、按工资总额一定比例计提的职工福利费、社会保险费、工会经费、职工教育经费等。

（4）制造费用，指企业各生产单位（分厂、车间）为组织和管理生产所发生的各项费用，如水电费、车间管理人员的工资、固定资产折旧费等。制造费用应由产品生产成本负担，不能直接计入各产品成本的间接生产费用。

企业可根据其生产特点和管理的要求增设成本项目，如废品较多且废品损失在产品成本中占的比重较大，可增设"废品损失"成本项目等。

期间费用是指企业当期发生的必须从当期收入中得到补偿的费用，包括管理费用、销售费用和财务费用，它们与产品生产无关，与生产经营期有关，因此期间费用不能计入产品成本。

（二）加强对费用的审核与控制

企业在进行成本核算时，首先要对企业在生产经营过程中发生的各项费用进行审核和控制，即根据有关规定，审核各项费用的发生是否符合计划、定额，应该支出的费用是否该计入成本，是否符合成本开支范围。

成本核算应做到审核费用、控制差异、采取措施、制止损失、分清主次、区别对待、主要从细、次要从简、细而有用、简而有理。

（三）正确划分各种费用支出的界限

为了正确计算产品成本，反映企业真实的赢利水平，必须正确划分五个方面的界限。

（1）正确划分收益性支出和资本性支出的界限。

（2）正确划分生产费用和期间费用的界限。

（3）正确划分各月份的费用界限。

（4）正确划分各种产品的费用界限。

（5）正确划分完工产品和月末在产品的费用界限。

（四）做好各项基础性工作

（1）建立健全原始记录。

（2）实行定额管理。

（3）做好材料物资的计量、收发、领退和盘点工作。

（4）制定和修订企业内部结算价格。

（五）合理确定财产物资的计价和价值结转方法

基本要求是：凡是国家有统一规定的，应采用统一规定的方法，国家没有统一规定的，企业要根据财产物资的特点，结合管理的要求合理选用，方法一经确定则不能随意变更。

（六）适应生产特点和管理要求，采用适当的成本计算方法

产品成本的形成过程是费用的发生过程，因此计算成本的方法必须适应产品生产的组织特点和工艺特点。其特点不同，采用的成本计算方法也不同。另外，从管理的角度出发，对于不同的管理要求，采用的成本计算方法也有所不同。为此，企业应根据自身的生产特点和管理要求，选择适当的成本计算方法，从而为企业提供切实合理的成本管理资料。

三、成本核算的一般程序

通过任务分析，已明确了企业成本核算的一般程序，具体如图0-2.1所示。

四、成本核算的账户设置

为了进行产品成本的总分类核算，应设置"生产成本"和"制造费用"总账账户。为了分别核算基本生产成本和辅助生产成本，应在"生产成本"一级账户下分别设置"基本生产成本"和"辅助生产成本"两个二级账户。为了减少二级账户，简化会计分录，企业可将"基本生产成本"和"辅助生产成本"设为总账账户。本书按分设后的两个总账账户进行讲述。

确定成本计算对象
成本计算对象是生产费用归集的对象或费用承担的载体，是设置产品明细账、归集生产费用、计算产品成本的前提。工业企业的成本计算对象是按产品品种、产品批别、产品生产步骤设置的，建立相应的产品成本明细账，按成本项目设立若干专栏。

确定成本计算期
成本计算期指的是成本计算的间隔期。产品成本计算期的确定主要取决于企业生产组织的特点。通常在大量、大批生产的情况下，产品成本计算期间与会计期间一致；在单件、小批量生产的情况下，产品成本计算期间与产品的生产周期一致。

审核和控制各项成本费用
审核和控制各项成本费用，就是按国家有关规定来确定费用是否应该开支，应该开支的费用应计入产品成本还是应计入期间费用。

归集分配各种要素费用
根据生产费用的原始凭证和相关资料，按各要素费用的经济用途进行归集、分配，计入产品成本、制造费用或期间费用。

正确处理跨期费用
本月发生或支付的成本费用中（摊销期在一年以上）应留待以后月份分摊的费用，应计作长期待摊费用（摊销期在一年以内包含一年的计入当期损益）。以前月份开支的长期待摊费用中应由本月负担的，应摊销计入产品成本或期间费用。本月尚未开支但应有本月负担的成本、费用，应预提计入本月的产品成本或期间费用。

归集分配辅助生产费用
月末应将归集的辅助生产费用，按受益对象编制辅助生产费用分配表，分配计入产品成本、制造费用或期间费用。

归集分配制造费用
对于各基本生产车间归集的制造费用，应分别按照不同的车间在应负担的产品之间进行分配，计入产品成本的制造费用成本项目。

计算完工产品成本和月末在产品成本
对于月末既有完工产品又有未完工在产品的产品，将归集在该种产品成本明细账中的月初在产品成本和本月生产费用之和，在完工产品和月末在产品之间进行分配，计算出完工产品成本和月末在产品成本。

图 0-2.1　企业成本核算的一般程序

特 别 提 醒

将"基本生产成本"和"辅助生产成本"设为总账账户。

（一）"基本生产成本"账户

基本生产是指为完成企业主要生产目的而进行的产品生产。"基本生产成本"总账账户是为了归集基本生产所发生的各项费用和计算产品成本设置的。"基本生产成本"账户结构如图 0-2.2 所示。

借方	基本生产成本	贷方
企业为生产产品所发生的各项生产费用		已完工验收入库的产成品成本
余额：在产品成本		

图 0-2.2 "基本生产成本"账户结构

该账户应按产品品种等成本计算对象分设明细账，该明细账一般称为产品成本明细账或产品成本计算单。该明细账中按成本项目分设专栏或专行，用来登记产品的月初在产品成本、本月发生的生产费用、本月完工产品成本和月末在产品成本，其格式见表 0-2.1。

表 0-2.1 基本生产成本明细账

车间名称：第一生产车间 产品产量：500 件
产品名称：甲产品 202×年 5 月 金额单位：元

月	日	内容摘要	产量/件	成本项目（借方分析金额）			合计
				直接材料	直接人工	制造费用	
5	1	月初在产品成本		46 000	4 000	15 000	65 000
	31	本月生产费用		285 000	24 000	26 000	335 000
	31	生产费用合计		331 000	28 000	41 000	400 000
	31	完工产品成本	400	252 000	20400	28 800	301 200
	31	完工产品单位成本		630	51	72	753
	31	月末在产品成本		79 000	7 600	12 200	98 800

（二）"辅助生产成本"账户

辅助生产是指为基本生产服务而进行的产品生产和劳务供应。"辅助生产成本"账户，是核算辅助生产为基本生产或其他部门提供产品和劳务而发生的费用，其结构如图 0-2.3 所示。

借方	辅助生产成本	贷方
辅助生产发生的各项费用		完工入库产品的成本或分配转出的劳务费用
余额：辅助生产在产品成本		

图 0-2.3 "辅助生产成本"账户结构

该账户应按辅助生产车间和生产的产品、劳务分设辅助生产明细账，按辅助生产成本项目或费用项目设专栏或专行进行明细登记。

（三）"制造费用"账户

"制造费用"账户用来归集、分配车间为生产产品和提供劳务而发生的各项间接费用，借方登记实际发生的制造费用，贷方登记分配转出的制造费用，除季节性生产的企业外，该账户月末应无余额。"制造费用"账户结构如图 0-2.4 所示。

图 0-2.4　"制造费用"账户结构

该账户按不同的车间、部门设置明细账，账内按费用项目设专栏或专行进行明细登记。

（四）其他有关成本账户的设置

为了归集和结转期间费用，应分别设置"管理费用""销售费用""财务费用"账户，为了满足核算需要，企业也可设立"待摊费用""预提费用"总账账户。企业若单独核算废品损失和停工损失，应设置"废品损失"和"停工损失"总账账户。

任务实施

> （1）说出成本计算的原则和要求。
> （2）说出费用的分类有哪几种，每一种又有哪些类型。
> （3）说出应正确划分哪几项费用支出界限。
> （4）说出产品成本计算应设置的主要账户有哪几个。

【"任务导读"解析】

企业成本会计核算制度规定，企业发生的生产费用分配顺序为：首先，将辅助生产车间归集的生产费用在各受益单位之间进行分配；其次，将各基本生产车间发生的制造费用在本车间各产品之间进行分配；最后，采用一定的方法将各产品归集的生产费用在本月完工产品和月末在产品之间进行分配。

从案例分析来看，东方铝业股份有限公司的辅助生产成本分配方法是正确的，但是制造费用不应在整个企业生产的产品之间进行分配，而应在本车间生产的产品之间进行分配。

任务拓展

> **收集资料**：收集不同企业不同产品成本计算方法下的产品成本核算流程。

悟道明理：会计
职业道德规范

正确划分各种
费用支出界限

成本核算的
一般程序

成本核算的
账户设置

学习笔记

技能闯关

一、单项选择题

1. 企业的生产经营活动是一个连续不断的生产经营过程，为了有效地控制与监督企业的生产经营过程，向决策者提供有用的会计信息，需要人为地把持续不断的生产经营活动划分成一个个首尾相接、间隔相等的会计期间。这是（　　）成本核算原则。

　　A. 合法性原则　　　B. 一致性原则　　　C. 分期核算原则　　D. 重要性原则

2. （　　）是指费用发生时不能分清是哪种产品所耗用，不能直接计入某种产品成本，必须先按地点或用途进行归集，然后按一定标准分配计入有关产品的成本的费用。

　　A. 间接计入费用　　B. 直接计入费用　　C. 管理费用　　　　D. 销售费用

3. 车间设备折旧费应该计入（　　）。

　　A. 管理费用　　　　B. 生产费用　　　　C. 销售费用　　　　D. 期间费用

4. （　　）账户是归集、分配车间为生产产品和提供劳务而发生的各项间接费用。

　　A. 基本生产成本　　B. 辅助生产成本　　C. 制造费用　　　　D. 管理费用

5. 企业成本核算的一般程序是（　　）。

　　A. 确定成本计算对象→归集分配制造费用→审核和控制各项成本费用→归集分配各种要素费用→正确处理跨期费用→归集分配辅助生产费用→确定成本计算期→计算完工产品成本和月末在产品成本

　　B. 确定成本计算对象→确定成本计算期→审核和控制各项成本费用→归集分配各种要素费用→正确处理跨期费用→归集分配辅助生产费用→归集分配制造费用→计算完工产品成本和月末在产品成本

　　C. 确定成本计算对象→确定成本计算期→审核和控制各项成本费用→归集分配各种要素费用→正确处理跨期费用→归集分配制造费用→归集分配辅助生产费用→计算完工产品成本和月末在产品成本

　　D. 确定成本计算对象→确定成本计算期→归集分配各种要素费用→审核和控制各项成本费用→正确处理跨期费用→归集分配辅助生产费用→归集分配制造费用→计算完工产品成本和月末在产品成本

6. 辅助生产发生的各项费用计入辅助生产成本的（　　）。

　　A. 借方　　　　　　B. 贷方　　　　　　C. 左方　　　　　　D. 右方

二、多项选择题

1. 企业必须严格遵循以下成本会计核算原则。（　　）

　　A. 合法性原则　　　　　　　　　　B. 分期核算原则

　　C. 合理性原则　　　　　　　　　　D. 实际成本计价原则

2. 生产费用按经济内容分为（　　）。

　　A. 外购材料　　　B. 职工薪酬　　　C. 利息费用　　　D. 税金

3. 生产费用按经济用途分为（　　）。

　　A. 计入产品成本的生产费用　　　　B. 计入当期损益的期间费用

　　C. 计入营业外支出的费用　　　　　D. 支付给供应商的货款

4. 计入产品成本的生产费用，包括（　　　）。

A. 直接材料　　　　B. 直接人工　　　　C. 制造费用　　　　D. 辅助车间费用

5. 正确划分各种费用支出界限，包括（　　　）。

A. 正确划分收益性支出和资本性支出的界限

B. 正确划分生产费用和期间费用的界限

C. 正确划分各月份费用的界限

D. 正确划分完工产品和月末在产品费用的界限

6. 辅助生产成本明细账应按（　　　）设置。

A. 辅助生产车间　　B. 生产的产品　　　　C. 提供的劳务　　　D. 成本项目

7. 关于成本核算的账务处理程序，正确的说法有（　　　）。

A. 先结转制造费用再分配辅助生产费用

B. 先分配辅助生产费用再结转制造费用

C. 先结转完工产品成本再结转期间费用

D. 先结转期间费用再结转完工产品成本

8. 成本核算应设置的账户有（　　　）。

A. 基本生产成本　　B. 辅助生产成本　　　C. 制造费用　　　　D. 管理费用

三、判断题

1. 实际成本计价原则是指与成本核算所采用的成本计算方法及与成本核算有关的会计处理方法应保持前后各期一致，使前后各期的核算资料相互衔接，便于比较。

（　　　）

2. 在成本核算中不需要划分生产费用和期间费用的界限。　　　　　（　　　）

3. 为了正确地进行成本核算，必须建立健全材料物资的计量、收发、领退和盘点制度。　　　　　　　　　　　　　　　　　　　　　　　　　　（　　　）

4. 企业在生产经营过程中发生的各项耗费称为资本性支出。　　　　（　　　）

5. "基本生产成本"和"辅助生产成本"应为总账账户。　　　　　（　　　）

6. 在成本核算的账务处理程序中，先结转制造费用再分配辅助生产费用。

（　　　）

7. 在成本核算的一般程序中，先审核和控制各项成本费用再确定成本计算对象。

（　　　）

8. 已完工验收入库的产成品成本计入基本生产成本的借方。　　　（　　　）

▶ 学习心得

（1）学习内容的梳理——画思维导图。（50分）

（2）假如你是成本核算岗位的会计，学习本任务对你具体工作的指导和帮助有哪些？（可以包括但不限于如何选择和运用成本核算方法）（50分）

任务三　识别生产类型及管理要求对成本计算的影响

任务导读

小张刚刚应聘到春城机械厂作成本核算员，该机械厂为单件小批生产的中型企业，生产过程分为铸造、加工（下设两个生产车间）和装配三个步骤，从事D-30磨床、H-40钻床和G-50铣床的生产，另外设有机修和供汽两个辅助生产车间。

该厂的生产工艺流程是：铸造车间根据生产计划浇铸各种铁铸件和铝铸件，经检验合格后送交自制半成品仓库，有一部分可对外销售；加工车间分别从仓库领用各种铸件，经不同工序加工制成各种不同的零部件，直接送交装配车间；装配车间将收到的零部件连同由仓库领来的外购件等组装成各种机床，经检验合格后送交成品仓库。

请问：作为成本核算员的小张应如何选择成本计算方法进行成本核算呢？

任务陈述

产品成本的计算，就是按照一定的成本计算对象归集、分配生产费用的过程。一般来说，按照产品品种归集、分配生产费用是产品成本计算的基本要求。但在实际工作中，成本计算对象的确定还受到企业生产类型的特点和管理要求的影响，由此形成了不同的产品成本计算方法。正确理解和处理企业生产类型的特点、成本管理要求与成本计算诸因素之间的关系，对于合理确定成本计算方法，正确计算产品成本具有十分重要的意义。

> 任务 　　（1）能根据生产组织特点和生产工艺特点对生产进行分类。
> 　　　　（2）理解生产类型的特点和管理要求对产品成本计算方法的影响。
> 　　　　（3）能根据生产类型和管理要求选择成本计算方法。

任务分析

产品成本是在生产过程中形成的，因此生产的特点在很大程度上影响着产品成本计算方法。同时，成本计算是为成本管理提供服务的，因此采用什么成本计算方法、提供哪些资料，必须考虑成本管理的要求。不同的企业和车间，其特点不同，生产类型和管理要求不同，采用的产品成本计算方法也不同。企业在确定产品成本计算方法时，必须从具体情况出发，不但考虑企业生产类型的特点，还要根据管理要求合理地选择成本计算方法。

一、工业企业的生产类型及其特点

（一）生产类型按生产工艺过程的特点分类

生产工艺过程是指制造各种产品的具体方法。生产类型按生产工艺过程的特点可以分为简单生产和复杂生产（图0-3.1）。

图 0-3.1　生产类型按生产工艺过程的特点分类

（1）简单生产也称为单步骤生产。简单生产是指工艺过程不能间断或者不便于分散在不同地点进行的生产。其产品的生产周期一般比较短，工艺技术简单，产品品种单一，通常没有在产品或其他中间产品，如发电、采掘业、燃气生产等。

（2）复杂生产也称为多步骤生产。复杂生产是指工艺过程可以间断或者可以分散在不同地点进行的生产。它既可以在一个企业或车间内单独进行，也可以由几个企业或车间在不同的地点协作进行。其产品的生产周期一般比较长，产品品种较多，有在产品、半成品或中间产品。

复杂生产按其加工方式不同，又可分为连续式多步骤生产和装配式多步骤生产两种类型。

连续式多步骤生产是指原材料投入后，要经过许多相互联系的加工步骤才能最后生产出产成品，前一个步骤生产的半成品，是后一步骤的加工对象，直至最后一个步骤才能生产出产成品，如纺织、冶金等生产。

装配式多步骤生产（又称为平行式多步骤生产）是指各种原材料投入后经过若干平行加工过程制成各种零部件，再将零部件装配成产成品的生产，如机床、汽车、钟表等的生产。

（二）生产类型按生产组织方式分类

生产类型按生产组织方式可分为大量生产、成批生产、单件生成（图0-3.2）。

（1）大量生产。大量生产是指不断地重复生产一种或几种产品的生产。其主要特点是：陆续投入、陆续产出、产量较大、品种较少。例如，采掘、化工、发电、燃气、纺织、生产等企业的生产均为大量生产。

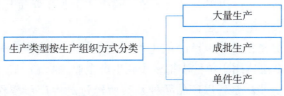

图 0-3.2　生产类型按生产组织方式分类

（2）成批生产。成批生产是指按预先规定的产品批别和数量，进行某种产品的生产。成批生产按照产品批量的大小可以分为大批生产和小批生产两种类型。其主要特点是：大批生产的产品数量较多，通常在一段时期内连续不断地生产相同的产品，因此类似于大量生产，如服装生产企业、食品生产企业等的生产；小批生产的产品数量较少，每批产品同时投产，往往同时完工，如电梯生产企业等的生产，因此类似单件生产。

（3）单件生产。单件生产是指根据订货单位的要求进行某种特定规格产品的生产。其主要特点是：企业生产的产品品种多，生产时间较长，每一订单的产品数量很少，每种产品生产后一般不再重复生产或不定期重复生产，如造船、电梯、重型机械等企业的生产。

上述生产类型的两种分类方法是有密切联系的。一般而言，简单生产都是大量生产，连续加工复杂生产可以是大量或大批生产。只有装配加工式复杂生产可以是大量生产、成批生产和单件生产。

二、成本管理要求对成本计算方法的影响

企业在组织成本计算时，从成本管理要求出发，确定成本计算对象，分清主次，区别对待。

如在单件小批生产企业中，成本计算一般是按批别进行的，但在规模较大的一些大中型装配式生产企业中，为了加强各步骤的成本管理，往往不仅要求按照产品的批别计算成本，还要求按照生产步骤计算成本。在确定单件小批生产的成本计算对象时，可以根据组织生产和便于管理的要求，对客户的订单做适当合并，然后将重新组织的生产批别作为成本计算对象。

在确定大批多步骤生产的成本计算对象时，对管理上不需要计算半成品成本的加工步骤可做适当归并，以减少成本计算对象和简化计算。连续加工式生产类型的企业所采用的方法一般为分步法，但在规模较小的企业中，如果管理上不需要提供分步骤的成本计算资料或暂时难以按步骤计算成本，也可不分步计算成本，而采用品种法计算成本。

因此，即使具备了采用某种成本计算方法的条件，根据管理要求也不一定采用该成本计算方法。

三、产品成本计算方法的选择

产品成本计算方法如图 0-3.3 所示。

（一）产品成本计算的基本方法

（1）品种法。品种法是指以产品品种为成本计算对象归集生产费用，计算产品成本的一种方法。品种法适用于大量大批单步骤生产企业及管理上不要求分步骤计算成本的大量大批多步骤生产企业。

（2）分批法。分批法是指以产品的生产批别或订单归集生产费用，计算产品成本的一种方法。分批法适用于单件小批多步骤生产企业。

（3）分步法。分步法是指以产品品种及其所经过的生产步骤作为成本计算对象归集生产费用，计算产品成本的一种计算方法。分步法适用于管理上要求分步骤提供

图 0-3.3 产品成本计算方法

成本信息的大量大批多步骤生产企业。

（二）产品成本计算的辅助方法

在实际工作中，由于产品生产情况复杂多样，企业管理水平各不相同，为了简化成本计算工作、加强成本管理与控制，企业在采用产品成本计算的基本方法的同时，还可以采用辅助方法进行成本计算。辅助方法与企业的生产类型及管理要求没有直接关系，辅助方法不能单独适用，一般与基本方法结合适用。产品成本计算的辅助方法主要有分类法和定额法。

（1）分类法。分类法是指以产品类别为成本计算对象归集、分配生产费用，计算出各类产品成本，然后按一定的分配标准在类内各产品之间进行成本分配，最终计算各种产品成本的方法。分类法主要适用于产品品种繁多，并且可以按照一定标准对产品进行分类的企业。

（2）定额法。定额法是指以产品定额成本为基础，加上或减去脱离定额差异和定额变动差异来计算产品实际成本的一种方法。定额法主要适用于定额管理制度比较健全、定额基础工作比较好、生产比较稳定的企业。

（三）产品成本计算方法的选择

1. 运用单一方法计算产品成本

以上几种常用的成本计算方法都有各自的特点和适用范围，因此，对于不同的生产类型特点和管理要求应选用不同的成本计算方法。如某些规模较小或者产品单一的企业，可以选用单一方法进行成本计算。

2. 运用多种方法计算产品成本

在实际工作中，一个企业往往综合应用多种成本计算方法。企业内部不同的生产车间、同一生产车间的不同产品，它们的生产特点和管理要求并不相同，这样，企业内部就要同时采用几种不同的产品成本计算方法，或把几种不同的产品成本计算方法结合应用。

任务实施

（1）根据生产组织特点和生产工艺特点对生产类型进行分类。
（2）说出生产类型的特点和管理要求对产品成本计算方法的影响。
（3）根据生产类型和管理要求选择成本计算方法。

【"任务导读"解析】

成本计算方法应根据生产类型和管理要求进行选择。该机械厂为单件小批生产的中型企业，生产过程为多步骤装配式生产类型。

如果企业为了节约管理成本，则可以采用分批法计算成本。

如果企业为了加强各步骤的成本管理，则不仅要求按照产品的批别计算成本，还要求按生产步骤计算成本。在确定单件小批生产的成本计算对象时，可以根据组织生产和便于管理的要求，对客户的订单做适当合并，然后将重新组织的生产批别作为成本计算对象。

任务拓展

> 思考：试分析工业企业生产类型与成本管理要求对产品成本计算方法的作用。

悟道明理：财务的时
代使命——守正创新

生产类型的分类

成本管理要求对成本
计算方法的影响

产品成本计算
方法的选择

技能闯关

一、单项选择题

1. （　　）是指以产品定额成本为基础，加上或减去脱离定额差异和定额变动差异来计算产品实际成本的一种方法。

A. 品种法　　　　B. 分批法　　　　C. 分步法　　　　D. 定额法

2. （　　）适用于管理上要求分步骤提供成本信息的大量大批多步骤生产企业。

A. 品种法　　　　B. 分批法　　　　C. 分步法　　　　D. 分类法

3. （　　）适用于大量大批单步骤生产企业及管理上不要求分步骤计算成本的大量大批多步骤生产企业。

A. 品种法　　　　B. 分批法　　　　C. 分步法　　　　D. 分类法

二、多项选择题

1. 生产类型按生产工艺过程的特点可分为（　　）。

A. 简单生产　　　B. 单步骤生产　　　C. 复杂生产　　　D. 多步骤生产

2. 复杂生产按其加工方式的不同可分为（　　）。

A. 连续式多步骤生产　　　　　　　B. 装配式多步骤生产

C. 大量生产　　　　　　　　　　　D. 成批生产

3. 生产类型按生产组织方式可分为（　　）。

A. 简单生产　　　B. 单件生产　　　C. 大量生产　　　D. 成批生产

4. 产品成本计算的基本方法有（　　）。

A. 品种法　　　　　B. 分批法　　　　　C. 分步法　　　　　D. 定额法

三、判断题

1. 分批法适用于大量大批单步骤生产企业及管理上不要求分步骤计算成本的大量大批多步骤生产企业。　　　　　　　　　　　　　　　　　　　　（　　）

2. 不同成本计算方法可以同时使用。　　　　　　　　　　　　　　　　（　　）

3. 在实际工作中，企业要根据不同的生产类型和管理要求，并考虑企业的规模和管理水平等具体条件，从实际出发，选择合理的成本计算方法。　　　　　（　　）

4. 产品成本计算的辅助方法与企业的生产类型及管理要求没有直接关系，可以单独使用。　　　　　　　　　　　　　　　　　　　　　　　　　　　　（　　）

▶ 学习心得

（1）学习内容的梳理——画思维导图。（50分）

（2）假如你是成本核算岗位的会计，学习本任务对你具体工作的指导和帮助有哪些？（可以包括但不限于如何选择和运用成本计算方法）（50分）

✓ 导学总结

导学是全书的开篇，介绍成本核算的基本理论，是成本核算的基础。导学详细介绍了成本会计的对象、职能和任务；成本核算的原则、基本要求以及程序和方法。

成本会计的对象是成本核算和监督的内容，包括产品生产成本和期间费用。成本核算的原则和基本要求，是企业进行成本核算的重要内容，也是生产经营管理的重要组成部分。成本会计人员在成本核算工作中应遵循成本核算原则，按成本核算要求和成本核算操作规程，对费用进行科学的分类，正确划分各种费用界限，按受益对象归集、分配费用，及时提供成本核算信息资料。

项目一 运用品种法归集、分配要素费用

项目导读

二十大报告指出坚持以推动高质量发展为主题，深化供给侧结构性改革，着力提高全要素生产率。成本会计的核心内容是成本核算，而要素费用是企业成本核算的基本内容之一，是产品成本的重要组成部分。因此，企业在组织成本核算、计算产品成本时，首先应根据要素费用的原始记录，正确归集、分配各种要素费用，为正确计算产品成本、提高产品要素费用生产率打下良好的基础。

学习目标

知识目标	能力目标	素质目标
1.了解要素费用的内容 2.掌握要素费用的分配方法 3.理解要素费用的账务处理	1.能够正确归集和分配各种要素费用 2.能够正确编制各种要素费用分配表 3.能够根据要素费用分配表进行账务处理	1.养成扎实做事、不浮不躁、严谨行事、一丝不苟的习惯 2.处理好享受权利与履行义务的关系 3.精确计量原材料和人工成本，确保成本数据的准确性和可靠性

任务一 选择品种法计算产品成本

任务导读

王雪是华威集团下属的北方工具厂的一名成本核算员。该企业下设一个基本生产车间，还有机修和供水两个辅助生产车间，生产甲、乙两种产品。该企业是大量生产企业，因为半成品不对外销售，所以管理上不要求计算半成品成本。该企业实行一级成本核算。

请问：根据企业实际生产情况，王雪会选择哪种方法计算该企业的产品成本？成本核算的过程是怎样的？

任务陈述

不同企业的生产类型和管理要求是不同的，但不论是何种生产类型、采用何种生产工艺、实现何种成本管理要求，最终都必须计算出每种产品的成本。因此，按照产品品种对成本费用进行归集与分配是对成本核算员最基本、最起码的技能要求。品种法是最基本的成本计算方法，也是其他成本计算方法的基础。运用品种法计算产品成本过程所涉及的业务活动和单证如图 1-1.1 所示。

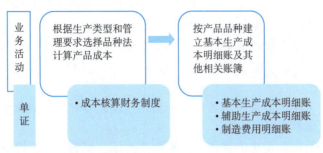

图 1-1.1　运用品种法计算产品成本过程所涉及的业务活动和单证

任务分析

运用品种法计算产品成本，是以产品品种为成本计算对象的，首先应按产品品种设置产品成本明细账（也可用产品成本计算单替代），并按成本项目开设专栏；然后根据各种要素费用、综合费用分配表分配的生产费用登记各种产品成本明细账，月末汇总生产成本，采用一定的方法分别计算出完工产品和在产品成本。

知识准备

一、品种法的含义及适用范围

产品成本计算的品种法是以产品的品种作为成本计算对象，归集生产费用，计算产品成本的方法。按成本计算的繁简程度不同，品种法又分为单一品种法和标准品种法。

品种法的适用范围如下。

（1）适用于大量大批单步骤生产企业。

凡是大量大批单步骤生产一种或几种产品的企业，如发电、采掘、供水、供汽、铸造等企业，均可采用品种法计算产品成本。

（2）适用于不要求分步骤计算半成品成本的大量大批多步骤生产的产品。

对于小规模的生产企业或车间所生产的产品，或者封闭式的车间（即按产品设立的车间，从投料到产品生产的全部过程都在一个车间内进行）所生产的产品，或者按流水线组织生产的产品，在管理上不要求提供各步骤的成本资料时，可以用品种法计算产品的成本，如糖果厂、小水泥厂、造纸厂等生产的产品。

（3）适用于企业内部辅助生产车间生产的劳务产品。

企业设置的供水、供电、供汽等辅助生产车间是为基本生产车间、企业管理部门与其他辅助生产车间提供水、电、汽等劳务的，其生产的产品品种单一，生产过程比较简单，可以采用品种法计算其成本。

二、品种法的特点

（1）以产品品种作为成本计算对象。
（2）以会计期间作为产品成本计算期。
（3）生产费用在完工产品与月末在产品之间分配。

三、品种法的成本计算程序

运用品种法计算产品成本的步骤如下。

（1）开设基本生产成本明细账（或产品成本计算单）。以产品品种作为成本计算对象，开设基本生产成本明细账（或产品成本计算单），并根据企业成本管理的要求设置成本项目专栏。

（2）归集、分配本月发生的各种生产费用。编制各种费用分配表或汇总表，并据以登记有关的成本费用明细账。

（3）归集、分配辅助生产费用。编制生产费用分配表，并据以登记有关的成本费用明细账。

（4）归集、分配基本生产车间制造费用。编制制造费用分配表，计入各种产品的基本生产成本明细账（或产品成本计算单）。

（5）计算完工产品总成本与单位成本。编制完工产品成本汇总表，计入各种产品的基本生产成本明细账。

运用品种法计算产品成本的程序如图 1-1.2 所示。

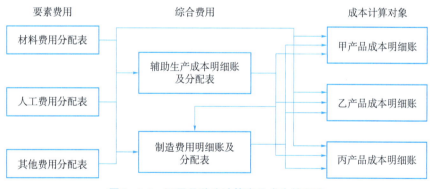

图 1-1.2　运用品种法计算产品成本的程序

任务实施

一、企业202×年9月概况及成本核算财务制度

（一）企业简介

精密机械厂设有一个基本生产车间，大量生产甲、乙两种产品，其工艺过程为多步骤生产流水线生产。该厂设有供电和机修两个辅助车间，为基本生产车间及其各部门提供供电和机修劳务。该厂采用品种法计算产品成本。

因受到财力、物力和人力瓶颈的影响，该厂财务控制制度等基本制度有待完善，会计基础工作薄弱。该厂的这些特点决定了它应对成本计算方法进行简化，使成本核算方法能符合其管理的需要，故其产品成本计算方法采用品种法。

（二）成本核算财务制度

（1）根据企业类型特点和管理要求，产品成本计算方法采用品种法。

（2）基本科目设置：设置基本生产成本和辅助生产成本两个一级科目，按产品设置明细账，按直接材料、燃料和动力、直接人工、制造费用四个成本项目对各项要素费用进行归集。

（3）按照月末一次加权平均法计算发出材料的成本。

产品成本中的直接材料项目采用定额耗用量比例法分配。

（4）外购动力费用项目采用产品生产工时比例法分配，燃料动力费用按产品燃料定额费用比例法分配。

（5）直接人工项目按工时比例法分配。

（6）辅助生产车间发生的费用采用直接分配法分配。

（7）制造费用按产品工时比例法分配。

（8）废品损失按所定额费用计算。

（9）生产费用在完工产品和月末在产品之间的分配采用约当产量比例法计算。

二、产品成本核算相关账簿设置

产品成本核算相关账簿设置见表1-1.1～表1-1.5。

表1-1.1　基本生产成本明细账

产品名称：甲产品　　　　202×年9月　　　　产品产量：　件　　　　金额单位：元

月	日	内容摘要	产量/件	成本项目（借方分析金额）				合计
				直接材料	燃料和动力	直接人工	制造费用	
		月初在产品成本	280	8 841.6	6 657	5 271.6	4 251.95	25 022.15
		本月分配生产费用……						
		生产费用合计						
		结转完工产品成本						
		完工产品单位成本						
		月末在产品成本						

表1-1.2　基本生产成本明细账

产品名称：乙产品　　　　202×年9月　　　　产品产量：　件　　　　金额单位：元

月	日	内容摘要	产量/件	成本项目（借方分析金额）				合计
				直接材料	燃料和动力	直接人工	制造费用	
		月初在产品成本	185	6 922	4 632.75	4 878.4	3 813.92	20 247.07
		本月分配生产费用……						
		生产费用合计						
		结转完工产品成本						
		完工产品单位成本						
		月末在产品成本						

表 1-1.3 辅助生产成本明细账（供电车间）

精密机械厂　　　　　　　　202×年9月　　　　　　　金额单位：元

月	日	摘要	材料费用	工资及社会保险费	燃料及动力费	折旧费	办公费	保险费	报刊费	其他	合计	转出	余额

表 1-1.4 辅助生产成本明细账（机修车间）

精密机械厂　　　　　　　　202×年9月　　　　　　　金额单位：元

月	日	摘要	材料费用	工资及社会保险费	燃料及动力费	折旧费	办公费	保险费	报刊费	其他	合计	转出	余额

表 1-1.5 制造费用明细账（基本生产车间）

精密机械厂　　　　　　　　202×年9月　　　　　　　金额单位：元

| 202×年 | | 摘要 | 工资费用 | 折旧费 | 机物料 | 修理费 | 水电费 | 办公费 | 保险费 | 报刊费 | 合计 | 转出 | 余额 |
月	日												

【"任务导读"解析】

　　由于该企业是大量生产企业，不需要运用分批法计算产品成本；又由于半成品不对外销售，管理上不要求计算半成品成本，不需要用分步法计算产品成本；所以王雪应选择运用品种法计算产品成本。

　　成本核算的过程：建立成本核算制度，开设成本核算相关账户，归集、分配本月发生的各种生产费用，归集、分配辅助生产费用，归集、分配基本生产车间制造费用，计算完工产品总成本与单位成本。

任务拓展

　　收集资料：选用品种法核算成本的企业，其生产背景具有哪些特点？管理上的要求是什么？

悟道明理：
实事求是

品种法的特点

品种法的
核算程序

账簿设置
关注点

技能闯关

一、单项选择题

1. 发电、采掘、供水、供汽、铸造等企业，均可采用（　　）计算产品成本。

A. 分批法　　　　　B. 品种法　　　　　C. 分步法　　　　　D. 定额法

2. 品种法以（　　）作为成本计算对象。

A. 批别　　　　　B. 步骤　　　　　C. 产品品种　　　　　D. 类别

3. 品种法以（　　）作为产品成本计算期。

A. 生产周期　　　　　B. 生产计划期　　　　　C. 会计纳税期　　　　　D. 会计期间

二、多项选择题

1. 品种法适用于（　　）。

A. 大量大批单步骤生产企业

B. 不要求分步骤计算半成品成本的大量大批多步骤生产的产品

C. 企业内部辅助生产车间生产的劳务产品

D. 少量小批生产企业

2. 品种法的特点是（　　）。

A. 以产品品种作为成本计算对象

B. 以生产周期作为产品成本计算期

C. 生产费用在完工产品与月末在产品之间分配

D. 以会计期间作为产品成本计算期

3. 品种法的成本计算期与（　　）一致，与（　　）不一致。

A. 生产计划期　　　　　B. 会计报告期　　　　　C. 生产周期　　　　　D. 会计纳税期

三、判断题

1. 品种法的成本计算程序是先分配生产费用，再分配辅助生产费用，然后分配制造费用。　　　　　　　　　　　　　　　　　　　　　　（　　）

2. 品种法的成本计算期与生产周期一致，与会计报告期不一致。　　（　　）

3. 品种法的生产费用应在完工产品与月末在产品之间分配　　　　　（　　）

四、简答题

1. 简述品种法的含义及适用范围。

2. 简述品种法的特点。

3. 简述品种法的成本计算程序。

4. 运用品种法计算成本时设置的相关账簿有哪些？

学习心得

（1）学习内容的梳理——画思维导图。（50分）

学习笔记

（2）假如你是成本核算岗位的会计，学习本任务对你具体工作的指导和帮助有哪些？（可以包括但不限于如何选择和运用成本计算方法）（50分）

任务二　归集、分配材料和动力费用

任务导读

王强是会计专业202×年应届毕业生，于3月15日到华光机械加工厂应聘成本核算员，应聘时财务科科长提出下列问题。

（1）对产品生产中发生的直接材料费用和间接材料费用如何处理？

（2）本企业生产甲、乙两种产品，耗用A材料1 500千克，每千克4元，甲产品的实际产量为85件，单位消耗定额为3千克，乙产品的实际产量为60件，单位消耗定额为2千克，应如何分配材料费用？甲、乙产品各负担多少材料费用？

请问：王强应如何回答上述问题？

任务陈述

材料是生产过程中的劳动对象，在生产过程中其用途各不相同，有的经过加工构成产品的主要实体，有的虽不构成产品的主要实体，但有助于产品的形成，还有的在产品生产过程中被劳动工具消耗。生产过程中发生的材料费用，是产品成本项目的重要组成部分。材料费用的归集与分配是计算产品成本的基础，只有选择合理的材料分配方法，才能正确计算各种产品成本中直接材料费用所占的比重，为产品成本的考核与控制提供基础性的资料。成本核算内容的涉及面广，可一直追溯到材料采购成本的核算。本任务重点介绍材料及动力发出和分配的核算，所涉及的业务活动及单证如图1-2.1所示。

图1-2.1　材料及动力发出和分配所涉及的业务活动及单证

任务分析

企业对生产过程中发生的材料燃料费用，应根据日常生产经营活动所生成的领料单或领料凭证汇总表及其他有关凭证进行合理的期间划分，准确地进行甄别，按费用的发生地点和用途进行归集，然后采用适当的方法，在各部门、各产品之间进行正确的分配，编制材料费用分配表，并进行相应的账务处理。因此，材料费用的核算，包括材料费用的归集和分配两个方面，首先是进行材料发出的核算，然后根据发出材料的具体用途，分配材料费用，计算产品成本。

知识准备

一、材料费用的归集与分配

在企业的生产经营活动中，材料有不同的用途，有的用于产品生产，有的用于组织和管理生产等。按计入产品成本的方法对生产费用进行分类，如图1-2.2所示。

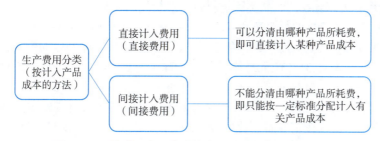

图1-2.2　按计入产品成本的方法对生产费用进行分类

在产品生产过程中，对间接材料发生的费用，应选择合理的分配标准进行分配。材料费用常用的分配方法有：定额耗用量比例分配法、定额费用比例分配法、产品产量（重量①）比例分配法、产品体积比例分配法、系数比例分配法等。

分配费用的计算公式可概括为：

$$费用分配率=\frac{待分配费用总额}{分配标准总额}$$

某产品或分配对象应负担的费用=该产品或分配对象的分配标准总额×费用分配率

这里主要介绍常用的三种方法。

（一）产品产量（重量）比例分配法

这种方法一般是在产品产量（重量）与产品所耗原材料的多少有直接关系的情况下采用。其计算公式为：

材料费用分配率=各种产品耗用的实际材料费用/各种产品的产量(重量)之和

某种产品应分配的材料费用=该种产品的产量(重量)×材料费用分配率

【案例1-2.1】　东风工厂202×年5月生产甲铸铁40件，重量为2 500千克，生产乙铸铁75件，重量为9 000千克，两种产品共同耗用生铁23 000元，要求采用产品质量比例分配法分配材料费用，分配过程见表1-2.1。

表1-2.1　材料费用分配表

东风工厂　　　　　　　　　　　　　202×年5月　　　　　　　　　　　金额单位：元

产品名称	产品重量/千克	分配率	应分配的材料费用
甲铸铁	2 500		5 000
乙铸铁	9 000	2	18 000
合计	11 500		23 000

---

① 注：此处重量特指质量，后文同。

$$材料费用分配率 = \frac{23\,000}{2\,500 + 9\,000} = 2$$

$$甲铸铁应负担的材料费用 = 2\,500 \times 2 = 5\,000(元)$$

$$乙铸铁应负担的材料费用 = 9\,000 \times 2 = 18\,000(元)$$

（二）定额费用比例分配法

这种方法一般是在各种产品共同耗用几种材料以及材料消耗定额健全且比较准确的情况下采用。其计算公式为：

$$某种产品材料定额费用 = 该产品实际产量 \times 单位产品材料费用定额$$

$$材料费用分配率 = 各种产品实际材料耗用总费用 / 各种产品材料定额费用总额$$

$$某种产品应负担的材料费用 = 该种产品材料定额费用 \times 材料费用分配率$$

【案例1-2.2】 宏大工厂202×年5月生产804、805两种型号的产品，共同领用A、B两种材料，共计31 437元。本月投产804型号的产品150件、805型号的产品120件。804型号产品材料的消耗定额：A材料12千克、B材料8千克；805型号产品材料的消耗定额：A材料4千克、B材料6千克。A、B材料实际单位成本分别为8.5元、5.5元。要求按定额费用比例分配法分配材料费用，分配过程见表1-2.2。

表1-2.2 材料费用分配表

宏大工厂　　　　　　　　　　　　202×年5月　　　　　　　　　　　　金额单位：元

产品名称	产品产量（件）	A材料		B材料		材料定额费用（元）	分配率	应分配的材料费用（元）
		单耗定额	单价	单耗定额	单价			
804型号	150	12	8.5	8	5.5	21 900		22 995
805型号	120	4	8.5	6	5.5	8 040	1.05	8 442
合计	—					29 940		31 437

$$804型号产品材料定额费用 = 150 \times 12 \times 8.5 + 150 \times 8 \times 5.5 = 21\,900(元)$$

$$805型号产品材料定额费用 = 120 \times 4 \times 8.5 + 120 \times 6 \times 5.5 = 8\,040(元)$$

$$材料费用分配率 = \frac{31\,437}{21\,900 + 8\,040} = 1.05$$

$$804型号产品应负担的费用 = 21\,900 \times 1.05 = 22\,995(元)$$

$$805型号产品应负担的费用 = 8\,040 \times 1.05 = 8\,442(元)$$

根据上表编制会计分录：

借：基本生产成本——804型号　　　　　　　　　　　　22 995

　　　　　　　　——805型号　　　　　　　　　　　　　8 442

　　贷：原材料　　　　　　　　　　　　　　　　　　　31 437

（三）定额耗用量比例分配法

材料定额消耗量是指单位产品可以消耗的材料数量限额。这种方法一般是在各项材料消耗定额健全且比较准确的情况下采用。其计算公式为：

$$某种产品材料定额消耗量 = 该种产品的实际产量 \times 单位产品原材料消耗定额$$

$$材料消耗量分配率 = 材料实际消耗总量 / 各种产品材料定额消耗量之和$$

$$某种产品应分配的材料数量 = 该种产品的材料定额消耗量 \times 材料消耗量分配率$$

$$某种产品应分配的材料费用 = 该种产品应分配的材料数量 \times 材料单价$$

【案例 1-2.3】　阳光工厂生产甲、乙两种产品，202×年 6 月共同耗用 A 材料 6 000 千克，每千克 3 元，共计 18 000 元。生产甲产品 500 件，单件产品 A 材料消耗定额为 2 千克；生产乙产品 800 件，单件产品 A 材料消耗定额为 2.5 千克。要求采用定额耗用量比例分配法分配材料费用，计算分配如下：

甲产品 A 材料定额耗用量 = 500×2 = 1 000(千克)

乙产品 A 材料定额耗用量 = 800×2.5 = 2 000(千克)

A 材料定额消耗总量 = 1 000+2 000 = 3 000(千克)

$$材料消耗量分配率 = \frac{6\ 000}{3\ 000} = 2$$

甲产品应分配的材料数量 = 1 000×2 = 2 000(千克)

乙产品应分配的材料数量 = 2 000×2 = 4 000(千克)

甲产品应负担的材料费用 = 2 000×3 = 6 000(元)

乙产品应负担的材料费用 = 4 000×3 = 12 000(元)

这种分配方法不仅能够计算出每种产品应分配的材料费用，还可以计算出每种产品耗用材料的实际数量，便于考核材料消耗定额的执行情况，有利于进行材料消耗的实物管理，但工作量较大。

二、外购燃料费用

燃料实际也是材料，更是一项能源。在环境保护措施日益强化的今天，加强燃料管理，减少碳排放，留住青山绿水，是每一个企业应尽的责任。如果燃料费用在产品成本中比重较大，可以和动力费用一起专设"燃料和动力"成本项目，或增设"燃料"账户，以便单独核算燃料费用的增、减变动和结存，以及燃料费用的分配情况；燃料费用在产品成本中所占比重不大时，也可记入"原材料"账户。

三、外购动力费用

外购动力主要是指企业外购的电力、热力、风力等。外购动力实际上相当于外购的材料，只是不以实在的物体形式存在，因此在会计处理上它既与材料有相同之处，又与材料有不同之处。动力与材料的相同点和不同点如图 1-2.3 所示。

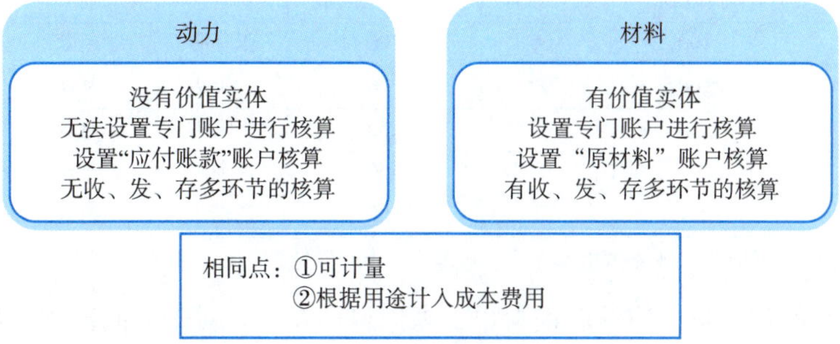

动力	材料
没有价值实体 无法设置专门账户进行核算 设置"应付账款"账户核算 无收、发、存多环节的核算	有价值实体 设置专门账户进行核算 设置"原材料"账户核算 有收、发、存多环节的核算

相同点：①可计量
②根据用途计入成本费用

图 1-2.3　动力与材料的相同点和不同点

在实际工作中，由于外购动力付款期与成本费用的核算期不一致，即外购动力付款期往往是下月初，而成本核算期一般是月末，所以付款时并不反映成本费用，而是先计入"应付账款"账户，等月末核算成本费用时再将其分配到各成本费用账户。

任务实施

一、材料费用的分配核算

（一）材料发出原始凭证的填制

1. 领料单

领料单的格式见表1-2.3。

表1-2.3 领料单

领料单位：二车间1组 　　　　　　　　　　　　　　　　　　　　　用途：生产A产品
发料仓库：1号库 　　　　　　　　　202×年5月9日 　　　　　　　　编号：0905332

材料编号	材料类型	名称	规格	计量单位	数量		成本	
					请领	实发	单价	金额
02-220		钢板	3毫米	吨	1.5	1.5	7 000	500

发料人：张勤 　　　　领料人：赵杰 　　　　领料单位负责人：李敏 　　　　主管：王梧

领料单是一种一单一料、一次有效的凭证，由领料单位按照领料单中所列项目如实填写，一般一式三联。

2. 限额领料单

限额领料单是一种在规定时间和规定限额内多次使用的累计领料凭证，由企业的生产计划部门或供应部门，根据产品的生产计划和材料消耗定额等资料编制。实行限额领料制度，可以控制材料领发的数量，有助于降低成本中的材料耗费。限额领料单的格式见表1-2.4。

表1-2.4 限额领料单

领料单位：二车间二组 　　　　　单位消耗定额：2千克 　　　　　发料仓库：5号库
计划产量：250件 　　　　　　　　202×年5月 　　　　　　　　　编号：0905003

材料类别编号	材料名称	规格	计量单位	单价	领用限额	用途
06-302	纸箱	3#	只	1.2	500	包装产品
领用日期	请领数量	实发数量	累计实发数量	发料人	领料人	限额结余
5月1日	100	100	100	张晓明	赵蕊	400
5月6日	100	100	200	张晓明	赵蕊	300
5月9日	150	50	250	张晓明	赵蕊	250
5月20日	200	200	450	张晓明	赵蕊	50
5月25日	50	50	500	张晓明	赵蕊	0

供应部门负责人：郭东 　　领料单位负责人：赵蕊 　　生产部门负责人：林伟 　　仓库管理人员：张晓明

对于生产所剩余料，应编制退料单，据以退回仓库。对于车间已领未用，下月继续使用的材料，可办理假退料手续。也就是说，材料实物仍在车间，填制一张本月退料单，表示余料已退回仓库，同时填制一张下月领料单，表示余料下月领用。这样既保证了车间计算上的正确性，又避免了手续上的麻烦。

（二）材料费用分配的核算

为了详细、系统地介绍产品成本核算的一般程序，本教材以精密机械厂202×年9

月的业务为例，介绍各种生产费用的归集与分配（涉及整个项目一的内容），实际上介绍的是各种类型企业都适用的成本核算的基本原理。

【案例1-2.4】　精密机械厂202×年9月的业务所涉及表格见表1-2.5～表1-2.7（甲、乙产品所负担材料费用按定额耗用量进行分配）。

表1-2.5　材料领用汇总表

精密机械厂　　　　　　　　　　202×年9月　　　　　　　　　　金额单位：元

领用部门	生产甲产品	生产乙产品	生产甲乙两种产品	基本生产车间	供电车间	机修车间	管理部门	销售部门
A材料	24 040	41 860	18 000	4 300	1 540	2 650	300	180

表1-2.6　材料消耗定额

产品类别	成本或费用项目	定额耗用量/千克
甲产品	直接材料	3 600
乙产品	直接材料	1 400

表1-2.7　材料费用分配表

精密机械厂　　　　　　　　　　202×年9月　　　　　　　　　　金额单位：元

应借账户		成本或费用项目	间接计入			直接计入	合计
			定额耗用量（千克）	分配率	分配金额		
基本生产成本	甲产品	直接材料	3 600		12 960	24 040	37 000
	乙产品	直接材料	1 400		5 040	41 860	46 900
	小计		5 000	3.6	18 000	65 900	83 900
辅助生产成本	供电车间	材料				1 540	1 540
	机修车间	材料				2 650	2 650
	小计					4 190	4 190
制造费用	基本生产车间	机物料消耗				4 300	4 300
管理费用		机物料消耗				300	300
销售费用		机物料消耗				180	180
合计					18 000	74 870	92 870

根据表1-2.7编制记账凭证（表1-2.8），据以登记总账和明细账。

表1-2.8　记账凭证

单位：精密机械厂　　　　　　　　202×年9月30日　　　　　　　　记字第　号

摘要	总账科目	明细科目	借方金额	贷方金额	记账
领用材料	基本生产成本	甲产品（直接材料）	37 000.00		
		乙产品（直接材料）	46 900.00		
	制造费用	机物料	4 300.00		
	辅助生产成本	供电车间（物料消耗）	1 540.00		
		机修车间（物料消耗）	2 650.00		

续表

摘要	总账科目	明细科目	借方金额	贷方金额	记账
	管理费用		300.00		
	销售费用		180.00		
	原材料	A 材料		92 870.00	
合计			92 870.00	92 870.00	

二、燃料费用分配的核算

燃料费用的分配标准一般有产品的质量、体积、所耗原材料的数量或费用以及燃料的消耗定额或定额费用。

【案例 1-2.5】 精密机械厂 202×年 9 月直接用于甲、乙产品生产的燃料费用共计 26 800 元，供电车间耗用的燃料费用为 900 元，机修车间耗用的材料费用为 1 200 元。甲、乙两种产品所消耗的燃料费用按产品的燃料定额费用比例分配。燃料消耗汇总表见表 1-2.9，燃料消耗定额见表 1-2.10。

表 1-2.9　燃料消耗汇总表

精密机械厂　　　　　　　　　　　202×年 9 月　　　　　　　　　　　金额单位：元

领用部门	生产甲、乙两种产品	供电车间	机修车间
燃料	26 800	900	1 200

表 1-2.10　燃料消耗定额

产品类别	成本或费用项目	定额耗用量/千克
甲产品	燃料及动力	2 950
乙产品	燃料及动力	3 750

根据有关凭证编制“燃料费用分配表”，见表 1-2.11。

表 1-2.11　燃料费用分配表

精密机械厂　　　　　　　　　　　202×年 9 月　　　　　　　　　　　金额单位：元

应借科目		成本或费用项目	直接计入	分配计入			合计
				定额燃料费用	分配率	分配金额	
基本生产成本	甲产品	燃料及动力		2 950		11 800	11 800
	乙产品	燃料及动力		3 750		15 000	15 000
	小计			6 700	4	26 800	26 800
辅助生产成本	供电车间	燃料及动力	900				900
	机修车间	燃料及动力	1 200				1 200
	小计		2 100				2 100
合计			2 100	6 700		26 800	28 900

根据"燃料费用分配表"（表1-2.11）编制记账凭证，见表1-2.12。

表1-2.12 记账凭证

单位：精密机械厂　　　　　　　　　202×年9月30日　　　　　　　　　记字第　号

摘要	总账科目	明细科目	借方金额	贷方金额	记账
分配燃料	基本生产成本	甲产品（燃料及动力）	11 800.00		
		乙产品（燃料及动力）	15 000.00		
	辅助生产成本	供电车间（燃料及动力）	900.00		
		机修车间（燃料及动力）	1 200.00		
	燃料			28 900.00	
合计			28 900.00	28 900.00	

三、动力费用分配的核算

（一）根据仪表记录，汇总编制各部门外购动力耗用数量表

【案例1-2.6】　精密机械厂各月外购动力费用相差较大，会计上要通过"应付账款"科目进行核算。9月发生同外购动力有关的经济业务如下。

（1）10日，收到银行转来的供电公司开具的增值税专用发票，上月应付电费为50 000元，增值税为15 300元。经审核无误后予以转账支付。

（2）30日，各部门汇总本月耗电68 000度，每度电价格为0.6元。

各部门耗用的外购电力情况汇总见表1-2.13。要求：生产产品共同耗用的电费按产品的生产工时分配，甲、乙产品的工时记录见表1-2.14。

表1-2.13 各部门外购电力耗用量汇总表

精密机械厂　　　　　　　　　202×年9月　　　　　　　　　金额单位：元

受益部门	耗用量/度	每度电费	费用总额
产品生产	50 000		30 000
基本生产车间	2 500		1 500
供电车间	5 500		3 300
机修车间	6 500		3 900
行政管理部门	1 500		900
销售机构	2 000		1 200
合计	68 000	0.6	40 800

表1-2.14 甲、乙产品的工时记录

产品	甲产品	乙产品
工时/小时	4 000	6 000

（二）外购动力费用的分配核算

支付外购动力费用时借记"应付账款""应交税费——应交增值税（进项税额）"账户，贷记"银行存款"账户。外购动力费用的常用分配方法有生产工时比

例分配法、机器工时比例分配法、定额耗用量比例分配法等。相关计算公式为：

外购动力费用分配率＝各种产品耗用的外购动力费用/各种产品分配标准之和

某种产品应分配的外购动力费用＝该种产品的分配标准×外购动力费用分配率

【案例1-2.7】 根据表1-2.7所示各部门外购电力耗用量汇总表及上述计算结果，编制外购动力费用（电费）分配表，见表1-2.15。

表1-2.15 外购动力费用（电费）分配表

精密机械厂　　　　　　　　　　　　202×年9月　　　　　　　　　　　　金额单位：元

应借账户		成本项目或费用项目	生产工时/小时	分配率	度数（单价0.6）	分配金额
基本生产成本	甲产品	燃料及动力	4 000			12 000
	乙产品	燃料及动力	6 000			18 000
	小计		10 000	3	50 000	30 000
辅助生产成本	供电车间	燃料及动力			5 500	3 300
	机修车间	燃料及动力			6 500	3 900
	小计				12 000	7 200
制造费用	基本生产车间	水电费			2 500	1 500
管理费用		水电费			1 500	900
销售费用		水电费			2 000	1 200
合计					68 000	40 800

根据表1-2.15编制记账凭证，见表1-2.16。

表1-2.16 记账凭证

单位：精密机械厂　　　　　　　　　　　　202×年9月30日　　　　　　　　　　　　记字第　　号

摘要	总账科目	明细科目	借方金额	贷方金额	记账
分配动力费	基本生产成本	甲产品（燃料及动力）	12 000.00		
		乙产品（燃料及动力）	18 000.00		
	辅助生产成本	供电车间（燃料及动力）	3 300.00		
		机修车间（燃料及动力）	3 900.00		
	制造费用	水电费	1 500.00		
	管理费用		900.00		
	销售费用		1 200.00		
	应付账款	供电公司		40 800.00	
合计			40 800.00	40 800.00	

【"任务导读"解析】

（1）对产品生产中发生的直接材料费用和间接材料费用的处理如下。

直接材料费用即直接用于产品生产、构成产品实体的材料费用，通常按产品品种分别领用，直接归集到该成本计算对象中（如某一种产品）；间接材料费用即生产几种产品共同领用的材料，先按发生地点归集汇总，然后采用一定的分配标准分配计入各种成本计算对象。

（2）根据提供的资料，该企业的产品单位消耗定额管理健全且比较准确，因此选用定额耗用量比例法分配甲、乙两种产品共同耗用的 A 材料。计算过程（略）参照例题。

任务拓展

> 分别用定额耗用量比例分配法和定额费用比例分配法计算同一题的材料分配，比较分配后的结果，说明两种方法的优、缺点。

悟道明理：享受权利
与履行义务的关系

悟道明理：
过度包装

定额费用比例分配法
和定额耗用量比例
分配法的比较

外购动力付款期与
成本费用核算
期不一致的核算

技能闯关

一、单项选择题

1. （　　）不能分清哪种产品所耗费，即只能按一定标准分配计入有关产品成本。

A. 直接费用　　　　B. 间接费用　　　　C. 辅助费用　　　　D. 管理费用

2. 某种产品材料定额费用=（　　）×单位产品材料费用定额。

A. 该产品定额产量　　　　　　　　B. 该产品实际产量
C. 该产品计划产量　　　　　　　　D. 该产品标准产量

3. （　　）是一种在规定时间和规定限额内多次使用的累计领料凭证。

A. 一次领料单　　　B. 汇总领料单　　　C. 退料单　　　　D. 限额领料单

4. 品种法下产品耗用的材料费用计入（　　）账户。

A. "辅助生产成本" B. "制造费用"　　C. "基本生产成本" D. "管理费用"

5. 燃料费在产品成本中所占比重不大时，也可记入（　　）账户。

A. "周转材料"　　B. "原材料"　　　C. "材料成本差异" D. "库存商品"

6. 在实际工作中，由于外购动力付款期与成本费用的核算期不一致，所以在支付外购动力费时，一般先计入（　　）账户。

A. "应收账款"　　B. "其他应收款"　　C. "应付账款"　　D. "其他应付款"

7. 外购燃料和动力费用分配原则，在不同受益单位或对象有仪表记录的情况下，（　　）各受益对象。

A. 按工时分配计入　　　　　　　　B. 直接计入
C. 有选择地计入　　　　　　　　　D. 按一定的标准分配计入

二、多项选择题

1. 材料费用的主要内容包括（　　　）。

A. 原材料及主要材料　　　　　　　　B. 辅助材料

C. 外购半成品　　　　　　　　　　　D. 修理用备件

2. 材料费用常用的分配方法有（　　　）。

A. 定额耗用量比例分配法　　　　　　B. 定额费用比例分配法

C. 产品产量（质量）比例分配法　　　D. 产品体积比例分配法

3. 定额耗用量比例分配法的优点是（　　　），缺点是（　　　）。

A. 有利于进行材料消耗的实物管理　　B. 有利于进行材料消耗费用的管理

C. 工作量较小　　　　　　　　　　　D. 工作量较大

4. 对于生产所剩余料，应编制（　　　），据以将余料退回仓库。对于车间已领未用，下月继续使用的材料，可办理（　　　）手续。

A. 退料单　　　　B. 假退料单　　　　C. 假退料　　　　D. 退料

5. 如果燃料费在产品成本中比重较大，可以和动力费用一起专设（　　　）成本项目，或增设（　　　）账户，以便单独核算燃料的增、减变动和结存，以及燃料费用的分配情况。

A. "燃料和动力"　　B. "燃料"　　　C. "主要材料"　　　D. "辅助材料"

6. 燃料费用的分配标准一般有（　　　）。

A. 产品的质量　　　　　　　　　　　B. 产品的体积

C. 所耗原材料的数量或费用　　　　　D. 燃料的定额消耗量或定额费用

7. 外购动力费用的常用分配方法有（　　　）。

A. 生产工时比例分配法　　　　　　　B. 机器工时比例分配法

C. 定额耗用量比例分配法　　　　　　D. 产品产量（质量）比例分配法

8. 对外购动力费用的分配，应借记有关成本费用账户，贷记（　　　）账户。

A. "生产成本——基本生产成本"　　　B. "银行存款"

C. "生产成本——辅助生产成本"　　　D. "应付账款"

三、判断题

1. 直接计入费用指不能分清哪种产品所耗费，只能按一定标准分配计入有关产品成本。　　　　　　　　　　　　　　　　　　　　　　　　　　　　　（　　　）

2. 费用分配率等于待分配费用总额乘以分配标准总额。　　　　　（　　　）

3. 实行限额领料制度，不能控制领发的数量，但有助于减少成本中的材料耗费。

（　　　）

4. 对于生产所剩余料，应编制退料单，据以将余料退回仓库。对于车间已领未用，下月继续使用的材料，可办理假退料手续。　　　　　　　　　　　　（　　　）

5. "应付账款"账户余额一定出现在贷方。　　　　　　　　　　（　　　）

6. 月末，动力部门应根据仪表记录，汇总编制各部门外购动力耗用数量表。（　　　）

7. 支付外购动力费用时借记"应收账款"科目，贷记"银行存款"科目。（　　　）

四、技能训练题

1. 材料费用的分配。

某企业有一个基本生产车间，生产甲、乙两种产品，有机修和供水两个辅助生产车间，为基本生产车间和管理部门提供服务。202×年5月甲产品产量为80件，乙产品产量为100件，根据领料单汇总各单位领料情况，见表1-2.17。该企业材料收发采用实际成本核算；甲、乙两种产品共同耗用材料按产量比例分配。

表1-2.17 领料汇总表

202×年5月

领料部门	材料类别	金额/元
甲产品直接耗用	原材料	70 000
乙产品直接耗用	原材料	65 000
甲、乙产品共同耗用	原材料	18 000
供水车间领用	原材料	5 000
供电车间领用	原材料	3 000
基本生产车间领用	机物料	2 000
管理部门领用	物料	2 000
在建工程	物料	35 00

要求如下。

（1）分配甲、乙产品共同领用的材料费用。

（2）编制原材料费用分配表（表1-2.18）。

（3）编制会计分录。

表1-2.18 原材料费用分配表

202×年5月 金额单位：元

应借账户	成本明细	间接计入			直接计入	合计
		产量	分配率	分配额		
基本生产成本	甲产品					
	乙产品					
	小计					
辅助生产成本	供水车间					
	供电车间					
	小计					
制造费用	基本生产车间					
管理费用						
在建工程						
合计						

2. 外购动力费用的分配。

（1）资料：某企业202×年8月外购动力费用为80 000元，款项尚未支付。该企业基本生产车间生产甲、乙两种产品，共耗电费60 000元，本月甲产品生产工时为55 000小时，乙产品生产工时为45 000小时。其外购动力耗用情况见表1-2.19。

表 1-2.19　外购动力耗用情况

202×年8月

用电部门	金额/元
基本生产车间——产品生产	60 000
基本生产车间——一般耗用	4 000
辅助生产车间——机修	9 000
行政管理部门	7 000
合计	80 000

（2）要求如下。

①对甲、乙产品按生产工时分配电费。

②分配各部门电费，编制外购动力费用分配（表1-2.20），据以编制会计分录。

表 1-2.20　外购动力费用分配表

202×年8月　　　　　　　　　　　　　　　　　　　　　　　　　金额单位：元

应借科目	明细账	生产工时/小时	分配率	分配金额
生产成本	甲			
	乙			
小计				
辅助生产成本	机修车间			
制造费用				
管理费用				
合计				

> **学习心得**

（1）学习内容的梳理——画思维导图。（50分）

（2）假如你是成本核算岗位的会计，学习本任务对你具体工作的指导和帮助有哪些？（可以包括但不限于如何选择和运用成本计算方法）（50分）

任务三　归集、分配职工薪酬

> **任务导读**

某企业装配车间进行流水线作业，采用集体计件工资制度。本月发生业务的有关资料如下。

①本月加工完成甲产品1 500件。其中，合格品1 400件、料废品80件、工废品20件，每件产品的计件工资为11元，

②装配车间共有3位工人，级别分别为六级工、五级工和四级工。他们的日工资分别为120元、100元和80元；出勤天数分别为20天、22天和25天。

请问：如何分配每人应得的计件工资？

任务陈述

企业要进行产品生产与经营，就要有一定数量的劳动者为企业提供服务，企业必须依据劳动者的服务质量和服务数量，按国家的有关规定，计算每一会计期间应付给企业劳动者的劳动报酬。加强职工薪酬的核算与管理，以促进劳动者劳动质量和数量的提高。同时，职工薪酬费用又是产品成本的重要组成部分，正确进行职工薪酬费用的核算，对正确考核、分析成本费用的计划执行情况将起到积极作用，从而达到提高劳动效率，减少成本费用的目的。

职工薪酬核算所涉及的业务活动和单证如图1-3.1所示。

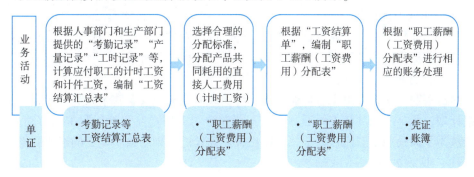

图1-3.1 职工薪酬核算所涉及的业务活动和单证

任务分析

职工薪酬费用是产品成本的重要构成内容，是企业在生产经营中发生的人工成本。会计部门应根据有关的原始记录，按职工提供服务的具体对象，正确计算职工的计时工资和计件工资，按车间、部门分别编制"职工薪酬结算单"，在此基础上编制"职工薪酬（工资费用）分配表"，分别按受益对象分配职工薪酬。分配时，应明确职工薪酬中哪些应计入成本费用，以及应计入成本费用的职工薪酬哪些可直接计入，那些需要采用分配方法分配计入，由此解决职工薪酬费用分配对象和分配方法的问题。

知识准备

一、职工薪酬的内容

职工是指与企业订立劳动合同的所有人员，含全职、兼职和临时职工，也包括虽未与企业订立劳动合同但由企业正式任命的人员，如董事会成员、监事会成员和内部审计委员会成员等。在企业的计划和控制下，虽未与企业订立正式劳动合同或未正式任命，

但为企业提供与职工类似服务的人员，如劳动用工合同人员，也视同企业职工。

职工薪酬是指企业为获得职工提供的服务而给予各种形式的报酬以及其他相关支出。具体来说，职工薪酬主要包括以下内容。

（1）职工工资（工资总额）。

按照国家统计局《关于职工工资总额组成的规定》，工资总额包括：计时工资、计件工资、奖金、津贴与补贴、加班加点工资和特殊情况下支付的工资等。

（2）职工福利费。

职工福利费是指企业为职工集体提供的福利，如补助生活困难职工等。

（3）医疗保险费、养老保险费、失业保险费、工伤保险费和生育保险费等社会保险费。

（4）住房公积金。

（5）工会经费和职工教育经费。

工会经费和职工教育经费是指企业为了改善职工文化生活、提高职工业务素质用于开展工会活动和职工教育及职业技能培训，根据国家规定的基准和比例，从成本费用中提取的金额。

（6）非货币性福利。

非货币性福利是指企业以自产产品或外购商品发放给职工作为福利，将自己拥有的资产无偿提供给职工使用，为职工无偿提供医疗保健服务等。

（7）辞退福利。

辞退福利是指企业由于主辅业分离、辅业改制、分流安置富余人员、实施重组或改组计划、职工不能胜任等原因，在职工劳动合同到期之前解除与职工的劳动关系，或者从为了鼓励职工自愿接受裁减而提出补偿建议的计划中给予职工的经济补偿。

（8）股份支付。

股份支付是指企业为了获取职工和其他方提供服务而授予权益工具或者承担以权益工具为基础而确定的负债的交易。

二、职工薪酬的归集与分配

（一）工资费用原始记录的填制

1. 考勤记录

考勤表见表1-3.1。

表1-3.1　考勤表

车间或部门：第一车间　第三小组

考勤员：　　　　　　　　　　　时间：202×年9月

工人			出勤缺勤记录				出勤情况							缺勤情况							备注
			1	2	3	…															
			合计																		
工号	姓名	等级	出勤天数	缺勤天数			计时工资	计件工资	中班次数	夜班次数	加班加点	停工	其他	公假	工伤	探亲假	产假	婚丧假	事假	矿工	

2. 产量和工时记录

工作班产量记录见表1-3.2。

表1-3.2　工作班产量记录

车间：　　　　工段：　　　　组别：　　　　班别：　　　　时间：　　　　编号

项目记录							交验结果										工资		
工序	姓名	进程单号	产品或定单号	产品型号	零件名称	工序名称	交验数量	合格数量	返修数量	工废数量	料废数量	短缺数量	未加工余料	定额总工时	实际工时	检查员号	计件单价	合格品工资	废品工资	合计

（二）计时工资和计件工资的计算

1. 计时工资的计算

计时工资是指按计时工资标准和工作时间支付给职工的劳动报酬。企业在计算工资时，可采用月薪制、日薪制和小时工资制。企业固定职工的计时工资一般按月薪计算，临时职工的计时工资大多按日薪计算，也有按小时工资计算的。这里重点介绍月薪制下计时工资的计算。

采用月薪制，不论各月日历日数多少，每月的标准工资都相同。为了按照职工出勤或缺勤日数计算应付的月工资，还应根据月工资标准计算日工资率，即每日平均工资。日工资率有两种计算法，如图1-3.2所示。

图1-3.2　日工资率的计算方法

日工资率确定后，即可计算月应付工资。其计算方法有两种。

第一种方法：按月标准工资扣除缺勤工资计算。

应付计时工资=月标准工资-（病假日数×日工资标准×病假扣款率）-（事假日数×日工资标准）

第二种方法：直接根据职工出勤天数计算。

应付计时工资=出勤日数×日工资率+病假日数×日工资率×（1-病假扣款率）

上式中，月标准工资可从职工的工资卡片中取得，只要职工的标准工资不调整，该数字每个月的金额都应是相同的。出勤日数可以从考勤记录中取得。

特别提示

企业计算应付计时工资时采用哪一种计算方法，由企业自行确定，确定后不应任意变动。

【案例1-3.1】　鸿达工厂二车间工人李强的月工资标准为9 600元。8月共31

天，其中病假 2 天，事假 4 天，双休日 10 天，出勤 15 天。根据该工人的工龄，病假按 10% 扣除工资，该工人的病假和事假期间没有节假日。计算该工人 8 月的工资是多少。

（1）按 30 天计算日工资率：

$$日工资率 = \frac{9\ 600}{30} = 320（元）$$

按缺勤应扣工资额计算：

$$应付工资 = 9\ 600 - 320 \times 2 \times 10\% - 320 \times 4 = 8\ 256（元）$$

按出勤天数计算：

$$应付工资 = (15 + 10) \times 320 + 2 \times 320 \times (1 - 10\%) = 8\ 576（元）$$

（2）按 21.75 天计算日工资率：

$$日工资率 = \frac{9\ 600}{21.72} \approx 441.38$$

按缺勤应扣工资额计算：

$$应付工资 = 9\ 600 - 441.38 \times 2 \times 10\% - 441.38 \times 4 = 7\ 746.20（元）$$

按出勤天数计算：

$$应付工资 = 441.38 \times 15 + 441.38 \times 2 \times (1 - 10\%) = 7\ 415.18（元）$$

> **比较两种方法的优、缺点**
>
> 按 30 天计算日工资率，法定假日也付工资。
>
> 按 21.75 天计算日工资率，节假日不付工资，能体现按劳分配原则。另外，按缺勤扣发工资时，由于缺勤总比出勤少，所以计算简便。
>
> 因此，按 21.75 天计算日工资率、按缺勤扣月工资的方法相对较好。

2. 计件工资的计算

计件工资是指按职工所完成的符合质量要求的工作量和计件单价计算支付的劳动报酬。计件工资的计算包括个人计件工资的计算和集体计件工资的计算。

1）个人计件工资的计算

在实行计件工资制的企业中，职工的计件工资是根据产量记录中登记的产量乘以规定的计件单价计算的。产量有合格品数量和废品数量。对于废品，应区分料废品和工废品，料废品工资照付，工废品不但不能计算工资，有的还应根据具体情况由生产工人赔偿。计算公式如下：

应付计件工资 = Σ（某职工月内每种产品的产量 × 该种产品的计件单价）

其中，产品产量 = 合格品数量 + 料废品数量。

产品的计件单价 = 生产单位产品所需的工时定额 × 该级工人小时工资率

【案例 1-3.2】　东方工厂一车间工人王宏加工甲、乙两种产品，甲产品的工时定额为 30 分钟，乙产品的工时定额为 15 分钟，王宏的级别为 7 级，7 级工的小时工资率为 4 元。王宏本月共加工甲产品 300 件、乙产品 700 件，则应付王宏的工资为：

$$甲产品的计件单价 = \frac{30}{60} \times 4 = 2（元）$$

$$乙产品的计件单价=\frac{15}{60}\times4=1（元）$$

$$应付王宏的工资=300\times2+700\times1=1\,300（元）$$

2）集体计件工资的计算

生产小组等集体计件工资的计算方法与个人计件工资的计算基本相同，所不同的是集体计件工资还要在集体内部各工人之间按照贡献的大小进行分配。分配时一般以每人的工资标准和工作日数的乘积为分配标准。

$$计件工资分配率=集体计件工资/集体计时工资总额$$

$$个人应得计件工资=个人计时工资\times计件工资分配率$$

集体计件工资与个人计件工资的计算相同，按前述计时工资的计算方法计算集体计时工资总额。

【案例1-3.3】　精密机械厂基本生产车间第二生产小组生产若干种产品，202×年9月的集体计件工资为6 516元。该小组由三位不同等级的职工组成，每个人的姓名、等级、日工资标准和9月的出勤天数以及工资分配情况见表1-3.3、表1-3.4。

表1-3.3　第二小组职工出勤情况记录

姓名	等级	日工资率/元	出勤天数	分配金额/元
王贵生	8	40	19	
黎明	7	34	23	
夏辉	6	30	21	
合计			63	6 516

表1-3.4　第二小组计件工资分配表

姓名	等级	日工资率/元	出勤天数	计时工资/元	分配率	分配金额/元
王贵生	8	40	19	760		2 280
黎明	7	34	23	782		2 346
夏辉	6	30	21	630		1 890
合计			63	2 172	3	6 516

注：表中分配率 $=\dfrac{6\,516}{2\,172}=3$。

（三）其他职工薪酬的计算

除职工工资以外的职工薪酬的计算，如果国家明确规定了计提基础和计提比例，应按规定标准计提。例如，企业应向社会保险经办机构缴纳的医疗保险费、养老保险费、失业保险费、工伤保险费、生育保险费等社会保险费，应向住房公积金管理中心缴存的住房公积金以及应向工会部门缴纳的工会经费等就属于此类情况。这些项目的分配去向比照工资费用。

（四）工资结算汇总表的编制

企业根据职工的考勤记录和产量记录等原始资料计算应付工资，填制"工资结算单"，根据"工资结算单"编制"工资结算汇总表"。

【案例1-3.4】　根据精密机械厂202×年9月的职工考勤记录和产量记录编制

"工资结算汇总表"，见表1-3.5。

表1-3.5　工资结算汇总表

精密机械厂　　　　　　　　　　　　　　　202×年9月　　　　　　　　　　　金额单位：元

| 部门或人员 | | 计时工资 | 计件工资 | 津贴补贴 | 奖金 | 房补 | 加班加点 | 应扣工资 | | 应付工资 | 代扣款项 | | | | | 实发工资 |
部门	人员及人数							事故	病假		住房公积金	医疗保险	失业保险	养老保险	所得税	
基本生产车间	生产人员	18 400	9 600	5 700	1 000	6 800	690	140	50	42 000	4 200	840	420	3 360	56	33 124
	管理人员	1 800		1 200	110	600			10	3 700	370	74	37	296	30	2 893
辅助生产车间	供电	1 500		600	180	420				2 700	270	54	27	216		2 133
	机修	2 100		1 300	120	680				4 200	420	84	42	336		3 318
行政管理部门		8 000		6 100	200	2 820			20	17 100	1 710	342	171	1 369	318	13 191
专设销售机构		5 300		4 200	3 240	1 900		25	15	14 600	1 460	292	146	1 168	98	11 436
合计		37 100	9 600	19 100	4 850	13 220	690	165	95	84 300	8 430	1 686	843	6 744	502	66 095

（五）职工薪酬分配的核算

1. 工资费用分配的核算

月末根据"工资结算单""工资结算汇总表"分配本月应付工资，在借记有关成本费用账户的同时，贷记"应付职工薪酬"科目。

对于生产多种产品共同发生的工资费用，应选择合理的标准，在各种产品之间进行分配。在实际工作中，一般以产品生产耗用的生产工时为分配标准进行分配，如产品生产实际工时或定额工时。其计算公式如下：

工资费用分配率=生产工人工资总额/各种产品分配标准之和(实际工时或定额工时)

某产品应负担工资费用=该产品的分配标准(实际工时或定额工时)×工资费用分配率

【案例1-3.5】　精密机械厂202×年9月的应付工资总额为84 300元，生产甲、乙两种产品，其实际工时分别为4 000小时、6 000小时，共同发生的工资费用为42 000元，要求按工时比例分配工资费用。

编制"职工薪酬分配表"，见表1-3.6。

表1-3.6　职工薪酬分配表（工资费用分配表）

精密机械厂　　　　　　　　　　　　　　202×年9月　　　　　　　　　　金额单位：元

应借账户		成本或费用项目	生产工时	分配率	分配金额
基本生产成本	甲产品	直接人工	4 000		16 800
	乙产品	直接人工	6 000		25 200
	小计		10 000	4.2	42 000
辅助生产成本	供电车间	职工薪酬			2 700
	机修车间	职工薪酬			4 200
	小计				6 900
制造费用	基本生产车间	职工薪酬			3 700

续表

应借账户	成本或费用项目	生产工时	分配率	分配金额
管理费用	职工薪酬			17 100
销售费用	职工薪酬			14 600
合计				84 300

根据表 1-3.6 编制工资分配的记账凭证，见表 1-3.7。

表 1-3.7　记账凭证

单位：精密机械厂　　　　　　　　　202×年 9 月 30 日　　　　　　　　　记字第　　号

摘要	总账科目	明细科目	借方金额	贷方金额	记账
分配工资	基本生产成本	甲产品（直接人工）	16 800.00		
		乙产品（直接人工）	25 200.00		
	辅助生产成本	供电车间（人工费）	2 700.00		
		机修车间（人工费）	4 200.00		
	制造费用	工资费用	3 700.00		
	管理费用		17 100.00		
	销售费用		14 600.00		
	应付职工薪酬	职工工资		84 300.00	
合计			84 300.00	84 300.00	

2. 社会保险费的核算

企业对医疗保险费、养老保险费、失业保险费、工伤保险费和生育保险费等社会保险费，应当按照国家规定的计提基础和计提比例计提，据以进行账务处理。

月末按"职工薪酬分配表"等有关资料编制"社会保险费计提表"，见表 1-3.8。其中，医疗保险费、养老保险费、失业保险费、工伤保险费和生育保险费分别按工资总额的 8%、20%、2%、0.5%、0.8% 计提。

表 1-3.8　社会保险费计提表

精密机械厂　　　　　　　　　　202×年 9 月　　　　　　　　　　金额单位：元

应借账户		工资总额	养老保险费 20%	医疗保险费 8%	失业保险费 2%	工伤保险费 0.5%	生育保险费 0.8%	合计
基本生产成本	甲产品	16 800	3 360	1 344	336	84	134.4	5 258.4
	乙产品	25 200	5 040	2 016	504	126	201.6	7 887.6
	小计	42 000	8 400	3 360	840	210	336	13 146
辅助生产成本	供电车间	2 700	540	216	54	13.5	21.6	845.1
	机修车间	4 200	840	336	84	21	33.6	1 314.6
	小计	6 900	1 380	552	138	34.5	55.2	2 159.7
制造费用	基本生产车间	3 700	740	296	74	18.5	29.6	1 158.1

续表

应借账户	工资总额	养老保险费 20%	医疗保险费 8%	失业保险费 2%	工伤保险费 0.5%	生育保险费 0.8%	合计
管理费用	17 100	3 420	1 368	342	85.5	136.8	5 352.3
销售费用	14 600	2 920	1 168	292	73	116.8	4 569.8
合计	8 4300	16 860	6 744	1 686	421.5	674.4	26 385.9

根据表 1-3.8 编制计提社会保险费的记账凭证，见表 1-3.9。

表 1-3.9　记账凭证

单位：精密机械厂　　　　　　　　　202×年 9 月 30 日　　　　　　　　　记字第　　号

摘要	总账科目	明细科目	借方金额	贷方金额	记账
计提社会	基本生产成本	甲产品（直接人工）	5 258.40		
保险费		乙产品（直接人工）	7 887.60		
	辅助生产成本	供电车间（人工费）	845.10		
		机修车间（人工费）	1 314.60		
	制造费用	工资费用	1 158.10		
	管理费用		5 352.30		
	销售费用		4 569.80		
	应付职工薪酬	社会保险费		26 385.90	
合计			26 385.90	26 385.90	

【"任务导读"解析】

计件工资是将工作班组产量记录登记的产量乘以规定的计件单价计算的工资。这里的产量包括质量验收合格的产品数量，以及材料质量原因导致的料废品数量，但不包括工作操作失误导致的工废品数量。工废品数量不但不能计算计件工资，有的还应由工人赔偿损失。在集体计件工资下，一般以班组为计算对象，先按班组产量和计件单价计算出班组计件工资总额，再根据班组成员的工资标准和实际工时比例进行分配，从而计算出班组成员个人应得的工资。

其计算步骤如下。

（1）计算该班组应得计件工资总额。

（2）以班组成员的日工资乘以工作天数，计算出每人的标准工资并汇总。

（3）以计件工资总额除以标准工资总额，计算出分配率。

（4）以每人的标准工资额乘以分配率，计算出每人应得的计件工资。

▶ 任务拓展

（1）查阅发放工资的原始凭证并进行发放工资的账务处理。

（2）查阅上交社保的原始凭证并进行缴纳社保的账务处理。

悟道明理：人才强国战略　　两种计时工资的计算　　"职工薪酬分配表"的编制　　编制计提职工薪酬的会计分录

技能闯关

一、单项选择题

1. 按照国家法定工作时间的规定计算的平均每月工作日数为（　　）。

A.（365-104）÷12 = 21.75(天)　　　　B.（360-104）÷12 = 21.33(天)

C.（365-111）÷12 = 21.16(天)　　　　D.（360-111）÷12 = 20.75(天)

2. 按月标准工资扣除缺勤工资计算应付计时工资时，计算公式为（　　）。

A. 出勤日数×日工资率+病假日×数日工资率(1-病假扣款率)

B. 出勤日数×日工资率+病假日数×日工资率(1-病假扣款率)+事假日数×日工资标准

C. 月标准工资−(病假日数×日工资标准×病假扣款率)−(事假日数×日工资标准)

D. 月标准工资−(病假日数×日工资标准×病假扣款率)

3. 废品应区分料废品和工废品，料废品工资（　　），工废品（　　），有的还应根据具体情况由生产工人赔偿。

A. 照付，计算工资　　　　　　　　　B. 不付工资，计算工资

C. 照付，不能计算工资　　　　　　　D. 不付工资，不计算工资

4. 工程人员的工资应计入（　　）科目。

A."固定资产"　　B."生产成本"　　C."工程物资"　　D."在建工程"

5. 按集体计件计算的工资，还可以按（　　）进行分配。

A. 集体内部各工人的工时

B. 集体内部各工人的贡献大小

C. 集体内部各工人的出勤天数

D. 集体内部各工人的缺勤天数

6. 下列各项中，不计入直接人工成本项目的有（　　）。

A. 产品生产工人工资　　　　　　　B. 车间管理人员工资

C. 计提的产品生产工人的"五险一金"　D. 产品生产工人的奖金

7. 根据"工资费用分配表"分配工资费用时，会计分录中不可能出现的借方科目是（　　）。

A."生产成本"　　B."制造费用"　　C."财务费用"　　D."管理费用"

二、多项选择题

1. 职工工资（工资总额）包含（　　）。

A. 计时工资、计件工资　　　　　　B. 奖金、津贴与补贴

C. 加班加点工资　　　　　　　　　D. 在特殊情况下支付的工资

2. 职工薪酬包括（　　）。

A. 职工工资（工资总额）、职工福利费、非货币性福利

B. 社会保险费、住房公积金

C. 工会经费和职工教育经费

D. 辞退福利、股份支付

3. 计时工资采用月薪制时，平均每月工作日数的算法有（　　）和（　　）。

A. 按全年平均日历日数 30 天　　　　B. 按全年平均日历日数 31 天

C. 按照国家实际放假天数的规定　　　D. 按照国家法定工作时间的规定

4. 计算日工资率时，月计薪天数分别为（　　）天或（　　）天。

A. 31　　　　　　　　B. 20.75　　　　　　　C. 30　　　　　　　　D. 21.75

5. 关于工人工资费用的分配，下列说法错误的有（　　）。

A. 工程人员的工资记入"在建工程"科目

B. 销售机构人员的工资记入已销售商品的成本

C. 企业行政管理人员的工资记入"管理费用"科目

D. 生产车间人员的工资全部记入"生产成本"科目

三、判断题

1. 考勤记录是登记工人或生产小组在出勤时间内完成产品的数量、质量和耗用工时的原始记录，是计算计件工资的依据，也是统计产量和工时的依据。（　　）

2. 企业计算应付计时工资时采用哪一种方法，由企业自行确定，确定后也可以随意变动。（　　）

3. 按 30 天计算日工资率，法定假日不付工资。（　　）

4. 按 21.75 天计算日工资率，法定节假日不付工资。（　　）

四、技能训练题

【职工薪酬的归集与分配】

1. 假定某企业职工王晓亮月标准工资为 8 400 元，202×年 8 月包括病假 3 天、事假 3 天、双休日 10 天、出勤 15 天。根据该工人的工龄，病假按 90% 计算工资，该工人病假和事假期间没有节假日。要求按 30 天、21.75 天分别计算（包括按缺勤、按出勤两种情况下的应付工资的计算）王晓亮 8 月的计时工资。

2. 某企业 8 级工李想加工零件 A 和零件 B，零件 A 的单件工时定额为 30 分钟，零件 B 的单位工时定额为 45 分钟，李想加工零件 A 500 件、零件 B 400 件，计算李想的计件工资。

3. 天顺厂二车间第二生产小组集体完成若干生产任务，按一般计件工资的计算方法算出并取得集体工资 70 000 元，该小组由 3 个不同等级的工人组成，每人的姓名、等级、日工资率、出勤天数资料见表 1-3.10。

表 1-3.10　职工出勤相关情况

工人姓名	等级	日工资率/元	出勤天数	分配额/元
李明	6	200	25	
赵莉	5	180	23	
张辉	4	160	22	
合计			70	70 000

要求：以日工资率和出勤日数计算的工资额为分配标准计算每个工人应得的工资，见表 1-3.11。

表 1-3.11　职工工资分配表

工人姓名	等级	日工资率/元 (1)	出勤天数 (2)	分配标准 (3)=(1)(2)	分配率/% (4)	分配额/元
李明	6	200	25			
赵莉	5	180	23			
张辉	4	160	22			
合计			70			

4. 资料：某企业基本生产车间某月生产甲产品 1 200 件，每件实际工时为 20 小时；生产乙产品 2 600 件，每件实际工时为 10 小时。生产工人工资按生产工时比例分配。本月应付工资的资料见表 1-3.12。

表 1-3.12　某企业工资费用资料

部门	用途	金额/元
基本生产车间	生产工人工资	180 000
基本生产车间	管理人员工资	15 000
供水车间	生产工人工资	26 000
供水车间	管理人员工资	12 000
供电车间	生产工人工资	24 400
供电车间	管理人员工资	10 000
行政管理	管理人员工资	16 000
合计		283 400

要求如下。

（1）根据上述资料，编制"工资费用分配表"，见表 1-3.13。

（2）根据"工资费用分配表"编制"社会保险费计提表"。其中，医疗保险费、养老保险费、失业保险费、工伤保险费和生育保险费分别按工资总额的 20%、8%、2%、0.5%、0.8% 计提。

（3）编制相关的会计分录。

表 1-3.13　工资费用分配表　　　　　　　　　金额单位：元

应借账户		成本或费用项目	生产工时	分配率	分配金额
基本生产成本	甲产品	直接人工			
	乙产品	直接人工			
	小计				
辅助生产成本	供水车间	职工薪酬			
	供电车间	职工薪酬			
	小计				
制造费用	基本生产车间	职工薪酬			
管理费用		职工薪酬			
合计					

表 1-3.14　社会保险费计提表　　　　金额单位：元

应借账户		工资总额	养老保险费 20%	医疗保险费 8%	失业保险费 2%	工伤保险费 0.5%	生育保险费 0.8%	合计
基本生产成本	甲产品							
	乙产品							
	小计							
辅助生产成本	供水车间							
	供电车间							
	小计							
制造费用	基本生产车间							
管理费用								
合计								

学习心得

（1）学习内容的梳理——画思维导图。（50 分）

（2）假如你是成本核算岗位的会计，学习本任务对你具体工作的指导和帮助有哪些？（可以包括但不限于如何选择和运用成本计算方法）（50 分）

任务四　归集、分配折旧费用和其他费用

任务导读

华光工厂 202× 年 6 月各部门固定资产折旧额和增减固定资产原值的金额见表 1-4.1。

表 1-4.1　固定资产折旧费用计算表

华光工厂　　　　　　　　　　　　　202×年6月　　　　　　　　　　金额单位：元

使用单位或部门	上月折旧额	上月增加固定资产折旧额	上月减少固定资产折旧额	本月折旧额
基本生产车间	2 400	680	320	
机修车间	300	400		
行政管理部门	800		240	
合计	3 500	1 080	560	

请问：各部门本月应计提的折旧额是多少？应如何分配本月各部门计提的折旧额？

任务陈述

产品生产的特点决定了企业在生产过程中除发生材料和工资费用等劳动对象和劳动力的消耗外，还有物质设备的磨损以及与产品生产有关的其他支出。按照受益对象和费用划分标准将发生的耗费与支出计入有关的成本费用，以便正确地计算产品成本，为考核当期的费用水平提供资料。

任务分析

固定资产是企业生产必备的物质条件，任何一项固定资产在存续期内都必然发生损耗，这种损耗应按各产品生产单位或部门的用途不同，在使用单位进行归集，然后采用一定方法分配计入有关的成本费用账户。其他要素费用有的计入产品成本，有的计入期间费用，也要按费用的发生情况进行归集、分配，计入有关的成本费用账户。

折旧费和其他费用核算所涉及的业务活动和单证如图 1-4.1 所示。

图 1-4.1　折旧费和其他费用核算所涉及的业务活动和单证

知识准备

【折旧费】

折旧费是指固定资产在使用过程中，由于发生损耗而逐渐减少的价值。减少的价值以折旧的形式分期转移到产品成本或费用中，并在销售收入中得到补偿。要进行固定资产折旧费用的分配，首先应计算每期固定资产应计提的折旧。

企业各车间、部门每月计提折旧额的计算公式为：

$$\begin{array}{c}某车间（部门）\\本月折旧额\end{array} = \begin{array}{c}该车间（部门）\\上月折旧额\end{array} + \begin{array}{c}该车间（部门）上月增加\\固定资产计提的折旧额\end{array} - \begin{array}{c}该车间（部门）上月减少\\固定资产计提的折旧额\end{array}$$

任务实施

一、折旧费的归集

【案例1-4.1】 精密机械厂8月末基本生产车间厂房计提的折旧额为5 000元，机器设备的折旧额为8 000元，其中机械设备的折旧额为4 000元，动力设备的折旧额为2 500元，专用设备的折旧额为1 500元，上月新增机械设备两台（原值150 000元），减少机械设备一台（原值70 000元），减少动力设备一台（原值80 000元）。要求编制基本生产车间9月固定资产折旧费用计算表，见表1-4.2。

表1-4.2　基本生产车间固定资产折旧费用计算表

精密机械厂　　　　　　　　　　　202×年9月　　　　　　　　金额单位：元

固定资产类别	月折旧率/%	上月计提	上月增加固定资产		上月减少固定资产		本月折旧额
			原值	折旧额	原值	折旧额	
房屋	0.8	5 000					5 000
机械设备	0.4	4 000	150 000	600	70 000	280	4 320
动力设备	0.5	2 500			80 000	400	2 100
专用设备	0.9	1 500					1 500
合计		13 000	150 000	600	150 000	680	12 920

二、折旧费的分配

【案例1-4.2】 精密机械厂202×年9月固定资产折旧费用分配表见表1-4.3。

表1-4.3　固定资产折旧费用分配表

精密机械厂　　　　　　　　　　　202×年9月　　　　　　　　金额单位：元

应借账户	部门	上月折旧额	上月增加折旧额	上月减少折旧额	本月折旧额
制造费用	基本生产车间	13 000	600	680	12 920
辅助生产成本	供电车间	3 250		250	3 000
	机修车间	2 750	150		2 900
	小计	6 000	150	250	5 900
管理费用	行政管理部门	2 500			2 500
销售费用	专设销售机构	1 900			1 900
合计		23 400	750	930	23 220

根据表1-4.3编制记账凭证，见表1-4.4。

表 1-4.4　记账凭证

单位：精密机械厂　　　　　　　　　202×年 9 月 30 日　　　　　　　　　记字第　号

摘要	总账科目	明细科目	借方金额	贷方金额	记账
计提折旧	制造费用	折旧费	12 920.00		
费	辅助生产成本	供电车间（折旧费）	3 000.00		
		机修车间（折旧费）	2 900.00		
	管理费用		2 500.00		
	销售费用		1 900.00		
	累计折旧			23 220.00	
合计			23 220.00	23 220.00	

三、其他费用的核算

【案例 1-4.3】　精密机械厂 202×年 9 月用银行存款支付车间及各部门的办公费 6 810 元、修理费 5 430 元、销售部门的运输费 600 元、摊销车间及各部门应负担的财产保险费 12 600 元、报刊费 1 050 元，预提借款利息 2 100 元。根据有关资料编制"其他费用分配汇总表"，见表 1-4.5。

表 1-4.5　其他费用分配汇总表

精密机械厂　　　　　　　　　　　202×年 9 月　　　　　　　　　　　金额单位：元

应借科目		成本或费用项目						
总账科目	明细科目	办公费	保险费	修理费	运输费	报刊费	利息支出	合计
制造费用	基本生产车间	680	4 500			200		5 380
辅助生产成本	供电车间	350	1 400			150		1 900
	机修车间	480	1 600			180		2 260
	小计	830	3 000			330		4 160
管理费用		4 500	3 900	5 430		330		14 160
销售费用		800	1 200		600	190		2 790
财务费用							2 100	2 100
合计		6 810	12 600	5 430	600	1 050	2 100	28 590

根据表 1-4.5 编制记账凭证，见表 1-4.6。

表 1-4.6　记账凭证

单位：精密机械厂　　　　　　　　　202×年 9 月 30 日　　　　　　　　　记字第　号

摘要	总账科目	明细科目	借方金额	贷方金额	记账
发生其他	制造费用	其他（办公、保险、报刊）	5 380.00		
费用	辅助生产成本	供电车间（其他）	1 900.00		
		机修车间（其他）	2 260.00		

续表

摘要	总账科目	明细科目	借方金额	贷方金额	记账
	管理费用		14 160.00		
	销售费用		2 790.00		
	财务费用		2 100.00		
	银行存款			12 840.00	
	其他应收款（或待摊费用）			13 650.00	
	应付利息（或预提费用）			2 100.00	
合计			28 590.00	28 590.00	

【"任务导读"解析】

（1）根据下面计算公式计算各部门本月应计提的折旧额：

$$\text{某车间(部门)本月折旧额} = \text{该车间(部门)上月折旧额} + \text{该车间(部门)上月增加固定资产计提的折旧额} - \text{该车间(部门)上月减少固定资产计提的折旧额}$$

（2）分配本月各部门折旧额时，按照收益原则，谁受益谁承担。基本生产车间的折旧费先计入制造费用科目，后续汇总制造费用，再按一定标准分配计入各产品成本。

任务拓展

（1）查阅发放工资的原始凭证并进行发放工资的账务处理。

（2）查阅上交社保的原始凭证并进行缴纳社保的账务处理。

悟道明理：企业高端化、智能化、绿色化转变过程中固定资产的投资

悟道明理：潘序伦的生平事迹——立信品德

固定资产折旧额的计算

其他费用的核算

技能闯关

一、单项选择题

1. 企业各车间、部门每月计提折旧额的计算公式为（　　）。

A. 某车间（部门）本月折旧额＝该车间（部门）上月折旧额＋该车间（部门）本月增加固定资产计提的折旧额－该车间（部门）上月减少固定资产计提的折旧额

B. 某车间（部门）本月折旧额＝该车间（部门）上月折旧额＋该车间（部门）

上月增加固定资产计提的折旧额–该车间（部门）本月减少固定资产计提的折旧额

C. 某车间（部门）本月折旧额＝该车间（部门）上月折旧额+该车间（部门）上月减少固定资产计提的折旧额–该车间（部门）上月增加固定资产计提的折旧额

D. 某车间（部门）本月折旧额＝该车间（部门）上月折旧额+该车间（部门）上月增加固定资产计提的折旧额–该车间（部门）上月减少固定资产计提的折旧额

2. 基本生产车间应承担的设备房屋等折旧费应计入的账户是（　　　）。

A. "生产成本"　　　B. "管理费用"　　　C. "辅助生产成本" D. "制造费用"

3. 应在本月计算折旧费用的固定资产是（　　　）。

A. 以经营租赁方式租入的房屋　　　　　B. 本月内购进的机器设备

C. 已提足折旧继续使用的固定资产　　　D. 本月减少的设备

4. 下列各项中属于直接生产费用的是（　　　）。

A. 生产车间厂房的折旧费　　　　　　　B. 产品生产用设备的折旧费

C. 企业行政管理部门固定资产的折旧费 D. 生产车间的办公费用

二、多项选择题

1. 固定资产折旧的影响因素有（　　　）。

A. 固定资产原值　　B. 预计使用年限　　C. 预计净残　　　　D. 折旧方法

2. 固定资产折旧的计算方法有（　　　）。

A. 平均年限法　　　B. 工作量法　　　　C. 双倍余额递减法 D. 年数总和法

3. 固定资产提取范围是（　　　）。

A. 不需使用的固定资产

B. 除已提足折旧继续使用的固定资产和作为固定资产单独计价入账的土地外，企业对所有的固定资产都应计提折旧

C. 提前报废的固定资产不得补提折旧

D. 正在使用的固定资产

4. 固定资产的计提原则是（　　　）。

A. 当月减少的固定资产，当月不计提折旧

B. 当月增加的固定资产，当月计提折旧

C. 当月增加的固定资产，当月不计提折旧，从下月起计提折旧

D. 当月减少的固定资产，当月计提折旧，从下月起停止计提折旧

三、判断题

1. 折旧费是指固定资产在使用过程中，由于发生损耗而逐渐减少的价值。减少的价值以折旧的形式分期转移到产品成本或费用中，在销售收入中得不到补偿。（　　）

2. 当月增加的固定资产，当月不计提折旧，从下月起计提折旧。（　　）

3. 提前报废的固定资产应该补提折旧。（　　）

4. 企业除已提足折旧继续使用的固定资产和作为固定资产单独计价入账的土地外，企业对所有的固定资产都不应计提折旧。（　　）

5. 固定资产折旧费是产品成本的组成部分，应该全部计入产品成本。（　　）

四、技能训练题

【折旧费用的核算】

（1）资料：某企业202×年6月固定资产折旧费用分配情况见表1-4.7。

表1-4.7　固定资产折旧费用计算表

202×年6月　　　　　　　　　　　　　　　　　　　　金额单位：元

部门	上月折旧额	上月增加折旧额	上月减少折旧额	本月应计折旧额
基本生产车间	8 500	600	350	
辅助生产车间	6 800	200		
管理部门	7 000	800	280	
合计	22 300	1 600	630	

（2）要求：计算6月应计提的折旧额，将计算结果填入表1-4.7并编制会计分录。

学习心得

（1）学习内容的梳理——画思维导图。（50分）

（2）假如你是成本核算岗位的会计，学习本任务对你具体工作的指导和帮助有哪些？（可以包括但不限于如何选择和运用成本计算方法）（50分）

项目总结

　　要素费用的归集与分配是企业进行成本核算的理论基础。本项目介绍了各种要素费用的内容、归集和分配方法。直接发生的生产费用直接计入产品的生产成本，对间接发生的生产费用采用一定的方法进行分配。间接生产费用一般采用比例分配法分配，这是费用分配最常用、最基本的方法，它是运用数学中的等比特性原理来分配生产费用的，即选择一定的分配标准计算分配率，然后以特定对象的分配标准数乘以分配率，求得各特定对象应分配的某种生产费用数额。其基本公式如下：

费用分配率=分配数(分配对象)/分配标准之和

某特定对象应分配的费用=该特定对象的分配标准数×分配率

　　常用的分配标准有三类：①成果类，如产品的产量、质量、体积、产值等；②消耗类，如产品的生产工时、生产工资、机器工时、原材料消耗量或原材料费用等；③定额类，如产品的定额耗用量、定额费用等。由于分配标准多样，所以选择分配标准时应遵循科学性、现实性、先进性原则，以便正确考核分析各要素费用的发生情况，促进企业不断改善成本管理。

核算材料费用时，如果燃料费用较多，在购入时专设"燃料"账户，并在生产成本中专设"燃料及动力"成本项目核算。

外购动力费用应按车间、部门和用途进行归集和分配。当动力费用在产品成本中所占的比重较大时，为了体现重要性原则，便于控制、考核动力费用，一般单独设置"燃料及动力"成本项目归集发生的动力费用。

职工薪酬应按谁受益谁负担的原则按其发生的车间、部门和用途归集与分配。

在要素费用中，除上述费用外还会发生固定资产折旧费和其他费用，这些费用对产品成本的构成产生一定的影响，必须使其得到正确的反映，以便正确地计算产品成本，考核当期的费用水平。

学习笔记

项目二　运用品种法归集、分配综合费用

📋 项目导读

企业在组织成本核算、计算产品成本时，首先根据要素费用的原始记录，正确归集、分配各种要素费用，而对于按部门或用途分配的要素费用，需要按其发生的部门或用途进行再归集，并且按照受益原则，采用适当的方法对归集的各项要素费用在各受益对象之间进行再分配，从而形成了综合费用的核算。综合费用的归集与分配是成本、费用计算中必不可少的环节，也是成本核算程序的构成内容。

在本项目实施过程中，按照成本核算的一般程序，详细、系统地介绍运用品种法归集、分配综合费用的相关知识，包括辅助生产费用、制造费用、损失性费用的归集和分配的操作步骤和具体方法。

✅ 学习目标

知识目标	能力目标	素质目标
1.掌握各项综合费用的含义、内容及分配核算原理 2.明确有关费用分配方法的特点和适用范围 3.掌握各项综合费用分配的账务处理	1.能够熟练运用各种费用分配方法正确分配相关综合费用 2.能够正确编制各种综合费用分配表 3.能够根据各种综合费用分配表进行正确的账务处理	1.养成扎实做事、不浮不躁、严谨行事、一丝不苟的习惯 2.深入了解生产流程：熟悉企业的生产流程，了解各个工序的成本构成，能够准确地将成本分配到各个产品或服务中 3.树立正确的价值观，鼓励创新思维，提升守正创新意识

任务一　归集、分配辅助生产费用

▶ 任务导读

中原有限责任公司是生产小型电动机的企业，除了生产电动机的几个基本生产车间外，该企业还设有维修车间和运输车间两个辅助生产车间。维修车间主要为基本生产车

间、运输车间及行政管理部门提供维修服务；运输车间主要为企业提供接送员工、材料采购及送货服务。两个辅助生产车间的共同特点是只为企业内部提供服务，不提供外部服务。

该企业成本会计人员设置"生产成本——辅助生产成本"和"制造费用"两个账户分别归集并分配辅助生产车间发生的机物料消耗、人工费、折旧费等各项费用。

请问：你认为这样设置账户科学吗？

任务陈述

在各项要素费用分配后，形成了各种综合性的费用，而辅助生产费用又是综合性费用中首先要进行核算的费用。因为辅助生产是为企业基本生产和行政管理等部门提供产品或劳务的生产，这些产品或劳务将被不同的基本生产部门耗用。在辅助生产过程中发生的各种耗费，构成了辅助生产产品或劳务的成本。做好辅助生产费用的归集和分配，对于节约费用、降低成本和正确计算产品成本具有重要意义。

辅助生产费用归集、分配所涉及的业务活动和单证如图 2-1.1 所示。

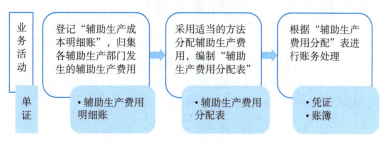

图 2-1.1　辅助生产费用归集、分配所涉及的业务活动和单证

任务分析

辅助生产费用的归集和分配是正确计算基本生产部门产品成本的基础。企业必须正确地根据要素费用分配表登记辅助生产明细账，归集所发生的辅助生产费用，并采用一定的方法将归集的辅助生产费用按受益对象进行分配。为了使分配的结果尽可能符合客观实际，分配时应根据企业各辅助生产部门生产产品或劳务的特点以及受益单位的具体情况，结合管理要求选用适当的方法分配辅助生产费用。

知识准备

一、辅助生产与辅助生产费用

辅助生产是指为企业基本生产所进行的产品生产和劳务供应。这种生产在不同的企业中提供的产品和劳务是不尽一致的。有的是生产一种产品或提供一种劳务，如供电、供水、供气或运输等；有的则生产多种产品或提供多种劳务，如工具、模具、修理用备件的制造以及机器设备的修理等。辅助生产的主要目的是为基本生产等部门服务，因此，对于耗用这些产品或劳务的基本生产等部门来说，辅助生产产品或劳务的成本也是一种费用，即辅助生产费用。

二、辅助生产费用归集的程序

辅助生产费用的归集程序取决于辅助生产部门的生产特点，辅助生产部门的生产特点如图2-1.2所示。

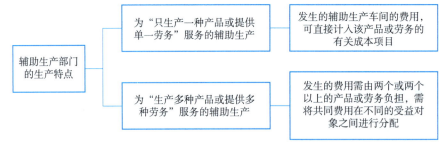

图 2-1.2　辅助生产部门的生产特点

任务实施

一、"辅助生产成本"明细账的登记

为了归集所发生的辅助生产费用，应设置"辅助生产成本"总账账户，并按辅助生产车间及其生产的产品、劳务种类进行明细核算。

现根据精密机械厂要素费用的分配金额，登记"辅助生产成本"明细账（不单独设置"制造费用"账户），见表2-1.1、表2-1.2。

表 2-1.1　辅助生产成本明细账（供电车间）

精密机械厂　　　　　　　　　　　　202×年9月　　　　　　　　　　　金额单位：元

月	日	摘　要	材料费用	工资及社会保险费	燃料及动力费用	折旧费	办公费	保险费	报刊费	其他	合计	转出	余额
9	30	材料费用分配表	1 540								1 540		
	30	燃料费用分配表			900						900		
	30	外购动力费用分配表			3 300						3 300		
	30	工资费用分配表		2 700							2 700		
	30	社会保险费计提表		845.10							845.10		
	30	固定资产折旧费分配表				3 000					3 000		
	30	其他费用分配汇总表					350	1 400	150		1 900		
	30	待分配费用	1 540	3 545.10	4 200	3 000	350	1 400	150		14 195.10		
	30	分配转出										14 185.10	
	30	合计	1 540	3 545.10	4 200	3 000	350	1 400	150		14 185.10	14 185.10	0

表 2-1.2　辅助生产成本明细账（机修车间）

精密机械厂　　　　　　　　　　　　202×年9月　　　　　　　　　　　金额单位：元

月	日	摘　要	材料费用	工资及社会保险费	燃料及动力费用	折旧费	办公费	保险费	报刊费	其他	合计	转出	余额
9	30	材料费用分配表	2 650								2 650		
	30	燃料费用分配表			1 200						1 200		
	30	外购动力费用分配表			3 900						3 900		
	30	工资费用分配表		4 200							4 200		

续表

月	日	摘　要	材料费用	工资及社会保险费	燃料及动力费用	折旧费	办公费	保险费	报刊费	其他	合计	转出	余额
	30	社会保险费计提表		1 314.80							1 314.80		
	30	固定资产折旧费分配表				2 900					2 900		
	30	其他费用分配汇总表					480	1 600	180		2 260		
	30	待分配费用	2 650	5 514.60	5 100	2 900	480	1 600	180		18 424.60		
	30	分配转出										18 424.60	
	30	合计	2 650	5 514.60	5 100	2 900	480	1 600	180		18 424.60	18 424.60	0

二、辅助生产费用分配的核算

辅助生产费用分配是指将辅助生产成本各明细账中所归集的费用，采用一定的方法计算出产品或劳务的总成本和单位成本，并按受益对象耗用的具体数额计入基本生产成本、制造费用或有关费用项目的过程。

辅助生产费用分配的方法较多，其主要方法有：直接分配法、交互分配法、计划成本分配法、代数分配法和顺序分配法等。根据精密机械厂供电车间和机修车间"辅助生产成本"明细账中归集的辅助生产费用，按各受益对象耗用数量进行分配。

（一）直接分配法

直接分配法的定义和特点如图2-1.3所示。

定　义	特　点
• 是指不考虑各辅助生产车间之间相互提供产品或劳务的情况下，将辅助生产部门发生的费用，直接分配给辅助生产部门以外的各受益单位的方法	• 辅助生产部门之间相互提供产品或劳务的成本忽略不计，各辅助生产部门互不分配费用

图2-1.3　直接分配法的定义和特点

其计算公式为：

$$某辅助生产费用分配率 = \frac{该辅助生产部门待分配的辅助生产费用}{该辅助生产部门提供给辅助生产部门以外受益对象的劳务总量}$$

某受益对象应负担的辅助生产费用＝该受益对象耗用的劳务数量×某辅助生产费用分配率

【案例2-1.1】　精密机械厂供电车间、机修车间本月发生的费用分别为14 185.1元、18 424.6元，辅助生产车间为各部门提供的劳务量见表2-1.3。

表2-1.3　辅助生产车间为各部门提供的劳务量

精密机械厂　　　　　　　　　　　　202×年9月

受益车间、部门		供电数量/度	修理工时/小时
辅助生产车间	供电车间		500
	机修车间	4 000	
基本生产	甲产品耗用	6 000	
	乙产品耗用	9 500	
	一般消耗	2 100	2 400

受益车间、部门	供电数量/度	修理工时/小时
行政管理部门	2 800	600
专设销售机构	600	200
合计	25 000	3 700

根据上述资料，采用直接分配法分配辅助生产费用，编制"辅助生产费用分配表"，见表2-1.4。

表2-1.4 辅助生产费用分配表（直接分配法）

精密机械厂　　　　　　　　　　202×年9月　　　　　　　　　　金额单位：元

辅助生产车间			供电车间	机修车间	金额合计
待分配费用			14 185.1	18 424.6	32 609.7
对外提供劳务数量			21 000	3 200	
费用分配率（单位成本）			0.675 5	5.757 7	
基本生产车间	甲产品	数量	6 000		
		金额	4 053		4 053
	乙产品	数量	9 500		
		金额	6 417.25		6 417.25
	一般耗用	数量	2 100	2 400	
		金额	1 418.55	13 818.48	15 237.03
行政管理部门		数量	2 800	600	
		金额	1 891*	3 454.58*	5 345.58
专设销售机构		数量	600	200	
		金额	405.3	1 151.54	1 556.84
分配费用合计			14 185.10	18 424.60	32 609.70

注：计算误差计入行政管理部门应分配的费用。

根据表2-1.4编制记账凭证，见表2-1.5。

表2-1.5 记账凭证

单位：精密机械厂　　　　　　　　　202×年9月30日　　　　　　　　　　记字第　　号

摘要	总账科目	明细科目	借方金额	贷方金额	记账
分配辅助	基本生产成本	甲产品（燃料和动力）	4 053.00		
生产费用		乙产品（燃料和动力）	6 417.25		
	制造费用	水电费	1 418.55		
		修理费	13 818.48		
	管理费用		5 345.58		
	销售费用		1 556.84		
	辅助生产成本	供电车间		14 185.10	
		机修车间		18 424.60	
合计			32 609.70	32 609.70	

直接分配法的优、缺点及适用范围如下。

（1）优点：由于各辅助生产部门只对其以外的受益部门分配费用，所以计算工作简便。

（2）缺点：由于各辅助生产部门包括的费用不全，如【案例2-1.1】中供电车间的费用不包括所耗用的修理费，机修车间的费用不包括所耗用的电费，所以结果不够客观正确。

（3）适用范围：适用于辅助生产部门内部不互相提供劳务或相互提供劳务不多的情况。

（二）交互分配法

交互分配法的定义和特点如图2-1.4所示。

定　义	特　点
• 是对各辅助生产部门的辅助生产费用进行两次分配的方法	• 首先根据各辅助生产部门交互分配前的分配率和相互提供的劳务数量在各辅助生产部门之间进行交互分配 • 然后将各辅助生产部门交互分配后的实际费用（即交互分配前的费用加上交互分配转入的费用减去交互分配转出的费用）对外分配 • 再按交互分配后的分配率和提供的劳务量，向辅助生产部门以外的各受益单位进行分配

图 2-1.4　交互分配法的定义和特点

其计算公式如下。

（1）交互分配。

$$交互分配率=辅助生产部门交互分配前的费用/劳务供应总量$$

$$某辅助生产部门应负担的其他辅助生产费用=该辅助生产部门受益的劳务量×交互分配率$$

（2）对外分配。

$$某辅助生产部门对外分率=\frac{该辅助生产部门对外分配的费用}{对外提供的劳务总量}$$

$$该辅助生产部门对外分配的费用=该辅助生产部门分配前的费用+交互分配转入的费用-交互分配转出的费用$$

$$某受益单位应负担的辅助生产费用=该受益单位耗用的劳务量×对外分配率$$

【案例2-1.2】以【案例2-1.1】中精密机械厂的资料，按交互分配法编制辅助生产费用分配表，见表2-1.6。

表 2-1.6　辅助生产费用分配表（交互分配法）

精密机械厂　　　　　　　　　　202×年9月　　　　　　　　　　金额单位：元

项目	交互分配			对外分配		
辅助生产车间	供电车间	机修车间	合计	供电车间	机修车间	合计
待分配费用	14 185.10	18 424.60	32 609.70	14 405.3	18 204.40	32 609.70
劳务数量	25 000	3 700		21 000	3 200	

续表

项目			交互分配			对外分配		
费用分配率			0.567 4	4.979 6		0.686 0	5.688 9	
辅助生产	供电车间	数量		500				
		金额		2 489.8	2 489.8			
	机修车间	数量	4 000					
		金额	2 269.6		2 269.6			
	小计		2 269.6	2 489.8	4 759.4			
基本生产	甲产品	数量				6 000		
		金额				4 116		4 116
	乙产品	数量				9 500		
		金额				6 517		6 517
	一般耗用	数量				2 100	2 400	
		金额				1 440.6	13 653.36	15 093.96
	小计					12 073.6	13 653.36	25 726.96
行政管理部门		数量				2 800	600	
		金额				1 920.1*	3 413.26	5 333.36
专设销售机构		数量				600	200	
		金额				411.6	1 137.78	1 549.38
分配金额合计			2 269.6	2 489.8	4 759.4	14 405.3	18 204.4	32 609.7

表2-1.6中对外分配的待分配费用的计算公式如下。

（1）交互分配前的分配率。

$$供电车间 = \frac{14\,185.10}{25\,000} = 0.567\,4$$

$$机修车间 = \frac{18\,424.60}{3\,700} = 4.979\,6$$

供电车间向机修车间提供的电费 = 4 000×0.567 4 = 2 269.6（元）

机修车间向供电车间提供的修理费 = 500×4.979 6 = 2 489.8（元）

（2）交互分配后的待分配费用。

供电车间待分配费用 = 14 185.1+2 489.8-2 269.6 = 14 405.3（元）

机修车间待分配费用 = 18 424.6+2 269.6-2 489.8 = 18 204.4（元）

（3）交互分配后的费用分配率。

$$供电车间 = \frac{14\,405.30}{21\,000} = 0.686\,0$$

$$机修车间 = \frac{18\,204.40}{3\,200} = 5.688\,9$$

根据表2-1.6编制会计分录如下。

（1）交互分配。

借：辅助生产成本——供电车间（修理费）   2 489.8

$$——机修车间（电费）\qquad 2\ 269.6$$

　　　　　贷：辅助生产成本——机修车间　　　　　2 489.8

　　　　　　　　——供电车间　　　　　　　　　2 269.6

（2）对外分配。

　　借：基本生产成本——甲产品（燃料和动力）　　4 116

　　　　　　——乙产品（燃料和动力）　　6 517

　　　　制造费用——基本生产车间　　　　　　15 093.96

　　　　管理费用　　　　　　　　　　　　　5 333.36

　　　　销售费用　　　　　　　　　　　　　1 549.38

　　　　贷：辅助生产成本——供电车间　　　　14 405.3

　　　　　　　　——机修车间　　　　　　18 204.4

交互分配法的优、缺点及适用范围如下。

（1）优点：由于辅助生产部门内部进行了交互分配，所以提高了分配结果的准确性。

（2）缺点：需要进行交互和对外两次分配，要计算两个分配率，因此增加了计算工作量。

（3）适用范围：这种方法一般适用于各辅助生产部门之间相互提供劳务较多的企业。

（三）代数分配法

代数分配法是运用代数中多元一次联立方程组的原理，求出辅助生产产品和劳务的实际单位成本以后，再按各个受益对象耗用产品或劳务的数量分配辅助生产费用的一种方法。在建立多元一次联立方程组时，每一组方程按下列公式建立：

某辅助生产部门　该产品或　该辅助生产　该辅助生产部门耗　其他辅助生产
　提供产品　×劳务的单＝部门直接发＋用其他辅助生产×部门产品或劳
或劳务数量　　位成本　　生的费用　部门产品或劳务　务的单位成本

各受益对象应负担的辅助生产费用=该受益对象耗用量×单位成本

【案例2-1.3】　以【案例2-1.1】中精密机械厂的资料为例，假设供电车间每度电的单位成本为X，机修车间每个工时的单位成本为Y，设立方程如下：

$$25\ 000X = 14\ 185.1 + 500Y$$

$$3\ 700Y = 18\ 424.6 + 4\ 000X$$

求解得

$$X \approx 0.681\ 736\ 685$$

$$Y \approx 5.716\ 634\ 254$$

根据计算结果编制辅助生产费用分配表，见表2-1.7。

表2-1.7　辅助生产费用分配表（代数分配法）

精密机械厂　　　　　　　　　　202×年9月　　　　　　　　　　金额单位：元

辅助生产车间	供电车间	机修车间	合计
待分配费用	14 185.10	18 424.60	32 609.70
劳务数量	25 000	3 700	

辅助生产车间			供电车间	机修车间	合计
费用分配率（实际单位成本）			0.681 736 685	5.716 634 254	
辅助生产车间	供电车间	数量		500	
		金额		2 858.32	2 858.32
	机修车间	数量	4 000		
		金额	2 726.95		2 726.95
基本生产车间	甲产品	数量	6 000		
		金额	4 090.42		4 090.42
	乙产品	数量	9 500		
		金额	6 476.50		6 476.50
	一般耗用	数量	2 100	2 400	
		金额	1 431.65	13 719.92	15 151.57
行政管理部门		数量	2 800	600	
		金额	1 908.86	3 429.98	5 338.84
专设销售机构		数量	600	200	
		金额	409.04	1 143.33	1 552.37
合计			17 043.42	21 151.55	38 194.97

根据表 2-1.7 编制会计分录如下。

借：辅助生产成本——供电车间 　　　　　　　　　　　2 858.32
　　　　　　　　——机修车间 　　　　　　　　　　　2 726.95
　　基本生产成本——甲产品（燃料和动力）　　　　　4 090.42
　　　　　　　　——乙产品（燃料和动力）　　　　　6 476.50
　　制造费用——基本生产车间 　　　　　　　　　　15 151.57
　　管理费用 　　　　　　　　　　　　　　　　　　 5 338.84
　　销售费用 　　　　　　　　　　　　　　　　　　 1 552.37
　贷：辅助生产成本——供电车间 　　　　　　　　　　17 043.42
　　　　　　　　　——机修车间 　　　　　　　　　　21 151.55

代数分配法的优、缺点及适用范围如下。

（1）优点：分配结果准确，这是其他分配方法所不能达到的。

（2）缺点：如果辅助生产部门较多，则未知数较多，建立的方程组中方程就多，计算工作比较复杂。

（3）适用范围：一般适用于辅助生产部门较少，或在实际工作中已经实行电算化的企业。

（四）计划成本分配法

计划成本分配法的定义和特点如图 2-1.5 所示。

定　义	特　点
• 根据辅助生产部门提供劳务的计划单位成本和各受益单位的受益量分配辅助生产费用的一种方法。	其内容也是进行两次分配： • 首先按劳务的计划单位成本分配辅助生产部门为各受益单位（包括其他辅助生产部门）提供的费用 • 然后将辅助生产部门实际发生的费用（包括交互分配转入的费用）与按计划成本分配出去的费用的差额（即成本差异）分配给辅助生产部门以外的受益单位 • 为了简化计算分配工作，也可将辅助生产成本差异全部计入"管理费用"科目

图 2-1.5　计划成本分配法的定义和特点

其计算公式为：

$$各受益对象应负担的辅助生产费用 = 该受益对象实际耗用的产品或劳务 × 计划单位成本$$

$$某项辅助生产费用的差异额 = \left(\begin{array}{c}该辅助生产部门\\直接发生的费用\end{array} + \begin{array}{c}分配转入\\的费用\end{array}\right) - \begin{array}{c}该辅助生产部门按\\计划成本分配的数额\end{array}$$

【**案例 2-1.4**】　以【案例 2-1.1】中精密机械厂的资料为例，假设每度电的计划成本为 0.5 元，机修车间每小时的计划成本为 6.5 元，编制辅助生产费用分配表，见表 2-1.8。

表 2-1.8　辅助生产费用分配表（计划分配法）

精密机械厂　　　　　　　　　　　　　202×年 9 月　　　　　　　　　　金额单位：元

辅助生产车间			供电车间	机修车间	合计
待分配费用			14 185.1	18 424.6	
劳务数量			25 000	3 700	
计划单位成本			0.5	6.5	
辅助生产车间耗用	供电车间	数量		500	
		金额		3 250	3 250
	机修车间	数量	4 000		
		金额	2 000		2 000
金额小计					
基本生产车间	甲产品	数量	6 000		
		金额	3 000		3 000
	乙产品	数量	9 500		
		金额	4 750		4 750
	一般消耗	数量	2 100	2 400	
		金额	1 050	15 600	16 650
行政管理部门		数量	2 800	600	
		金额	1 400	3 900	5 300

续表

辅助生产车间		供电车间	机修车间	合计
专设销售机构	数量	600	200	
	金额	300	1 300	1 600
按计划成本分配合计		12 500	24 050	36 550
辅助生产实际成本		17 435.1	20 424.6	
辅助生产成本差异		+4 935.1	−3 625.4	1 309.7

供电车间实际成本＝14 185.1＋3 250＝17 435.1（元）

机修车间实际成本＝18 424.6＋2 000＝20 424.6（元）

根据表2-1.8编制会计分录如下。

（1）按计划成本分配。

借：辅助生产成本——供电车间　　　　　　　　　　　　3 250

　　　　　　　——机修车间　　　　　　　　　　　　2 000

　　基本生产成本——甲产品（燃料和动力）　　　　　　3 000

　　　　　　　——乙产品（燃料和动力）　　　　　　4 750

　　制造费用——基本生产车间　　　　　　　　　　　16 650

　　管理费用　　　　　　　　　　　　　　　　　　　5 300

　　销售费用　　　　　　　　　　　　　　　　　　　1 600

　　贷：辅助生产成本——供电车间　　　　　　　　　12 500

　　　　　　　　　——机修车间　　　　　　　　　24 050

（2）为了简化计算，将辅助生产成本差异计入"管理费用"账户，加框表示红字。

借：管理费用　　　　　　　　　　　　　　　　　　　1 309.7

　　贷：辅助生产成本——供电车间　　　　　　　　　4 935.1

　　　　　　　　　——机修车间　　　　　　　　　3 625.4

借：管理费用　　　　　　　　　　　　　　　　　　　1 309.7

　　贷：辅助生产成本——供电车间　　　　　　　　　4 935.1

　　　　　　　　　——机修车间　　　　　　　　　3 625.4

计划成本分配法的优、缺点及适用范围如下。

（1）优点：各辅助生产费用分配一次，而且计划成本是事先制定的，不需要计算费用分配率，从而简化了计算工作。

通过差异的计算，还能反映和考核辅助生产成本计划的执行情况。由于差异在实际中可全部计入管理费用，各受益单位所负担的劳务费用都不包括辅助生产成本差异因素，所以便于分析和考核各受益单位的成本，有利于分清企业内部各单位的经济责任。

（2）缺点：采用这种方法要求制定的计划单位成本必须比较准确，否则将影响分配结果的合理性。

（3）适用范围：适用于采用计划成本核算且制定的计划单位成本比较准确的企业。

（五）顺序分配法

顺序分配法又称为阶梯法。它是指各辅助生产部门按照受益多少的顺序依次排列，即受益少的排在前面，先行分配，受益多的排在后面，再行分配的一种方法。分配费用时先将排在前面的辅助生产部门发生的费用分配给排在后面的辅助生产部门和其他受益单位。由于该辅助生产部门耗用其他辅助生产部门的劳务费用最少，所以忽略不计。其分配特点是：前者分配给后者，而后者不分配给前者；后者的分配额等于其直接费用加上前者分配转入的费用之和。其计算公式为：

$$\text{某辅助生产部门费用分配率} = \frac{\text{该部门直接发生的费用} + \text{分配转入的辅助生产费用}}{\text{提供的劳务总量} - \text{排在该辅助生产部门之前的辅助生产部门耗用该部门的劳务量}}$$

$$\text{各受益对象应负担的辅助生产费用} = \text{该受益对象耗用的劳务数量} \times \text{辅助生产费用分配率}$$

【案例 2-1.5】 华光工厂有供电、机修两个辅助生产车间。202×年 5 月，供电车间发生的电费为 2 160 元，机修车间发生的修理费为 7 650 元，两车间为各部门提供的劳务量见表 2-1.9。供电车间耗用机修车间的劳务少，则辅助生产费用的分配顺序是先分配供电车间的费用（包括分配给机修车间的费用），然后分配机修车间的费用（不再分配给供电车间）。根据资料编制辅助生产费用分配表，见表 2-1.10。

表 2-1.9　供电、机修车间 202×年 5 月提供劳务量

华光工厂　　　　　　　　　　202×年 5 月

受益车间、部门		供电数量/度	机修数量/小时
辅助生产车间	供电车间		200
	机修车间	900	
基本生产车间		3 700	1 300
行政管理部门		600	130
专设销售机构		200	70
合计		5 400	1 700

表 2-1.10　辅助生产费用分配表

华光工厂　　　　　　　　202×年 5 月　　　　　　　　金额单位：元

辅助生产车间			供电车间	机修车间	合计
劳务数量			5 400	1 700	
待分配费用	直接发生费用		2 160	7 650	9 810
	分配转入费用			360	
	小计		2 160	8 010	10 170
分配率			0.4	5.34	
分配额	机修车间	数量	900		
		金额	360		360
	基本生产车间	数量	3 700	1 300	
		金额	1 480	6 942	8 422

续表

辅助生产车间			供电车间	机修车间	合计
分配额	管理部门	数量	600	130	
		金额	240	694.2	934.2
	销售部门	数量	200	70	
		金额	80	373.8	453.8
分配金额合计			2 160	8 010	10 170

$$供电车间费用分配率 = \frac{2\ 160}{5\ 400} = 0.4$$

$$机修车间费用分配率 = \frac{7\ 650 + 360}{1\ 700 - 200} = 5.34$$

根据表 2-1.10 编制会计分录如下。

（1）分配电费。

借：辅助生产成本——机修车间　　　　　　　　360

　　制造费用——基本生产车间　　　　　　　1 480

　　管理费用　　　　　　　　　　　　　　　　240

　　销售费用　　　　　　　　　　　　　　　　　80

　　贷：辅助生产成本——供电车间　　　　　　　　　　2 160

（2）分配修理费。

借：制造费用——基本生产车间　　　　　　　6 942

　　管理费用　　　　　　　　　　　　　　　694.2

　　销售费用　　　　　　　　　　　　　　　373.8

　　贷：辅助生产成本——机修车间　　　　　　　　　　8 010

> 顺序分配法的优、缺点及适用范围如下。
>
> （1）优点：各辅助生产部门只分配一次辅助生产费用，即分配给辅助生产部门以外的受益单位和排在后面的其他辅助生产部门，因此计算工作较为简便。
>
> （2）缺点：未全面考虑辅助生产部门之间的交互服务关系，因此分配结果不够准确。另外，各辅助生产部门费用分配的先后顺序也较难确定。
>
> （3）适用范围：只适用于辅助生产部门较多且辅助生产部门之间交互服务数量有较明显顺序的企业。

【"任务导读"解析】

在实际工作中，辅助生产费用核算的账户设置有两种方法。

（1）同时设置"辅助生产成本"账户和"制造费用"账户。在这种方法下，企业辅助生产部门发生的制造费用先在"制造费用"账户归集，月末根据该部门"制造费用"明细账，借方所归集的费用分配转入"生产成本——辅助生产成本"（或"辅助生产成本"）账户相关项目。这种账户设置主要适用于企业辅助生产部门规模大，能独立提供产品或劳务，管理上要求提供辅助生产部门的制造费用预算执行情况的企业。

（2）直接设置"辅助生产成本"账户，不设置"制造费用"账户。这种账户设置适用于辅助生产部门规模较小、产品或劳务单一、制造费用很少，而且辅助生产部门不对外单位提供产品或劳务，不需要按规定的成本项目计算产品成本的企业。

可以看出，中原有限责任公司的两个辅助生产车间都不对外提供服务，业务性质单纯，采用第（2）种方法设置账户比较科学合理。

任务拓展

查阅资料：某一企业所选择的辅助生产费用分配方法对该企业的影响是什么？

悟道明理：由大国
制造感受国力

用直接分配法
分配辅助生产费用

用交互分配法分配
辅助生产费用

用计划成本分配法分
配辅助生产费用

技能闯关

一、单项选择题

1. 如果企业辅助生产规模较小，制造费用较少，又不对外提供产品或劳务，辅助生产部门的制造费用也可以不单独设置（　　）账户。

A. "生产成本"　　B. "辅助生产成本"　C. "制造费用"　　D. "销售费用"

2. 辅助生产费用分配是指将（　　）采用一定的方法计算出产品或劳务的总成本和单位成本，并按受益对象耗用的具体数额计入基本生产成本、制造费用或有关费用项目的过程。

A. 生产成本各明细账中所归集的费用

B. 制造费用各明细账中所归集的费用

C. 材料费用各明细账中所归集的费用

D. 辅助生产成本各明细账中所归集的费用

3. 交互分配法是对各辅助生产部门的辅助生产费用进行（　　）次分配。

A. 一　　　　　　　B. 二　　　　　　　C. 三　　　　　　　D. 四

4. 采用计划成本分配法分配辅助生产费用时，为了简化计算，将辅助生产成本差异计入（　　）账户。

A. "生产成本"　　B. "制造费用"　　C. "管理费用"　　D. "销售费用"

5. 采用直接分配法分配辅助生产费用时，将辅助生产费用（　　）。

A. 直接计入基本生产成本

B. 直接计入辅助生产成本

C. 直接分配给辅助生产以外的各受益单位

D. 直接分配给所有受益单位

6. 在辅助生产费用的各种分配方法中，能分清内部经济责任、有利于实行厂内经济核算的是（　　）。

A. 直接分配法　　　　　　　　　　B. 一次交互分配法

C. 代数分配法　　　　　　　　　　D. 计划成本分配法

7. 采用计划成本分配法分配辅助生产费用时，辅助生产部门实际发生的费用应该是（　　）。

A. 该部门待分配费用减去分配转出的费用

B. 该部门待分配费用加上分配转入的费用

C. 该部门待分配费用加上分配转入的费用减去分配转出的费用

D. 该部门待分配费用加上分配转出的费用减去分配转入的费用

8. 辅助生产部门交互分配后的实际费用，应再在（　　）进行分配。

A. 各基本生产部门　　　　　　　　B. 各受益单位之间

C. 辅助生产部门以外的受益单位之间　　D. 各辅助生产部门之间

二、多项选择题

1. 辅助生产费用的分配方法较多，主要有（　　）。

A. 直接分配法　　　　　　　　　　B. 交互分配法

C. 计划成本分配法　　　　　　　　D. 代数分配法和顺序分配法

2. 直接分配法适用于（　　）或（　　）的情况。

A. 辅助生产部门内部相互提供劳务较多　　B. 辅助生产部门内部相互提供劳务不多

C. 辅助生产部门内部不互相提供劳务　　D. 以上都是

3. 采用交互分配法分配辅助生产费用时，交互分配率＝（　　）/（　　）。

A. 辅助生产部门对外分配的费用　　B. 辅助生产部门交互分配前的费用

C. 对外提供的劳务总量　　　　　　D. 劳务供应总量

4. 采用交互分配法分配辅助生产费用时，该辅助生产部门对外分配的费用＝该辅助生产部门分配前的费用＋（　　）－（　　）。

A. 交互分配转入的费用　　　　　　B. 本部门消耗的费用

C. 本部门提供的费用　　　　　　　D. 交互分配转出的费用

5. 辅助生产费用分配转出时，可以（　　）。

A. 借记"制造费用"账户　　　　　B. 借记"管理费用"账户

C. 借记"在建工程"账户　　　　　D. 贷记"辅助生产成本"账户

6. 辅助生产费用进行两次或两次以上分配的方法是（　　）。

A. 一次交互分配法　　　　　　　　B. 计划成本分配法

C. 代数分配法　　　　　　　　　　D. 顺序分配法

7. 采用计划成本分配法分配辅助生产费用的优点是（　　）。

A. 分配结果最正确

B. 简化和加速了分配的计算工作

C. 便于考核和分析各受益单位的经济责任

D. 能够反映辅助生产部门或劳务实际成本脱离计划的差异

三、判断题

1. 如果企业的辅助生产规模较大，制造费用较多，或者还对外提供产品、劳务，可单设"制造费用"账户来归集辅助生产过程中发生的制造费用。　　　　（　　）

2. 采用直接分配法分配辅助生产费用时，辅助生产部门之间相互提供产品或劳

务的，也要各自承担各自的费用。　　　　　　　　　　　　　　　（　　）

3. 交互分配法一般适用于各辅助生产部门之间相互提供劳务较少的企业。（　　）

4. 采用计划成本分配法分配辅助生产费用时，要求制定的计划单位成本必须比较准确，否则将影响分配结果的合理性。　　　　　　　　　　　　（　　）

5. 顺序分配法只适用于辅助生产部门较少且辅助生产部门之间交互服务数量有较明显顺序的企业。　　　　　　　　　　　　　　　　　　　　（　　）

6. 采用代数分配法分配辅助生产费用的分配结果最准确。　　　　（　　）

7. 采用顺序分配法分配辅助生产费用时，应将辅助生产部门之间相互提供劳务受益多的部门排列在前面先分配出去，受益少的部门排在后面后分配出去。（　　）

四、技能训练题

【辅助生产费用的核算】

（1）资料：某企业机修车间和运输部门在 202×年 5 月归集的费用分别为 35 000 元、46 000 元，辅助生产部门为各部门提供的劳务量见表 2-1.11。

表 2-1.11　机修、运输部门 5 月提供的劳务量

202×年 5 月

受益单位	机修/小时	公里[①]数
机修车间		3 500
运输部门	1 500	
基本生产车间	17 500	30 000
管理部门	1 000	6 500
合计	20 000	40 000

计划单位成本：机修每小时 6 元，运输每公里 1.2 元。

（2）要求：根据上述资料，采用直接分配法、交互分配法、代数分配法、计划成本分配法和顺序分配法分配辅助生产费用，编制辅助生产费用分配表（表 2-1.12～表 2-1.16），并根据辅助生产费用分配表编制相应的会计分录。

表 2-1.12　辅助生产费用分配表（直接分配法）

202×年 5 月　　　　　　　　　　　　　　　　金额单位：元

辅助生产部门			机修	运输	合计
待分配费用					
对外提供劳务数量					
费用分配率（单位成本）					
基本生产车间	一般耗用	数量			
		金额			
行政管理部门		数量			
		金额			
分配金额合计					

---

① 1 公里 = 1 千米。

表 2-1.13　辅助生产费用分配表（交互分配法）

202×年 5 月　　　　　　　　　　　　　　　　金额单位：元

项目			交互分配法			对外分配		
辅助生产部门			机修	运输	合计	机修	运输	合计
待分配费用								
劳务数量								
费用分配率								
辅助生产部门	机修	数量						
		金额						
	运输	数量						
		金额						
	小计							
基本生产车间		数量						
		金额						
行政管理部门		数量						
		金额						
分配金额合计								

表 2-1.14　辅助生产费用分配表（代数分配法）

202×年 5 月　　　　　　　　　　　　　　　　金额单位：元

辅助生产部门			机修车间	运输车间	合计
待分配费用					
劳务数量					
费用分配率（实际单位成本）					
辅助生产部门	机修车间	数量			
		金额			
	运输车间	数量			
		金额			
	小计				
基本生产车间		数量			
		金额			
行政管理部门		数量			
		金额			
分配金额合计					

表 2-1.15　辅助生产费用分配表（计划分配法）

202×年 5 月　　　　　　　　　　　　　　　　金额单位：元

辅助生产部门			机修车间	运输部门	合计
待分配费用			6	1.2	
劳务数量					
计划单位成本					
辅助生产部门	机修车间	数量			
		金额			
	运输部门	数量			
		金额			
	小计				
基本生产车间		数量			
		金额			
管理部门		数量			
		金额			
按计划成本分配合计					
辅助生产实际成本					
辅助生产成本差异					

表 2-1.16　辅助生产费用分配表（顺序分配法）

202×年 5 月　　　　　　　　　　　　　　　　金额单位：元

项目	分配数量	分配费用			分配率	分配金额					
		直接发生费用	分配转入费用	小计		机修车间		基本生产车间		行政管理部门	
						数量	金额	数量	金额	数量	金额
运输											
机修											
合计											

学习心得

（1）学习内容的梳理——画思维导图。（50 分）

（2）假如你是成本核算岗位的会计，学习本任务对你具体工作的指导和帮助有哪些？（可以包括但不限于如何选择和运用成本计算方法）（50 分）

任务二　归集、分配制造费用

▶ 任务导读

良亮电器公司是一家电器生产企业，主要生产特种照明设备（如机场、商场、娱乐场所等所用的照明设备）和普通照明设备（如日光灯、节能灯、感应灯等）。车间发生的制造费用一直采用生产工人工资比例分配法进行分配。随着科学技术的进步，照明设备的科技含量不断提高，同一车间生产的产品价格差距很大。赵恒从会计专业毕业后应聘到该企业从事成本核算岗位工作，她仔细阅读会计历史数据，现场考察照明设备生产工艺后，向财务经理提出，特种照明设备采用订单生产，批量小，操作人员多，自动化水平不高；而普通照明设备采用全新的自动化生产线，进行大批生产，操作人员少。因此，应改变制造费用分配方法，将原来的生产工人工资比例分配法改为机器工时比例分配法。

请问： 财务经理是否应该采纳赵恒的建议？

▶ 任务陈述

企业在产品生产过程中，除了直接耗用各种材料、人工等费用外，还会发生与产品制造有关的其他各种费用，如生产管理部门的人员工资、生产部门的房屋和设备折旧费、修理费等。这些费用由生产产品所引起，是为了产品生产的顺利进行而发生的，因此它们也是产品成本的重要内容。不仅如此，随着科学技术的不断进步，生产自动化程度的不断提高，制造费用在产品成本中的比重也在不断加大，这也就决定了制造费用核算的重要性。制造费用的归集与分配，对正确计算产品生产过程中发生的间接生产费用、正确地考核费用水平起到重要作用。

制造费用核算所涉及的业务活动和单证如图 2-2.1 所示。

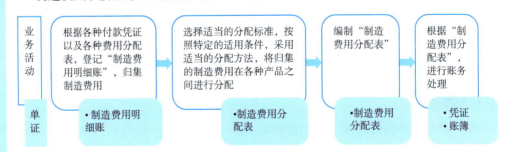

图 2-2.1　制造费用核算所涉及的业务活动和单证

▶ 任务分析

企业应按不同的部门设置制造费用明细账，根据各种费用分配表和相关付款凭证进行登记，归集各部门发生的制造费用。制造费用属于间接生产费用，需要采用一定的方法，将归集的制造费用在各部门、各产品之间进行正确的分配。

知识准备

【制造费用核算的内容】

制造费用是指为生产产品（或提供劳务）而发生的、应计入产品成本，但没有专设成本项目的各项生产费用。制造费用包括的内容很多，也比较复杂，其中大部分间接用于产品生产，如机物料消耗、生产车间用房屋折旧费、修理费、保险费、租赁费、劳动保护费以及季节性停工和修理期间的停工损失等；也有直接用于产品生产，但管理上不要求或核算上不便单独核算的费用，如生产用机器设备的折旧费、生产用低值易耗品摊销、设计图纸费和试验检验费等；有的是生产部门用于组织和管理生产而发生的费用，如车间管理人员的工资及社会保险费、生产部门管理用房屋折旧费、保险费、工具摊销、车间照明费、差旅费、办公费等。

任务实施

一、制造费用的归集

企业在发生各项制造费用时，应根据各种费用分配表（如"材料费用分配表""工资费用分配表""折旧费用分配表"等）以及各种付款凭证，登记"制造费用明细账"，归集发生的制造费用。现根据精密机械厂的相关资料登记"制造费用明细账"，见表2-2.1。

表2-2.1 制造费用明细账（基本生产车间）

精密机械厂   202×年9月   金额单位：元

202×年		摘要	工资费用	折旧费	机物料	修理费	水电费	办公费	保险费	报刊费	合计	转出	余额
月	日												
9	30	原材料费用分配表			4 300						4 300		
	30	外购动力分配表					1 500				1 500		
	30	工资费用分配表	3 700								3 700		
	30	社会保险费计提类	1 158.10								1 158.10		
	30	固定资产折旧分配表		12 920							12 920		
	30	其他费用分配汇总表						680	4 500	200	5 380		
	30	辅助生产费用分配表				13 818.48	1 418.55				15 237.03		
	30	分配转出										44 195.13	
	30	本月合计	4 858.10	12 920	4 300	13 818.48	2 918.55	680	6 500	200	44 195.13		0

二、制造费用分配的核算

制造费用分配的方法有多种，常用的分配方法有生产工时比例分配法、生产工人工资比例分配法、机器工时比例分配法、年度计划分配率分配法。

（一）生产工时比例分配法

生产工时比例分配法是指按照各种产品所用生产工人实际工时的比例分配制造费用的一种方法。其计算公式如下：

某部门制造费用分配率＝该部门制造费用总额／各种产品生产工时之和

某种产品应分配的制造费用＝该种产品的生产工时×该部门制造费用分配率

【案例 2-2.1】　精密机械厂所生产的甲、乙产品按实际生产工时比例分配制造费用，根据表 2-2.1 和表 2-2.2 所列的制造费用和生产工时资料分配制造费用。

在实际工作中，制造费用分配一般是通过编制制造费用分配表进行的。

表 2-2.2　制造费用分配表（基本生产车间）

精密机械厂　　　　　　　　　　202×年9月　　　　　　　　　　金额单位：元

应借账户		分配标准（生产工时）/小时	分配率	分配额
基本生产成本	甲产品	4 000		17 678.05
	乙产品	6 000		26 517.08
合计		10 000	4.419 513	44 195.13

根据表 2-2.2，编制分配制造费用的记账凭证，见表 2-2.3。

表 2-2.3　记账凭证

单位：精密机械厂　　　　　　　　202×年9月30日　　　　　　　　记字第　号

摘要	总账科目	明细科目	借方金额	贷方金额	记账
分配制造	基本生产成本	甲产品（制造费用）	17 678.05		
费用		乙产品（制造费用）	26 517.08		
		制造费用		44 195.13	
合计			44 195.13	44 195.13	

如果产品的工时定额比较准确，制造费用也可按定额工时的比例分配。

（二）生产工人工资比例分配法

生产工人工资比例分配法是指按照计入各种产品成本的生产工人实际工资的比例分配制造费用的一种方法。其计算公式如下：

某车间制造费用分配率＝该车间制造费用总额／各种产品生产工人工资之和

某种产品应分配的制造费用＝该种产品生产工人工资×该车间制造费用分配率

【案例 2-2.2】　根据表 1-3.6 可知，精密机械厂生产甲产品工人工资为 16 800元，生产乙产品工人工资为 25 200 元，试计算甲、乙两产品应分配的制造费用。

$$制造费用分配率 = \frac{44\ 195.13}{16\ 800 + 25\ 200} = 1.052\ 265$$

甲产品应分配的制造费用＝16 800×1.052 265＝17 678.05（元）

乙产品应分配的制造费用＝25 200×1.052 265＝26 517.08（元）

使用生产工时比例分配法与生产工人工资比例分配法的注意事项：按生产工时比例分配制造费用，同按生产工人工资比例分配制造费用一样，能将劳动生产效率与产品负担的费用水平联系起来，使分配结果比较合理，采用这两种方法时，要求各种产品生产机械化的程度应大致相同，否则机械化程度低的产品所用工资费用多，负担的制造费用也多，从而影响费用分配的合理性。

（三）机器工时比例分配法

机器工时比例分配法是指按照各种产品所用机器设备运转时间的比例分配制造费用的一种方法。其计算公式如下：

某部门制造费用分配率＝该部门制造费用总额/该部门机器工时之和

某种产品应分配的制造费用＝该产品机器工时×该部门制造费用分配率

【案例 2-2.3】　假如胜利工厂生产甲、乙两种产品，基本生产车间归集的制造费用为 24 000 元，已知生产甲产品的实际机器工时为 9 000 小时，生产乙产品的实际机器工时为 7 000 小时，试计算甲、乙两种产品应分配的制造费用。

$$制造费用分配率＝\frac{24\ 000}{9\ 000＋7\ 000}＝1.5$$

$$甲产品应分配的制造费用＝9\ 000×1.5＝13\ 500(元)$$

$$乙产品应分配的制造费用＝7\ 000×1.5＝10\ 500(元)$$

使用机器工时比例分配法的注意事项：分配制造费用时，可以按生产产品实际耗用的机器工时比例分配，也可以按机器定额工时比例分配。这种方法适用于机械化程度高的企业或部门，因为在这种类型的企业或部门中，制造费用中与机器设备使用有关的费用比重较大，而这一部分费用与机器设备运转时间又有密切的联系，采用这种方法必须具备各种产品所用机器工时的原始记录。

（四）年度计划分配率分配法

年度计划分配率分配法是按年度开始确定的全年使用的计划分配率分配制造费用的一种方法。假定以定额工时为分配标准，其计算公式为：

$$制造费用年度计划分配率＝\frac{年度制造费用计划总额}{年度各种产品计划产量的定额工时之和}$$

$$某月某种产品应分配的制造费用＝该月该种产品实际产量的定额工时数×年度计划分配率$$

【案例 2-2.4】　向阳配件厂二车间全年制造费用计划为 54 000 元；全年各种产品的计划产量为：A 零件 2 400 件、B 零件 1 500 件；单件产品的工时定额为：A 零件 5 小时、B 零件 4 小时。5 月的实际产量为：A 零件 190 件、B 零件 130 件；发生制造费用 4 520 元。

（1）计算年度计划分配率。

A 零件年度计划产量的定额工时＝2 400×5＝12 000(小时)

B 零件年度计划产量的定额工时 = 1 500×4 = 6 000（小时）

$$制造费用年度计划分配率 = \frac{54\ 000}{12\ 000+6\ 000} = 3$$

（2）分配转出该月制造费用。

A 零件该月实际产量的定额工时 = 190×5 = 950（小时）

B 零件该月实际产量的定额工时 = 130×4 = 520（小时）

A 零件该月应分配制造费用 = 950×3 = 2 850（元）

B 零件该月应分配制造费用 = 520×3 = 1 560（元）

该月分配转出的制造费用 = 2 850+1 560 = 4 410（元）

（3）根据计算结果编制会计分录。

借：基本生产成本——A 零件　　　　　　　　　　　　　　　　　2 850

　　　　　　——B 零件　　　　　　　　　　　　　　　　　1 560

　贷：制造费用——二车间　　　　　　　　　　　　　　　　　　　　　4 410

5 月二车间实际发生的制造费用为 4 520 元，其差异额为 110 元（4 520-4 410），5 月"制造费用"出现借方余额 110 元。这 110 元的借方余额平时不分配。在这种分配方法下，年度中"制造费用"总账及其明细账不仅可能有余额，而且可能出现借方余额或贷方余额，年底时，如果"制造费用"账户仍有余额，即为全年制造费用的实际发生额与计划分配额的差异。

（4）对差异进行处理。

按计划分配率分配的制造费用数额与制造费用实际数额一般存在差异，处理的方法是，在年末将其差异额按已分配的比例进行一次再分配，调整计入 12 月的各种产品成本。如果实际发生额大于计划分配额，则用蓝字补记，借记"基本生产成本"账户，贷记"制造费用"账户，如果实际发生额小于计划分配额，则用红字冲销，即红字借记"基本生产成本"账户，红字贷记"制造费用"账户，调整后"制造费用"账户余额为零。其计算公式为：

差异分配率 = 差异额/按年度计划分配率分配的制造费用

某种产品应分配的差异额 = 该种产品按计划分配率分配的制造费用×差异分配率

假设向阳配件厂二车间 A、B 零件年底按年度计划分配率分配的制造费用分别为 23 600 元、31 400 元，年末该车间"制造费用"账户贷方余额为 3 839 元。

$$差异分配率 = \frac{-3\ 839}{23\ 600+31\ 400} = -0.069\ 8$$

A 零件应分配的差异额 = 23 600×（-0.069 8） = -1 647.28（元）

B 零件应分配的差异额 = 31 400×（-0.069 8） = -2 191.72（元）

根据计算结果编制会计分录如下。

借：基本生产成本——A 零件　　　　　　　　　　　　　　　1 647.28

　　　　　　——B 零件　　　　　　　　　　　　　　　2 191.72

　贷：制造费用　　　　　　　　　　　　　　　　　　　　　　　3 839

使用年度计划分配率分配法的注意事项如下。

（1）不管各月实际发生的制造费用是多少，每月各种产品中的制造费用都按计划分配率分配，但年度内如果发现全年的制造费用实际数与计划数可能发生较大差异，则应及时调整计划分配率。

（2）这种方法的核算工作比较简便，特别适用于季节性生产企业，因为生产淡季与旺季产量悬殊，如果按实际费用分配，则各月单位产品中的制造费用将随之变化很大，不便于成本分析工作的进行。采用这种方法必须有较高的计划工作水平，否则年度制造费用的计划数脱离实际太大，会影响成本计算的正确性。

对于上述几种方法，企业要根据自身实际情况合理地选用，而且在条件没有变化的情况下不能随便改变分配方法。

【"任务导读"解析】

财务经理应该采纳赵恒的建议。特种照明设备生产批量小，自动化水平不高，主要是劳动密集型产品生产，采用生产工人工资比例分配法进行分配比较合理；普通照明设备采用全新的自动化生产线，进行大批生产，操作人员少，仪器仪表记录准确，制造费用采用机器工时比例分配法进行分配更加合理。

任务拓展

思考：制造费用还可以选择什么样的分配标准？

悟道明理：严谨
扎实，一丝不苟

采用生产工人工资
比例分配法分配
制造费用

采用机器工时比例
分配法分配制造费用

采用年度计划分配率分
配法分配制造费用时
对差异的处理

技能闯关

一、单项选择题

1. 企业在发生各项制造费用时，应根据各种费用分配表（如"材料费用分配表""工资费用分配表""折旧费用分配表"等）以及各种付款凭证，登记（　　），归集发生的制造费用。

A. 基本生产成本明细账　　　　　　B. 辅助生产成本明细账

C. 制造费用明细账　　　　　　　　D. 销售费用明细账

2. 生产工人工资比例分配法要求各种产品生产机械化的程度（　　）。

A. 有差距　　　　　　　　　　　　B. 应大致相同

C. 无关　　　　　　　　　　　　　D. 以上情况都可以

3. 采用年度计划分配率分配法分配制造费用时，某月某种产品应分配的制造费用 = （ 　　 ）年度计划分配率。

A. 该月该种产品实际产量的定额工时数

B. 该月该种产品计划产量的定额工时数

C. 该月该种产品实际产量的实际工时数

D. 该月该种产品计划产量的实际工时数

4. 年度计划分配率分配法适用于（ 　　 ）企业。

A. 产品生产机械化程度高的

B. 产品生产机械化程度低的

C. 产品生产机械化程度相差不大的

D. 季节性生产

5. 某企业有甲、乙两个基本生产车间，共同生产 A、B 两种产品。某月甲车间制造费用合计为 60 000 元，生产工时为 A 产品 1 200 小时、B 产品 1 800 小时；乙车间制造费用合计为 40 000 元，生产工时为 A 产品 300 小时、B 产品 700 小时，则该月 A 产品应负担的制造费用为（ 　　 ）。

A. 37 500 元　　　　　B. 24 000 元　　　　　C. 36 000 元　　　　　D. 12 000 元

二、多项选择题

1. 制造费用的分配方法有多种，常用的分配方法有（ 　　 ）。

A. 生产工时比例分配法　　　　　B. 生产工人工资比例分配法

C. 机器工时比例分配法　　　　　D. 年度计划分配率分配法

2. 分配制造费用时，借记（ 　　 ）账户，贷记（ 　　 ）账户。

A. "基本生产成本" B. "辅助生产成本" C. "制造费用"　　　 D. "销售费用"

3. 制造费用年度计划分配率 = （ 　　 ）/（ 　　 ）。

A. 年度制造费用实际总额

B. 年度制造费用计划总额

C. 年度各种产品计划产量的定额工时之和

D. 年度各种产品实际产量的定额工时之和

4. 年度中"制造费用"总账及其明细账账户余额可能出现的方向为（ 　　 ）。

A. 借方　　　　　B. 贷方　　　　　C. 平　　　　　D. 一定为平

5. 下列属于工业企业制造费用的是（ 　　 ）。

A. 车间的机物料消耗　　　　　B. 分厂的管理用具摊销费

C. 机器设备的折旧费　　　　　D. 应付融资租赁设备的租赁费

6. 制造费用大部分是企业为生产产品和提供劳务而发生的各项间接生产费用，包括（ 　　 ）。

A. 生产车间的办公费　　　　　B. 生产车间厂房的折旧费

C. 生产车间的劳动保护费　　　　　D. 生产车间使用的无形资产摊销费

三、判断题

1. 制造费用是指为生产产品（或提供劳务）而发生的、应计入产品成本，但没有专设成本项目的各项生产费用。　　　　　　　　　　　　　　　　　（ 　　 ）

2. 制造费用账户月末一定无余额。　　　　　　　　　　　　　　　　（ 　　 ）

3. 按生产工时比例分配制造费用，要求各种产品生产机械化程度悬殊，否则会影响费用分配的合理性。　　　　　　　　　　　　　　　　　　　　　（　　）

4. 机器工时比例分配法适用于机械化程度低的企业或部门。　　　　　（　　）

5. 生产车间中不论是生产人员、技术人员、检验人员还是管理人员的工资及福利费，均应记入"制造费用"账户。　　　　　　　　　　　　　　　　　（　　）

四、技能训练题

【制造费用的分配】

（1）资料。假设某企业第一基本生产车间同时生产 A、B 两种产品。本月共发生制造费用 76 000 元。有关资料见表 2-2.4。

表 2-2.4　A、B 产品耗用表

耗用项目	A 产品	B 产品	合计
人工工时/小时	6 000	9 200	15 200
人工工资/元	72 000	80 000	152 000
机器工时/小时	3 200	4 400	7 600

（2）要求。

①用生产工人工时比例分配法分配制造费用。

②用生产工人工资比例分配法分配制造费用。

③用机器工时比例分配法分配制造费用。

④编制制造费用分配表，见表 2-2.5。

表 2-2.5　制造费用分配表

202×年 5 月　　　　　　　　　　　　　　　　金额单位：元

分配方法	产品	分配标准	分配率	分配额
生产工人工时比例分配法	A 产品			
	B 产品			
	合计			
生产工人工资比例分配法	A 产品			
	B 产品			
	合计			
机器工时比例分配法	A 产品			
	B 产品			
	合计			

学习心得

（1）学习内容的梳理——画思维导图。（50 分）

（2）假如你是成本核算岗位的会计，学习本任务对你具体工作的指导和帮助有哪些？（可以包括但不限于如何选择和运用成本计算方法）（50 分）

任务三　归集、分配损失性费用

任务导读

亚威公司质检员对铸造车间的产品进行质量检测，发现 100 件铸件硬度不够，10 件铸件出现裂纹。上报技术部门鉴定后，结论是 100 件铸件硬度不够已无法进行修复，予以报废；另有 10 件铸件出现砂眼和气孔，需要返工补焊。

请问： 无法修复的铸件和可修复的铸件所发生的损失如何界定？对发生的损失怎样核算？

任务陈述

企业发生损失性费用时，应对损失性费用进行归集和分配。损失性费用的发生与生产的组织、管理及生产工人的操作水平有直接的关系，如果企业的损失性费用在成本中所占比重较大，则应对其单独核算。损失性费用包括废品损失和停工损失两部分，在损失性费用发生时，企业应根据废品损失和停工损失的实际发生情况，采用适当的方法进行归集和分配，以便正确地反映和控制废品损失及停工损失。它在正确地计算产品成本，加强废品损失的控制与考核方面发挥了重要作用。

废品损失和停工损失核算所涉及的业务活动和单证如图 2-3.1 所示。

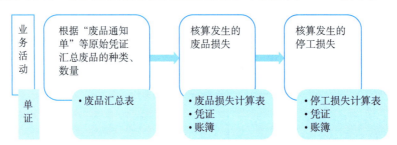

图 2-3.1　废品损失和停工损失核算所涉及的业务活动和单证

任务分析

根据质检部门核定的废品，填制"废品通知单"。会计人员会同质检人员对"废品通知单"中所列废品产生的原因进行审核，分析废品能否修复，按不可修复废品损失和可修复废品损失分别核算；对生产部门或生产部门内某个班组在停工期内发生的各项费用进行确认，归集、分配停工期间发生的损失。

一、损失性费用

损失性费用是指生产组织不合理、经营管理不善以及生产工人未按规定执行技术操作规程等原因造成的人力、物力、财力上的损失，主要包括废品损失和停工损失。

（一）废品损失

废品是指质量不符合规定的标准或技术条件，不能按原定的用途使用，或需要加工修复后才能使用的在产品、半成品和产成品，包括生产过程中发现的废品和入库后发现的废品。废品的分类如图2-3.2所示。

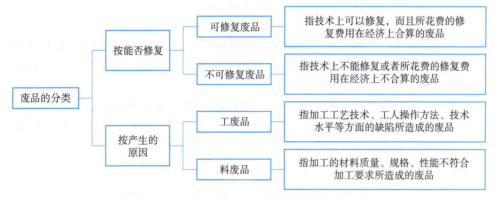

图2-3.2　废品的分类

废品损失是指由于产生废品而发生的损失。具体而言，废品损失是指在生产过程中由于主客观原因产品质量不符合规定技术标准所形成的不可修复废品损失和可修复废品损失。

不可修复/可修复废品产生的损失定义如图2-3.3所示。

不可修复废品产生的损失	可修复废品产生的损失
• 是指不可修复废品已发生的实际制造成本扣除残料回收价值和应收赔款后的净额	• 是指可修复废品在返修过程中所发生的各种修复费用，包括修复过程中耗用的材料、发生的人工费用

图2-3.3　不可修复/可修复废品产生的损失定义

> 废品损失判断注意事项：
> 　　质量不符合规定标准，经检验不需要返修而可以降价出售的不合格品的降价损失；产品入库时为合格品，但因保管不善、运输不当等原因而发生的损坏变质损失；实行"三包"企业发生的"三包"损失等不能作为废品损失，应作为期间费用体现在当期的损益中。

（二）停工损失

停工损失是指生产部门或生产部门内某个班组在停工期间发生的各项费用，包括停工期间支付的生产工人工资和职工福利费、所耗用的燃料和动力费以及应负担的制造费用等。发生停工的原因有多种，如原材料不足、机器设备发生故障或进行大修、电力中断、发生自然灾害以及计划减产等。

> 停工损失判断注意事项：
> (1) 停工待料、电力中断、机器故障等造成的停工损失计入产品成本；
> (2) 自然灾害等原因造成的非正常损失计入营业外支出；
> (3) 季节性停产、修理期间停产的停工损失计入制造费用；
> (4) 不满一个工作日的停工可不计算停工损失。

二、废品损失和停工损失的归集和分配

（一）废品损失的归集和分配

计算废品损失的原始凭证主要是"废品通知单"。对于废品损失的归集和分配可以单独设置"废品损失"账户进行，也可以不单独设置"废品损失"账户，直接在"基本生产成本"账户中进行。

经常发生废品损失且废品数量较多，对产品成本影响较大的企业，应增设"废品损失"账户，如图2-3.4所示，在"生产成本明细账"中增设"废品损失"成本项目，该账户属于成本计算账户，用来归集、分配发生的废品损失。

借方	废品损失	贷方
归集不可修复废品的实际生产成本、可修复废品的修复费用		登记废品材料回收的价值、有关赔偿的数额，分配转出的废品净损失

图2-3.4　"废品损失"账户

> 不单独核算废品损失的注意事项：
> 所发生的各项可修复废品的修复费用，可以直接计入"基本生产成本"账户；对于不可修复废品，只从全部产量中扣除报废产品数量，而不单独归集废品生产成本，废品残料价值直接冲减"基本生产成本"账户。

（二）停工损失的归集和分配

在单独核算停工损失的企业，应设置"停工损失"账户，在生产成本明细账中增设"停工损失"成本项目。账户的借方归集本月发生的停工损失，贷方反映分配结转的停工损失，月末一般无余额。该账户应按车间分别设置明细账，账内分设专栏或专行进行明细分类核算。

> 不单独核算停工损失的注意事项：
> 停工期间发生的属于停工损失的各种费用，直接记入"制造费用"或"营业外支出"等账户。

任务实施

一、不可修复废品损失的核算

由于不可修复废品成本与合格品成本在分离前是归集在一起的，所以应采用适当的分配方法，在合格品与废品之间分配。废品生产成本的确定方法一般有两种，一种是按废品所耗实际成本计算，另一种是按废品所耗的定额成本计算。

（一）按废品所耗实际成本计算

对于完工入库时发现的废品，单位合格品与单位废品应负担相同的费用，因此可将合格品与废品的产量作为分配标准进行分配。其计算公式为：

某项生产费用分配率=该项生产费用/（合格品产量+废品产量）

废品应负担的生产费用=废品产量×分配率

对于生产过程中发现的废品，原材料在生产时一次投入，材料费用可按合格品和废品的数量比例分配；不是一次投入的则可采用适当方法进行分配。其余各成本项目，可按合格品和废品的工时比例分配。其计算公式（材料系一次投入）为：

直接材料费用分配率=直接材料费用总额/（合格品数量+废品数量）

废品应负担的直接材料费用=废品数量×直接材料费用分配率

其他费用分配率=某项其他费用数额/（合格品工时+废品工时）

废品应负担的其他费用=废品工时×其他费用分配率

【案例 2-3.1】　利民工厂一车间 202×年 8 月生产甲产品 600 件。在生产过程中发现其中有 20 件为不可修复废品。合格品和废品共同发生的生产费用为：原材料费用 90 000 元、直接人工 15 000 元、动力费用 6 000 元、制造费用 36 000 元（合计 147 000 元）。原材料在生产开始时一次投入。原材料费用按产量比例分配，其他费用按生产工时比例分配。产品生产工时为：合格品 2 3400 小时、废品 600 小时。废品残料回收价值为 300 元。根据上述资料，编制"不可修复废品损失计算表"，见表 2-3.1。

表 2-3.1　不可修复废品损失计算表

（按实际成本计算）　　　　　　　　产品名称：甲产品

利民工厂　　　　　　　　　　202×年 8 月　　　　　　　　　　金额单位：元

项目	数量/件	直接材料	生产工时/小时	燃料及动力	直接人工	制造费用	合计
费用总额	600	90 000	24 000	6 000	15 000	36 000	147 000
费用分配率		150		0.25	0.625	1.5	
废品成本	20	3 000	600	150	375	900	4 425
减：废品残料		300					300
废品损失		2 700		150	375	900	4 125

根据表 2-3.1，编制会计分录如下。

（1）结转废品生产成本（实际成本）。

借：废品损失——甲产品　　　　　　　　　　　　　　　　　　　　　4 425

　　贷：基本生产成本——甲产品（直接材料）　　　　　　　　　　　　3 000

　　　　　　　　　　——甲产品（燃料及动力）　　　　　　　　　　　150

——甲产品（直接人工）		375
——甲产品（制造费用）		900

（2）回收废品残料价值。

借：原材料　　　　　　　　　　　　　　　　　300

　　贷：废品损失——甲产品　　　　　　　　　　　　300

（3）将废品净损失转入合格品成本。

借：基本生产成本——甲产品（废品损失）　　　4 125

　　贷：废品损失——甲产品　　　　　　　　　　　4 125

> 按废品的实际成本计算废品损失方法的优、缺点如下。
> （1）优点：符合实际。
> （2）缺点：核算工作量较大，并且只能在月末生产费用算出后才能进行计算，不利于及时控制废品损失。

（二）按废品所耗定额费用计算

按定额费用计算废品损失也称为按定额成本计算方法，是按废品的数量和各项费用定额计算废品定额成本，将废品定额成本扣除废品残值或应收赔款即废品损失，而不考虑废品实际发生的费用，实际成本与定额成本的差额全部由合格品负担。

【案例2-3.2】 精密机械厂基本生产车间在202×年9月生产乙产品的过程中发生不可修复废品10件，按其所耗定额费用计算废品的生产成本。其原材料费用单位定额为35元；废品已完成定额工时4.5小时，每小时费用定额为：燃料及动力6元、工资及福利费5元、制造费用4元、回收残料价值125元。根据此资料编制"不可修复废品损失计算表"，见表2-3.2。编制会计分录的方法与按实际费用计算废品成本的方法相同。

表2-3.2　不可修复废品损失计算表

（按定额成本计算）

产品名称：乙产品

废品数量：10件

精密机械厂　　　　　　　　　　202×年9月　　　　　　　　　金额单位：元

项目	直接材料	燃料及动力	直接人工	制造费用	成本合计
费用定额	35	27	22.5	18	102.5
废品定额成本	350	270	225	180	1 025
减：残料价值	125				125
废品净损失	225	270	225	180	900

根据表2-3.2，编制记账凭证，见表2-3.3～表2-3.5。

表2-3.3　记账凭证

单位：精密机械厂　　　　　　　　202×年9月30日　　　　　　　　记字第　号

摘要	总账科目	明细科目	借方金额	贷方金额	记账
结转废品	废品损失	乙产品	1 025.00		
生产成本	基本生产成本	乙产品（直接材料）		350.00	

续表

摘要	总账科目	明细科目	借方金额	贷方金额	记账
		乙产品（燃料及动力）		270.00	
		乙产品（直接人工）		225.00	
		乙产品（制造费用）		180.00	
合计			1 025.00	1 025.00	

表 2-3.4　记账凭证

单位：精密机械厂　　　　　　　　　　202×年 9 月 30 日　　　　　　　　　记字第　号

摘要	总账科目	明细科目	借方金额	贷方金额	记账
收回残料	原材料		125.00		
价值	废品损失	乙产品		125.00	
合计			125.00	125.00	

表 2-3.5　记账凭证

单位：精密机械厂　　　　　　　　　　202×年 9 月 30 日　　　　　　　　　记字第　号

摘要	总账科目	明细科目	借方金额	贷方金额	记账
结转废品	基本生产成本	乙产品（废品损失）	900.00		
净损失	废品损失	乙产品		900.00	
合计			900.00	900.00	

按废品的定额费用计算废品损失的优、缺点如下。

（1）优点：计算工作比较简便，并且可以不受废品实际费用水平高低的影响，便于进行成本的分析与考核，有利于控制废品损失，故应用较为广泛。

（2）缺点：采用此方法计算废品生产成本时，必须具备准确的消耗定额和费用定额资料，否则会影响成本计算的正确性。

二、可修复废品损失的核算

可修复废品损失指的是在修复过程中发生的各种费用。因此，修复后的产品成本应该由修复前发生的生产费用加上修复过程中耗用的材料费用、发生的人工费用和制造费用构成。如果有废品回收残值或应收赔偿款，也应从废品损失中扣除，扣除后将发生的废品净损失计入产品的生产成本。

可修复废品损失核算注意事项：

（1）可修复废品返修以前发生的费用，在"基本生产成本"账户及相应明细账中，不必转出，因为它不是废品损失；

（2）修复完成继续正常加工发生的费用也不是废品损失，应计入"基本生产成本"账户及相应明细账。

可修复废品损失在废品修复时计算。其计算公式为：

可修复废品损失=修复废品材料费用+修复废品人工费用+修复废品制造费用

【案例2-3.3】 假定向阳工厂铸造车间在202×年6月的产品质量检验中发现10件铸件出现不同程度的砂眼、气孔和飞边。经技术部门鉴定铸件的缺损情况，砂眼可通过填补剂、气孔可通过补焊、飞边可通过打磨等措施进行修复，且修复费用较少，在经济上合算。

修复铸件实际耗用材料500元，实际耗用工时100小时，小时人工费用分配率为4.56元，小时制造费用分配率为2.1，修复过程中回收残值（已入库）20元，应由废品责任人张明赔偿100元。

归集修复费用，并编制相应的会计分录。

（1）计算并归集修复费用。

$$直接材料=500 元$$

$$直接人工=100×4.56=456 （元）$$

$$制造费用=100×2.1=210 （元）$$

借：废品损失——铸件	1 166
贷：原材料	500
应付职工薪酬	456
制造费用	210

（2）回收残值及应收赔偿款。

借：原材料	20
其他应收款	100
贷：废品损失——铸件	120

（3）结转废品净损失。

借：基本生产成本——铸件（废品损失）	1 046
贷：废品损失——铸件	1 046

三、停工损失的核算

在停工期间发生应计入停工损失的各种费用，根据各种费用分配表及其他相关凭证，借记"停工损失"账户，贷记"原材料""应付职工薪酬""制造费用"等账户。

如果停工的车间生产多种产品，则应当采用适当的分配方法（一般采用分配制造费用的方法）分配计入各产品成本。分配完毕，该账户无余额。

【案例2-3.4】 假定向阳工厂第二车间因机器故障停工8天，停工期间应支付的工人工资8 700元，应负担的制造费用为1 500元。因外部供电线路出现故障停工2天，停工期间第一、第二车间应支付的工人工资分别为3 400元、2 300元，应负担的制造费用分别为900元、700元。第二车间机器故障造成的停工损失应计入成本，停电造成的停工为非正常停工。假设与供电局交涉后对方同意赔偿停工造成的损失4 000元。根据有关资料编制会计分录。

（1）归集停工损失。

借：停工损失——第一车间	4 300
——第二车间	13 200

```
        贷：应付职工薪酬                                    14 400
            制造费用——第一车间                              900
                    ——第二车间                            2 200
  （2）结转停工损失。
    借：基本生产成本——第二车间                            10 200
        其他应收款——电业局                                4 000
        营业外支出——停工损失                              3 300
        贷：停工损失——第一车间                            4 300
                  ——第二车间                            13 200
```

【"任务导读"解析】

废品按其产生的原因，分为工废品和料废品。工废品是指加工工艺技术、工人操作方法、技术水平等方面的缺陷所造成的废品；料废品是指加工的材料质量、规格、性能不符合加工要求所造成的废品。亚威公司的废品显然属于工废品。

无法修复的铸件废品成本包括产品在生产过程中及截至报废时所耗费的一切费用。从废品成本中扣除回收的残值和应收赔款，算出废品净损失，计入该种产品成本。

可修复的铸件废品损失指的是在修复过程中发生的各种费用。因此，修复后的产品成本应该由修复前发生的生产费用加上修复过程中耗用的材料费用、发生的人工费用和制造费用构成。如果有废品回收残值或应收赔偿款，也从废品损失中扣除，扣除后将发生的废品净损失计入产品的生产成本。

任务拓展

请查阅：因防疫停工所损失的费用应如何处理？

悟道明理：
粮食减损

不可修复废品
损失的核算

可修复废品
损失的核算

停工损失的核算

技能闯关

一、单项选择题

1. 加工工艺技术、工人操作方法、技术水平等方面的缺陷所造成的废品称为（　　）。

A. 料废品　　　B. 可修复废品　　　C. 不可修复废品　　　D. 工废品

2. 停工待料、电力中断、机器故障等所造成的停工损失计入（　　）。

A. 制造费用　　　　　　　　B. 生产成本

C. 营业外支出　　　　　　　D. 辅助生产费用

学习笔记

3. 季节性停产、修理期间停产的停工损失计入（　　　）。

A. 制造费用　　　　B. 产品成本　　　　C. 营业外支出　　　　D. 辅助生产费用

4. 废品损失的归集和分配可以单独设置"废品损失"账户进行，也可以不单独设置"废品损失"账户，直接在（　　　）账户中进行。

A. "基本生产成本"　　　　　　　　B. "辅助生产成本"

C. "制造费用"　　　　　　　　　　D. "营业外支出"

5. 下列属于废品损失的是（　　　）。

A. 产品入库时发现的生产过程原因造成的废品修复费用

B. 可直接降价出售的不合格品

C. 产品出售后发生的退货、索赔损失

D. 产品入库后保管不善造成的损坏变质损失

6. 不可修复废品损失的核算应采用一定的方法，将废品的成本计算出来，然后从"生产成本"账户的贷方转入借方的账户是（　　　）。

A. "制造费用"　　　　　　　　　　B. "管理费用"

C. "废品损失"　　　　　　　　　　D. "营业外支出"

二、多项选择题

1. 损失性费用主要包括（　　　）。

A. 自然灾害损失　　　　　　　　　　B. 废品损失

C. 停工损失　　　　　　　　　　　　D. 不可修复废品损失

2. 不能作为废品损失，应作为期间费用体现的情形有（　　　）。

A. 质量不符合规定标准，经检验不需要返修而可以降价出售的不合格品的降价损失

B. 产品入库时为合格品，但因保管不善、运输不当等原因而发生的损坏变质损失

C. 实行"三包"企业发生的"三包"损失

D. 在生产过程中主客观原因造成的产品质量不符合规定技术标准导致的损失

3. 可修复废品损失等于（　　　）。

A. 修复废品返修以前发生的费用　　　B. 修复废品材料费用

C. 修复废品人工费用　　　　　　　　D. 修复废品制造费用

4. 废品生产成本的确定方法一般有两种，分别为（　　　）。

A. 按废品所耗的实际成本计算　　　　B. 按废品所耗的实际工时计算

C. 按废品所耗的定额工时计算　　　　D. 按废品所耗的定额成本计算

5. 废品按其是否可以和值得修复可分为（　　　）。

A. 工废　　　　B. 废料　　　　C. 可修复废品　　　　D. 不可修复废品

6. 在计算废品损失时，一般包括（　　　）项目。

A. 可修复废品的修复费用　　　　　　B. 不可修复废品的修复费用

C. 不可修复废品的成本　　　　　　　D. 不可修复废品的残值

7. 可修复废品必须具备的条件有（　　　）。

A. 在技术上可以修复　　　　　　　　B. 修复在经济上合算

C. 不管修复费用多少　　　　　　　　D. 只要修复后可以使用

8. "停工损失"账户贷方的对应账户可能有（　　）。

A. "制造费用"　　　　　　　　　B. "其他应收款"

C. "营业外支出"　　　　　　　　D. "基本生产成本"

三、判断题

1. 工废品是指技术上不能修复或者所花费的修复费用在经济上不合算的废品。
（　　）

2. 可修复废品产生的损失，是指不可修复废品已发生的实际制造成本扣除残料回收价值和应收赔款后的净额。
（　　）

3. 按废品的实际成本计算废品损失的方法，核算工作量较大，并且只能在月末生产费用算出后才能进行，不利于及时控制废品损失。
（　　）

4. 按废品的定额费用计算废品损失，计算工作比较简便，可以不受废品实际费用水平高低的影响，便于进行成本的分析与考核，故应用较为广泛，但不利于控制废品损失。
（　　）

5. 在实际工作中，为了简化核算手续，有关"三包"范围内的废品损失，发生时可直接记入"管理费用"账户。
（　　）

6. 废品损失是指废品的报废损失，即不可修复废品的生产成本扣除废料价值后的净损失。
（　　）

四、技能训练题

【废品损失的归集与分配】

（1）资料。某企业第一车间生产甲产品，本月在生产过程中发现不可修复废品60件。本月归集的产品生产成本为：直接材料195 000元、直接人工86 000元、制造费用45 000元，原材料在生产开始时一次投入。不可修复废品的定额工时为700小时，单位定额工时的直接人工为4元，制造费用为2.60元。本月生产完工的合格品为1 240件，废品残料验收入库，作价1 500元。直接材料费用按合格品与废品数量比例分配，其他费用按定额工时及定额费用率计算确定。

（2）要求。

①根据资料计算确定甲产品不可修复废品的废品成本。

②编制"废品损失计算表"，见表2-3.6。

③编制有关的会计分录。

表2-3.6　废品损失计算表

产品名称：甲产品　　　　　　　　　　202×年5月　　　　　　　　　　金额单位：元

项目	数量/件	直接材料	生产工时/小时	直接人工	制造费用	合计
生产成本						
费用分配率						
废品生产成本						
减：废品残值						
废品损失						

学习笔记

学习心得

（1）学习内容的梳理——画思维导图。（50分）

（2）假如你是成本核算岗位的会计，学习本任务对你具体工作的指导和帮助有哪些？（可以包括但不限于如何选择和运用成本计算方法）（50分）

项目总结

本项目的内容包括辅助生产费用、制造费用、废品损失和停工损失的归集与分配。

辅助生产费用是辅助生产部门为基本生产部门或行政管理等部门提供产品或劳务发生的费用。分配方法有直接分配法、交互分配法、代数分配法、计划成本分配法和顺序分配法等。通过辅助生产费用的归集与分配，应计入产品成本的生产费用都已分别归集到"基本生产成本"和"制造费用"两个账户中。

制造费用是指企业为生产产品发生的，应计入产品成本，但没有专设成本项目的各项费用。期末可根据企业的具体情况选择生产工时比例、生产工人工资比例、机器工时比例、年度计划分配率等分配法分配计入不同的产品成本。

在产品生产过程中发生的废品损失包括可修复废品损失和不可修复废品损失。可修复废品是指技术上可以修复，而且所花费的修复费用在经济上合算的废品，修复发生的各项修复费用，扣除残值后计入产品成本。不可修复废品是指技术上不能修复或者所花费的修复费用在经济上不合算的废品。不可修复废品的成本，扣除废品的残值和应收赔款后的废品净损失，应计入产品成本。

停工损失是指生产部门或生产部门内某个班组在停工期间发生的各项费用，包括停工期间支付的生产工人工资和福利费、所耗用的燃料和动力费，以及应负担的制造费用等。发生的停工损失应根据不同的原因分别计入"产品成本""其他应收款""营业外支出""制造费用"等账户。

项目三　运用品种法计算完工产品成本

✅ **项目导读**

通过项目一和项目二对要素费用和综合费用进行了归集和分配，并登记了基本生产成本明细账，此时也就明确了为生产产品共发生了多少费用，月底要计算完工和未完工产品的成本，也就是要把本月归集的生产费用分配给完工产品和未完工产品，为后续销售产品，结转销售产品成本提供成本信息。本项目涉及的任务有：清查在产品、核算在产品成本、在完工产品和在产品之间分配生产费用以及结转完工产品成本。

✅ **学习目标**

知识目标	能力目标	素质目标
1.了解在产品的含义 2.掌握在产品数量的确定方法 3.掌握生产费用在完工产品和在产品之间分配方法的含义及适用范围	1.正确掌握在产品成本的计算方法 2.能够正确运用适当的方法在完工产品和在产品之间分配生产费用 3.能够编制完工产品和在产品成本计算表及产品成本汇总表 4.掌握完工产品成本结转的账务处理	1.养成扎实做事、不浮不躁、严谨行事、一丝不苟的习惯 2.具备团队合作精神，与生产、采购、销售等部门密切合作，共同完成成本核算 3.弘扬尊重劳动、尊重知识、尊重人才的良好风气

任务一　清查在产品

▶ **任务导读**

金杯汽车股份有限公司是一家制造汽车的大型企业，其产品生产分步骤完成。第一车间是发动机生产车间，本月完工发动机 20 000 台，在产品 1 000 台；第二车间是汽车底盘生产车间，本月完工汽车底盘 22 000 个，在产品 1 050 个；第三车间为汽车装配车间，本月组装完成汽车 18 000 辆，在产品 500 辆。

请问：广义在产品和狭义在产品、广义完工产品和狭义完工产品的数量如何确定？它们之间是如何对应的？

任务陈述

如何合理、简便地在完工产品和月末在产品之间分配生产费用，是产品成本计算工作中既重要又复杂的问题，尤其是在产品结构复杂、零部件种类和加工程序较多的情况下更是如此。由于月初在产品成本和本月生产费用之和是完工产品和月末在产品之间待分配的生产费用总额，所以月末在产品成本的计算是计算完工产品成本的基础，其计算结果的正确与否将直接影响完工产品成本计算的准确性。

清查在产品所涉及的业务活动和单证如图 3-1.1 所示。

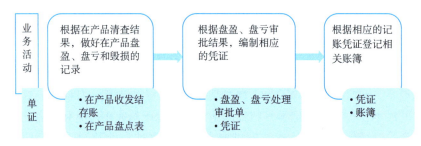

图 3-1.1　清查在产品所涉及的业务活动和单证

任务分析

根据领料凭证、在产品内部转移凭证以及产品交库凭证，随时登记在产品收发结存账。定期进行在产品的清查工作，编制"在产品盘点表"，并将实存数和账存数进行核对，如果账实不符，则应该查明盈亏原因并及时处理。

知识准备

【在产品与完工产品的含义】

简言之，在产品就是尚未最终完工的产品，包括广义在产品与狭义在产品。广义在产品是指没有完成全部生产过程、不能作为商品销售的产品，包括正在车间加工的在产品；已完成一个或几个生产步骤，还需继续加工的半成品；未经装配和未经验收入库的产品，以及返修的废品等。

值得注意的是，不可修复废品应当及时报废，已领未用的原材料应当办理"假退料"手续，这些都不应列入在产品。销售的自制半成品属于商品产品，验收入库后也不应列入在产品。

狭义在产品是指在各个生产车间或某个生产步骤正在加工或装配的零件、部件或半成品。广义在产品是从整个企业的角度来讲的在产品，狭义在产品则是从某一车间或某一生产加工步骤来讲的在产品。这里所讲的在产品是狭义在产品。

广义完工产品不仅包括本步骤或本车间生产完成的产品，还包括最后步骤生产完成的产品；狭义完工产品仅指最后步骤或成品车间生产完成的产品，即产成品。

一、在产品收发结存的数量核算

对在产品数量进行核算的方法一般有两种：一是设置"在产品收发结存账"，进行台账记录，反映在产品的结存数量；二是通过实地盘点方式确定月末在产品数量。在实际工作中，往往将两种方法结合使用，通过"在产品收发结存账"反映在产品的理论结存数量，通过实地盘点确定在产品的实际结存数量，两者的差额表现为在产品盘点溢余或短缺的数量。"在产品收发结存账"的格式见表 3-1.1。

表 3-1.1 在产品收发结存账　　　零件名称：A 零件

产品名称：甲产品　　　　　　　2009 年 8 月　　　　　　车间：装配车间

2007 年		摘要	收入		转出	转出	转出	结存	结存
月	日	（略）	凭证号	数量	凭证号	合格品数量	废品数量	完工数量	未完工数量
8	5		801	250	804	230	3	14	3
8	11		809	180	815	170			10
8	18		822	230	826	198	2	16	14
8	27		835	220	839	220			
8	31	合计		880		818	5	30	27

二、在产品清查的核算

在产品清查应当在每月月末进行，通过实地盘点确定在产品的实际结存数量，与"在产品收发结存账"记录的结存数量进行核对，如有不符，则编制"在产品盘点表"，填明在产品名称、溢缺数量、溢缺金额、溢缺原因等，经有关领导批准后进行账务处理。具体处理程序如下。

（一）在产品盘盈的核算

（1）盘盈时。

借：基本生产成本（计划或定额成本）
　　贷：待处理财产损溢——待处理流动资产损益

（2）批准核销盘盈时。

借：待处理财产损溢——待处理流动资产损益
　　贷：制造费用

（二）在产品盘亏和毁损的核算

（1）盘亏、毁损时。

借：待处理财产损溢——待处理流动资产损益
　　贷：基本生产成本（计划或定额成本）

（2）收回残值时。

借：原材料
　　贷：待处理财产损溢——待处理流动资产损益

（3）向有关单位、部门、过失人索赔时。

借：其他应收款

　　贷：待处理财产损溢——待处理流动资产损益

（4）因自然灾害造成的损失。

借：营业外支出

　　贷：待处理财产损溢——待处理流动资产损益

（5）计入产品成本的净损失。

借：制造费用

　　贷：待处理财产损溢——待处理流动资产损益

如果在产品的盘亏是由于没有及时办理领料或交接手续，或某种产品的零部件为另一种产品挪用，则应补办手续，及时转账更正。为了正确归集和分配制造费用，在产品盘盈和盘亏的账务处理应在制造费用分配前进行。

【"任务导读"解析】

广义在产品是就整个企业来说的，是指从产品投产开始至尚未制成最终产品入库的一切产品；狭义在产品仅指正在各生产单位或车间加工的产品。

广义完工产品不仅包括本步骤或本车间生产完成的产品，还包括最后步骤生产完成的产品；狭义完工产品仅指最后步骤或成品车间生产完成的产品，即产成品。

显然，狭义完工产品同广义在产品匹配，广义完工产品同狭义在产品匹配，两者不可混淆。

根据该理论，可以得出金杯汽车股份有限公司各车间在产品和完工产品的数量，见表3-1.2。

表3-1.2　各车间在产品与完工产品的数量关系

车间名称	狭义完工产品	广义在产品	广义完工产品	狭义在产品
发动机生产车间/台	18 000	2 550	20 000	1 000
汽车底盘生产车间/个	18 000	1 550	22 000	1 050
装配车间/辆	18 000	500	18 000	500

任务拓展

辨析：广义在产品和狭义在产品的区别是什么？

悟道明理：国家
安全观

广义在产品和狭义
在产品的区别

广义完工产品和狭义
完工产品的区别

在产品清查
的核算

技能闯关

一、单项选择题

1. 企业可以设置（　　），进行台账记录，反映在产品的结存数量。

A. 库存商品盘点表　　　　　　　B. 在产品收发结存账

C. 明细账　　　　　　　　　　　D. 在产品盘点表

2. 在产品盘亏和毁损因自然灾害造成的损失应计入的账户是（　　）。

A. "营业外支出"　B. "其他应收款"　C. "管理费用"　　D. "制造费用"

3. 在产品盘亏和毁损而向有关单位、部门、过失人索赔时应计入的账户是（　　）。

A. "营业外支出"　B. "其他应收款"　C. "管理费用"　　D. "制造费用"

二、多项选择题

1. 在产品就是尚未最终完工的产品，包括（　　）。

A. 广义在产品　　B. 完工产品　　　C. 狭义在产品　　D. 产成品

2. 广义在产品是指没有完成全部生产过程、不能作为商品销售的产品，包括（　　）。

A. 车间加工的在产品　　　　　　B. 需继续加工的半成品

C. 未经装配和未经验收入库的产品　D. 返修的废品

3. 在产品盘亏和毁损的核算可能会涉及的账户有（　　）。

A. "原材料"　　B. "其他应收款"　C. "营业外支出"　D. "制造费用"

三、判断题

1. 广义在产品是从整个企业的角度来讲的在产品，狭义在产品则是从某一车间或某一生产加工步骤来讲的在产品。　　　　　　　　　　　　　（　　）

2. 如果在产品的盘亏是由于没有及时办理领料或交接手续，或某种产品的零部件为另一种产品挪用，则应补办手续，及时转账更正。　　　　　　　（　　）

3. 狭义完工产品同广义在产品匹配，广义完工产品同狭义在产品匹配，两者不可混淆。　　　　　　　　　　　　　　　　　　　　　　　　（　　）

四、简答题

请简述在产品清查核算的具体处理程序。

学习心得

（1）学习内容的梳理——画思维导图。（50分）

（2）假如你是成本核算岗位的会计，学习本任务对你具体工作的指导和帮助有哪些？（可以包括但不限于如何选择和运用成本计算方法）（50分）

任务二 计算完工产品成本

任务导读

某企业甲产品单位工时定额为 30 小时，经过两道工序制成，工时定额分别为 10 小时、20 小时。各工序在产品的完工程度均按 50% 计算，原材料在生产开始时一次投入。本月甲产品完工 300 件，各工序的在产品分别为 160 件、240 件。甲产品月初和本月发生的生产费用为：直接材料 1 860 元、燃料及动力 860 元、直接人工 1 765 元、制造费用 1 020 元。

请问：完工产品和月末在产品负担的费用是多少？

任务陈述

期末，产品成本明细账中已归集了全部生产费用，如果产品已经完工，产品成本明细账中归集的生产费用之和就是该种完工产品的成本；如果产品全部未完工，产品成本明细账中归集的生产费用之和就是该种产品的在产品成本；如果既有完工产品又有未完工产品，则对于产品成本明细账中归集的生产费用之和需要采用一定的方法在完工产品与在产品之间分配。前两种情况比较特殊，月末不是全部完工，就是全部未完工，因此不存在生产费用在完工产品和在产品之间分配的问题。对大多数企业来说，月末既有完工产品又有未完工产品，因此，生产费用在完工产品和在产品之间的分配是一项既重要又复杂的工作，是成本核算的重要环节，企业只有采用合理的方法分配生产费用，才能正确地计算产品成本。

完工产品成本的计算所涉及的业务活动及单证如图 3-2.1 所示。

图 3-2.1 完工产品成本的计算所涉及的业务活动及单证

任务分析

生产费用在完工产品和在产品之间分配的正确与否，直接关系到完工产品与在产品计价的正确性。因此，企业应根据在产品数量的多少、各月末在产品数量变化的大小、各项费用在成本中所占的比重以及定额管理的好坏等具体条件，选择既合理又简便的分配方法，将生产费用在完工产品与在产品之间分配，在此基础上结转完工产品成本。

知识准备

一、在产品与完工产品的关系

　　本月完工产品成本＝月初在产品成本＋本月生产费用－月末在产品成本
　　月初在产品成本＋本月生产费用＝月末在产品成本＋本月完工产品成本
对于上述公式表示的四个因素之间的关系，分配方法有两种。
　　一种是倒挤法，即先确定月末在产品成本，再从前两项费用之和中减去月末在产品成本，从而计算完工产品成本。
　　另一种是比例分配法，即将前两项费用之和在完工产品与月末在产品之间按一定的比例进行分配，同时计算完工产品和月末在产品成本。

二、生产费用在完工产品与在产品之间分配的方法

　　常用的倒挤法有：不计算在产品成本法、在产品按年初固定数计算法、在产品按所耗直接材料计算法、在产品按完工产品成本计算法、在产品按定额成本计算法。
　　常用的比例分配方法有：约当产量比例法、定额比例法。

任务实施

一、不计算在产品成本法

　　不计算在产品成本法，是指月末在产品不计算成本，本期归集的生产费用全部由本期完工产品承担的方法。采用这种方法计算的本月完工产品成本就是本期该产品所归集的生产费用。其计算公式为：
　　　　某产品本月完工产品总成本＝该产品本月归集的全部生产费用
　　【案例3-2.1】　202×年8月，大华公司为生产甲产品投入的生产费用如下：直接材料2 000元、燃料及动力850元、直接人工1 700元、制造费用1 100元。由于月末在产品数量很少，所以要求采用不计算在产品成本法分配生产费用，并编制产品成本计算表，见表3-2.1。

表3-2.1　甲产品完工产品与在产品成本计算表

大华公司		202×年8月			金额单位：元
摘要	直接材料	燃料及动力	直接人工	制造费用	合计
月初在产品成本	—	—	—	—	—
本月生产费用	2 000	850	1 700	1 100	5 650
生产费用合计	2 000	850	1 700	1 100	5 650
本月完工产品成本	2 000	850	1 700	1 100	5 650
月末在产品成本	—	—	—	—	—

　　不计算在产品成本法的适用范围：这种方法适用于在产品数量少，且各月变动不大，是否计算其成本对完工产品成本影响很小的企业，如自来水生产企业、采掘企业等就可采用这种方法。

二、在产品成本按年初固定数计算法

在产品成本按年初固定数计算法是指年内各月在产品都按年初在产品成本计算，年内固定不变的方法。其特点是每月发生的生产费用仍然是该月完工产品的成本，但账面上有期末在产品成本。年末，根据盘点数重新确定年末在产品成本，作为下年在产品成本。

其计算公式为：

月初在产品成本＋本月发生的生产费用＝本月完工产品成本＋月末在产品成本

　　　↓　　　　　　　　　　　　　　　　　　　　　↓

　　（年初固定数）　　　　　　　　　　　　　　　（年末固定数）

本月发生的生产费用＝本月完工产品成本

【案例 3-2.2】　大华公司生产的乙产品采用在产品成本按年初固定数计算法。上年末在产品成本为：直接材料 200 元、燃料及动力 320 元、直接人工 450 元、制造费用 180 元（合计 1 150 元）。本月生产乙产品发生的生产费用如下：直接材料 2 900 元、燃料及动力 3 950 元、直接人工 3 500 元、制造费用 1 820 元。要求采用在产品成本按年初固定数计算法分配生产费用，并编制产品成本计算表，见表 3-2.2。

表 3-2.2　乙产品完工产品与在产品成本计算表

大华公司　　　　　　　　　　　　202×年 8 月　　　　　　　　　　金额单位：元

摘要	直接材料	燃料及动力	直接人工	制造费用	合计
月初在产品成本（固定数）	200	320	450	180	1 150
本月生产费用	2 900	3 950	3 500	1 820	12 170
生产费用合计	3 100	4 270	3 950	2 000	13 320
本月完工产品成本	2 900	3 950	3 500	1 820	12 170
月末在产品成本（固定数）	200	320	450	180	1 150

在产品成本按年初固定数计算法的适用范围：这种方法适用于各月末在产品数量较少，或者在产品数量虽多，但各月末在产品数量变化不大、月初月末在产品成本差额不大，是否计算月末在产品成本对各月完工产品成本影响不大的企业，如炼铁、化工等企业，由于高炉、化学反应装置的容积固定，月末在产品变化不大，计算在产品成本时就可以采用这种方法。

三、在产品按所耗直接材料计算法

在产品按所耗直接材料计算法是指在确定月末在产品成本时，只计算在产品所消耗的直接材料，不计算直接人工和制造费用，产品的加工费用全部由当期完工产品负担的方法。其特点是用月末在产品所消耗的直接材料代替月末在产品成本，虽不计算在产品应负担的直接人工与制造费用，但对正确计算完工产品成本影响不大。采用这种方法时，本月完工产品成本等于月初在产品材料成本加上本月发生的全部生产费用，再减去月末在产品材料成本。其计算公式为：

$$\text{本月完工产品成本} = \text{月初在产品材料成本} + \text{本月发生的生产费用} - \text{月末在产品材料成本}$$

【案例 3-2.3】　202×年 8 月，大华公司生产丙产品，该产品直接材料在成本中所占比重较大，在产品只计算直接材料。丙产品月初在产品直接材料（即月初在产品成本）为 2 000 元；本月发生的生产费用为：直接材料 9 000 元、燃料及动力 650 元、直接人工 700 元、制造费用 340 元。完工产品为 750 件，月末在产品为 250 件。该产品的原材料在生产开始时一次投入。要求采用在产品成本按所耗直接材料计算法分配生产费用，并编制产品成本表，见表 3-2.3。

表 3-2.3　丙产品完工产品与在产品成本计算表

大华公司　　　　　　　　　　　　　202×年 8 月　　　　　　　　　　金额单位：元

摘要	直接材料	燃料及动力	直接人工	制造费用	合计
月初在产品成本	2 000				2 000
本月生产费用	9 000	650	700	340	10 690
生产费用合计	11 000	650	700	340	12 690
本月完工产品成本	8 250	650	700	340	9 940
月末在产品成本	2 750				2 750

在产品按所耗直接材料计算法的适用范围：这种方法适用于各月末在产品数量较多，而且各月数量变化也较大，同时直接材料在产品成本中所占比重较大的企业，如纺织、造纸、酿酒等企业计算在产品成本时就可以采用这种方法。

四、在产品按完工产品成本计算法

在产品按完工产品成本计算法是指月末在产品视同完工产品，以产品产量比例将生产费用在完工产品与在产品之间进行分配的方法。其特点是一件在产品与一件完工产品承担的生产费用相同。

【案例 3-2.4】　202×年 8 月，大华公司为生产丁产品发生的生产费用为：直接材料 3 000 元、燃料及动力 2 100 元、直接人工 1 800 元、制造费用 1 150 元。月初丁产品的在产品成本为：直接材料 460 元、燃料及动力 200 元、直接人工 560 元、制造费用 370 元。本月完工产品为 300 件，在产品为 100 件。月末丁产品的在产品已基本完工，要求按照完工产品成本计算在产品成本，并编制本月完工产品成本和月末在产品成本计算表，见表 3-2.4。

表 3-2.4　丁产品完工产品与在产品成本计算表

大华公司　　　　　　　　　　　　　202×年 8 月　　　　　　　　　　金额单位：元

摘要	直接材料	燃料及动力	直接人工	制造费用	合计
月初在产品成本	460	200	560	370	1 590
本月生产费用	3 000	2 100	1 800	1 150	8 050
生产费用合计	3 460	2 300	2 360	1 520	9 640
单位成本	8.65	5.75	5.9	3.8	
本月完工产品成本	2 595	1 725	1 770	1 140	7 230
月末在产品成本	865	575	590	380	2 410

在产品按完工产品成本计算法的适用范围：这种方法适用于月末在产品已基本完工，尚未包装入库的产品或已经完工，尚未验收入库的产品，为了简化计算，在产品可视同完工产品，按完工产品与月末在产品数量的比例分配材料费用和加工费用。

五、在产品按定额成本计算法

在产品按定额成本计算法是指月末在产品成本根据月末在产品数量和单位定额成本计算，然后从本月该种产品的全部生产费用中扣除，以求得完工产品成本的方法。其特点是在产品只按定额成本计算，月末在产品的实际成本与定额成本之间的差额由本期完工产品负担。

其计算公式为：

$$月末在产品的材料费用定额 = 月末在产品的数量 \times 单位材料定额费用$$

$$月末在产品的加工费用定额 = 月末在产品的定额工时 \times 小时加工费用定额$$

$$月末在产品定额成本 = 月末在产品材料费用定额 + 月末在产品人工成本定额 + 月末在产品其他加工费用定额$$

$$本期完工产品成本 = 月初在产品定额成本 + 本月生产费用 - 月末在产品定额成本$$

【案例 3-2.5】 202×年 8 月，大华公司所产戊产品由一道工序完成，按定额成本计算在产品成本。原材料在生产开始时一次投入，月末在产品为 300 件，每件在产品材料费用定额为 50 元，在产品单位定额工时为 15 小时，每小时各项加工费用的定额成本为：燃料及动力 1.5 元、职工薪酬 5.6 元、制造费用 5.2 元。月末在产品定额成本计算如下：

原材料：300×50＝15 000（元）
燃料及动力：300×15×1.5＝6 750（元）
职工薪酬：300×15×5.6＝25 200（元）
制造费用：300×15×5.2＝23 400（元）

月末在产品定额成本共计：15 000+6 750+25 200+23 400＝70 350（元）

假如月初戊产品的在产品定额成本为：直接材料 13 800 元、燃料及动力 5 000 元、直接人工 28 900 元、制造费用 19 600 元。本月发生的生产费用为：直接材料 53 000 元、燃料及动力 32 100 元、直接人工 51 600 元、制造费用 31 150 元。"戊产品完工产品与在产品成本计算表"见表 3-2.5。

表 3-2.5　戊产品完工产品与月末在产品成本计算表

大华公司　　　　　　　　　　　　202×年 8 月　　　　　　　　　　金额单位：元

摘要	直接材料	燃料及动力	直接人工	制造费用	合计
月初在产品成本	13 800	5 000	28 900	19 600	67 300
本月生产费用	53 000	32 100	51 600	31 150	167 850
生产费用合计	66 800	37 100	80 500	50 750	235 150
本月完工产品成本	51 800	30 350	55 300	27 350	164 800
月末在产品定额成本	15 000	6 750	25 200	23 400	70 350

在产品按定额成本计算法的适用范围：该方法适用于定额管理基础较好，各项消耗定额或费用定额比较准确、稳定，而且各月末在产品数量变化不大的企业。

特别提示：在采用这种方法时，如果产品成本中原材料费用所占比重较大，则为了进一步简化成本计算工作，月末在产品成本也可以只按定额原材料费用计算。月末在产品的该项费用脱离定额的差异，以及其他各项实际费用都可以计入完工产品成本。这是将在产品按所耗直接材料计算法和在产品按定额成本计算法结合应用的一种方法。

六、约当产量比例法

将在产品数量按照完工程度折算为相当于完工产品的数量，即约当产量。约当产量比例法是指按照完工产品的产量和月末在产品的约当产量的比例，分配计算完工产品成本和月末在产品成本的方法。其计算公式为：

在产品约当产量＝在产品数量×在产品的完工程度（或投料程度）

某项费用分配率＝该项费用总额/（完工产品数量＋在产品约当产量）

完工产品该项费用＝完工产品数量×费用分配率

在产品该项费用＝在产品约当产量×费用分配率

这种方法的特点是先将月末实际盘存的在产品数量，按其完工程度或投料程度折算成相当于完工产品的数量，再将归集的生产费用在完工产品产量和月末在产品约当产量之间分配，分别计算其成本。

（一）投料程度的确定

在产品投料程度是指在产品已投材料占完工产品应投材料的百分比。在产品投料程度是由投料形式决定的，因投料形式不同，在产品投料程度也不同，应区分不同的情况，采用不同的方法计算在产品投料程度。

1. 方式一：原材料在生产开始时一次投入

如果原材料在生产开始时一次投入，则在加工过程中不论是哪一道工序的在产品与完工产品所耗原材料费用都是相同的，在产品投料程度为100%。在这种方式下，原材料费用应按照完工产品实际数量和在产品实际数量的比例分配。

【案例3-2.6】甲产品月初原材料费用为13 400元，本月发生的直接材料为25 000元，原材料在生产开始时一次投入，本月完工甲产品320件，月末在产品为160件，要求分配原材料费用。

$$原材料费用分配率 = \frac{13\ 400 + 25\ 000}{320 + 160} = 80$$

完工产品负担的原材料费用＝320×80＝25 600（元）

在产品负担的原材料费用＝160×80＝12 800（元）

2. 方式二：原材料在各道工序开始时一次投入

在这种情况下，原材料随加工进度分工序投入，并在每一道工序开始时一次投入本道工序所耗原材料，则各道工序在产品的原材料消耗定额同该道工序完工产品原材料消耗定额是一样的，最后一步骤所有在产品的原材料消耗定额均为该种完工产品的原材料消耗定额，其原材料投料程度均为100%。某道工序在产品投料程度可按下列公式计算：

$$某道工序在产品投料率=\left(\begin{array}{l}前面各道工序投入\\原材料定额之和\end{array}+\begin{array}{l}本道工序原\\材料定额\end{array}\right)\Big/\begin{array}{l}完工产品原材\\料费用定额\end{array}\times100\%$$

【案例 3-2.7】 利民工厂 202×年 8 月生产甲产品，需要经过三道工序，原材料消耗定额为 500 千克，各道工序依次为 100 千克、180 千克、220 千克。各道工序的月末在产品数量依次是 50 件、25 件、45 件，本月完工产品为 31 件。月初在产品和本月发生的原材料费用共计 8 000 元。原材料在各道工序开始时一次投入，计算各道工序的投料程度，分配原材料费用。"甲产品月末在产品约当产量计算表"见表 3-2.6。

表 3-2.6 甲产品月末在产品约当产量计算表

利民工厂　　　　　　　　　　　　　　　　202×年 8 月

工序	原材料消耗定额 /千克	投料程度（投料率）	在产品数量 /件	在产品约当产量 /件
1	100	$\dfrac{100}{500}\times100\%=20\%$	50	10
2	180	$\dfrac{100+180}{500}\times100\%=56\%$	25	14
3	220	$\dfrac{100+180+220}{500}\times100\%=100\%$	45	45
合计	500			69

$$原材料费用分配率=\frac{8\ 000}{31+69}=80$$

$$完工产品原材料费用=31\times80=2\ 480(元)$$

$$在产品原材料费用=69\times80=5\ 520(元)$$

3. 方式三：原材料在各道工序陆续投入

在这种情况下，产品所耗的原材料是随着产品的加工进度陆续投入的，原材料投料程度应按各道工序的原材料投料定额计算，则某道工序在产品投料程度按下列公式计算：

$$某道工序在产品投料程度=\left(\begin{array}{l}前面各道工序原材\\料费用定额之和\end{array}+\begin{array}{l}本道工序原材\\料费用定额\end{array}\times\begin{array}{l}在产品在本道工\\序的投料程度\end{array}\right)\Big/\begin{array}{l}产品原材\\料费用定额\end{array}$$

为了简化投料程度的测算工作，一般在产品在本道工序中的投料程度都按 50% 计算，这种情况下的计算公式为：

$$某道工序在产品投料程度=\left(\begin{array}{l}前面各道工序原材料\\费用定额之和\end{array}+\begin{array}{l}本道工序原材\\料费用定额\end{array}\times50\%\right)\Big/\begin{array}{l}产品原材料\\费用定额\end{array}$$

【案例 3-2.8】 假如【案例 3-2.7】中原材料是随加工进度陆续投入的，计算各道工序的投料程度，分配原材料费用。在产品约当产量计算过程见表 3-2.7。

表 3-2.7 甲产品月末在产品约当产量计算表

利民工厂　　　　　　　　　　　　　　　202×年 8 月

工序	原材料消耗定额 /千克	完工程度（投料率）	在产品数量 /件	在产品约当产量 /件
1	100	$\frac{100\times50\%}{500}\times100\%=10\%$	50	5
2	180	$\frac{100+180\times50\%}{500}\times100\%=38\%$	25	9.5
3	220	$\frac{100+180+220\times50\%}{500}\times100\%=78\%$	45	35.1
合计	500		120	49.6

$$原材料费用分配率=\frac{8\ 000}{49.6+31}=99.255\ 6$$
$$完工产品原材料费用=31\times99.255\ 6=3\ 076.92（元）$$
$$在产品原材料费用=49.6\times99.255\ 6=4\ 923.08（元）$$

（二）完工程度的确定

采用约当产量比例法，必须正确计算在产品的完工程度和约当产量。在产品完工程度的计算一般有两种方法，一是采用平均计算法计算完工程度，二是各道工序分别测定完工程度。

1. 方法一：采用平均计算法计算完工程度

平均计算法就是将各道工序的在产品完工程度全部设定为50%。这时在各道工序在产品数量和单位产品在各道工序的加工数量都相差不多的情况下，后面工序的在产品加工程度可以抵补前面各道工序少加工的程度。这样，全部在产品完工程度均可以按50%平均计算，否则就应分工序测定完工程度。

2. 方法二：各道工序分别测定完工程度

如果各道工序在产品数量和加工数量差别较大，后面各道工序在产品多，加工程度不足以弥补前面各道工序少加工的程度，则为了提高成本计算的准确性，加快成本计算工作，要分工序分别计算在产品完工程度，其计算公式为：

$$某道工序在产品完工程度=\left(\frac{前面各道工序工}{时定额合计}+\frac{本道工序}{工时定额}\times50\%\right)\Big/\frac{完工产品}{工时定额}$$

上式中本道工序的工时定额乘以50%，是因为该道工序中各件产品的完工程度不同，本应按本道工序工时定额的加权平均数计算，但为了简化计算，一般都按平均完工率50%计算。在产品从上一道工序转入下一道工序时，因为上一道工序已经完工，所以前面各道工序的工时定额应按100%计算。

【案例 3-2.9】 胜利工厂生产甲产品，其单位工时定额为50小时，经过三道工序制成。三道工序的工时定额分别为15小时、10小时、25小时。各道工序在产品数量分别为60件、80件、40件，各道工序的在产品完工程度均按50%计算，各道工序的在产品完工程度计算如下。

（1）在产品完工程度的计算。

$$第一道工序的在产品完工程度=\frac{15\times50\%}{50}\times100\%=15\%$$

$$第二道工序的在产品完工程度=\frac{15+10\times50\%}{50}\times100\%=40\%$$

$$第三道工序的在产品完工程度=\frac{15+10+25\times50\%}{50}\times100\%=75\%$$

（2）在产品约当产量的计算。

$$第一工序的在产品约当产量=60\times15\%=9（件）$$

$$第二工序的在产品约当产量=80\times40\%=32（件）$$

$$第三工序的在产品约当产量=40\times75\%=30（件）$$

$$月末的在产品约当产量=9+32+30=71（件）$$

假如本月完工产品为 229 件，加工费用合计 4 500 元，则完工产品与在产品加工费用的分配如下：

$$加工费用分配率=\frac{4\ 500}{229+71}=15$$

$$完工产品负担的加工费用=229\times15=3\ 435（元）$$

$$在产品负担的加工费=71\times15=1\ 065（元）$$

> 约当产量比例法的适用范围：这种方法适用于月末在产品数量较多，各月末在产品数量变化也较大，产品中各成本项目所占比重相差不大的企业。

七、定额比例法

定额比例法是指产品的生产费用在完工产品和月末在产品之间按照两者的定额消耗量或定额费用比例分配的方法。

在采用定额比例法分配费用时，如果原材料费用按定额原材料费用比例分配，各项加工费用均按定额工时比例分配，则分配计算公式如下。

（一）原材料费用的分配

$$原材料费用分配率=\left(\begin{array}{c}月初在产品\\原材料费用\end{array}+\begin{array}{c}本期发生的\\原材料费用\end{array}\right)\Big/\left(\begin{array}{c}完工产品定额\\原材料费用\end{array}+\begin{array}{c}月末在产品定\\额原材料费用\end{array}\right)$$

$$月末在产品应分配的原材料费用=月末在产品定额原材料费用\times原材料费用分配率$$

$$完工产品应分配的原材料费用=完工产品定额原材料费用\times原材料费用分配率$$

（二）某项加工费用的分配

$$某项加工费用分配率=\left(\begin{array}{c}月初在产品某\\项加工费用\end{array}+\begin{array}{c}本期发生的某\\项加工费用\end{array}\right)\Big/\left(\begin{array}{c}完工产品\\定额工时\end{array}+\begin{array}{c}月末在产品\\定额工时\end{array}\right)$$

$$月末在产品应分配的某项加工费用=月末在产品定额工时\times某项加工费用分配率$$

$$完工产品应分配的某项加工费用=完工产品定额工时\times某项加工费用分配率$$

（三）月末在产品成本的计算

$$月末在产品成本=月末在产品原材料费用+月末在产品人工费用+月末在产品制造费用$$

（四）月末完工产品成本的计算

$$本期完工产品实际总成本 = 本期完工产品的原材料费用 + 本期完工产品的人工费用 + 本期完工产品的制造费用$$

【案例 3-2.10】　华丰工厂 202×年 5 月初在产品实际费用为：直接材料 240 元、直接人工 300 元、制造费用 380 元；本月实际费用为：直接材料 1 660 元、直接人工 900 元、制造费用 1 720 元；完工产品定额原材料费用为 600 元，定额工时为 1 000 小时；月末在产品的定额原材料费用为 400 元，定额工时为 500 小时。要求计算完工产品与在产品成本，见表 3-2.8。

表 3-2.8　甲产品完工产品成本与在产品计算表

华丰工厂　　　　　　　　　　　202×年 5 月　　　　　　　　　　金额单位：元

成本项目	直接材料	直接人工	制造费用	合计
月初在产品成本	240	300	380	920
本月生产费用	1 660	900	1 720	4 280
生产费用累计	1 900	1 200	2 100	5 200
分配率	1.9	0.8	1.4	
完工产品定额	600	1 000	1 000	
月末在产品定额	400	500	500	
本月完工产品成本	1 140	800	1 400	3 340
月末在产品成本	760	400	700	1 860

> 定额比例法的适用范围：这种方法适用于定额管理基础较好，各项消耗定额或定额费用比较准确、稳定，但各月末在产品数量变动较大的企业。

下面以前述精密机械厂 202×年 9 月的相关经济业务为例，编制"基本生产成本明细账""产品成本计算单"和"产成品成本汇总表"，结转甲、乙完工产品成本。

【案例 3-2.11】　精密机械厂 202×年 9 月初甲、乙产品的在产品成本资料见表 3-2.9，甲产品完工 820 件，月末在产品为 300 件，乙产品完工 1 000 件，月末在产品为 200 件，原材料在生产开始时一次投入，甲产品的完工程度为 60%，乙产品的完工程度为 50%。采用约当产量比例法，计算分配完工产品成本与在产品成本。

表 3-2.9　月初在产品成本资料

精密机械厂　　　　　　　　　　　202×年 9 月　　　　　　　　　　金额单位：元

成本项目	直接材料	燃料及动力	直接人工	制造费用	合计
甲产品	8 841.6	6 657	5 271.6	4 251.95	25 022.15
乙产品	6 922	4 632.75	4 878.4	3 813.92	20 247.07

根据表 3-2.9 和表 3-2.12、表 3-2.13 中归集的本月生产费用，编制甲、乙产品成本计算单，见表 3-2.10、表 3-2.11。

学习笔记

表 3-2.10　甲产品成本计算单

精密机械厂　　　　　　　　　　　　　202×年9月　　　　　　　　　　　　金额单位：元

成本项目	直接材料	燃料及动力	直接人工	制造费用	合计
月初在产品成本	8 841.6	6 657	5 271.6	4 251.95	25 022.15
本月生产费用	37 000	27 853	22 058.4	17 678.05	104 589.45
费用合计	45 841.6	34 510	27 330	21 930	129 611.6
完工产品产量	820	820	820	820	
在产品约当产量	300	180	180	180	
分配率	40.93	34.51	27.33	21.93	
完工产品成本	33 562.6	28 298.2	22 410.6	17 982.6	102 254
月末在产品成本	12 279	6 211.8	4 919.4	3 947.4	27 357.6

表 3-2.11　乙产品成本计算单

精密机械厂　　　　　　　　　　　　　202×年9月　　　　　　　　　　　　金额单位：元

成本项目	直接材料	燃料及动力	直接人工	制造费用	废品损失	合计
月初在产品成本	6 922	4 632.75	4 878.4	3 813.92		20 247.07
本月生产费用	46 550	39 147.25	32 862.6	26 337.08	900	145 796.93
费用合计	53 472	43 780	37 741	30 151	900	166 044
完工产品产量	1 000	1 000	1 000	1 000		
在产品约当产量	200	100	100	100		
分配率	44.56	39.8	34.31	27.41		
完工产品成本	44 560	39 800	34 310	27 410	900	146 980
月末在产品成本	8 912	3 980	3 431	2 741		19 064

　　根据表3-2.9～表3-2.11和表1-2.7、表1-2.11、表1-2.15、表1-3.6、表1-3.8、表2-1.4、表2-2.2等各种费用分配表提供的相关资料，登记甲、乙产品基本生产成本明细账，见表3-2.12、表3-2.13。

表 3-2.12　甲产品基本生产明细账

精密机械厂　　　　　　　　　　　　　202×年9月　　　　　　　　　　　　金额单位：元

月	日	摘要	直接材料	燃料与动力	直接人工	制造费用	合计
9	1	月初在产品成本	8 841.6	6 657	5 271.6	4 251.95	25 022.15
	30	分配材料费用	37 000				37 000
	30	分配燃料费用		11 800			11 800
	30	分配动力费用		12 000			12 000
	30	分配工资费用			16 800		16 800
	30	计提社会保险费			5 258.40		5 258.40
	30	分配辅助生产费用		4 053			4 053
	30	分配制造费用				17 678.05	17 678.05

续表

月	日	摘要	直接材料	燃料与动力	直接人工	制造费用	合计
	30	本期生产费用	37 000	27 853	22 058.4	17 678.05	104 589.45
	30	生产费用累计	45 841.6	34 510	27 330	21 930	129 611.6
	30	结转完工产品成本	33 562.6	28 298.2	22 410.6	17 982.6	102 254
	30	月末在产品成本	12 279	6 211.8	4 919.4	3 947.4	27 357.6

特 别 提 示

在通常情况下，期末在产品不负担废品损失，废品损失全部由本期完工产品负担。

表 3-2.13　乙产品基本生产明细账

精密机械厂　　　　　　　　　　　　　　202×年9月　　　　　　　　　　　金额单位：元

月	日	摘要	直接材料	燃料与动力	直接人工	制造费用	废品损失	合计
9	1	月初在产品成本	6 922	4 632.75	4 878.4	3 813.92		20 247.07
	30	分配材料费用	46 900					46 900
	30	分配燃料费用		15 000				15 000
	30	分配动力费用		18 000				18 000
	30	分配工资费用			25 200			25 200
	30	计提社会保险费			7 887.60			7 887.60
	30	分配辅助生产费用		6 417.25				6 417.25
	30	分配制造费用				26 517.08		26 517.08
	30	废品损失计算表						1 025
	30	废品损失计算表	350	270	225	180	900	900
	30	本月生产费用	46 550	39 147.25	32 862.6	26 337.08	900	145 796.93
	30	生产费用累计	53 472	43 780	37 741	30 151	900	166 044
	30	结转完工产品成本	44 560	39 800	34 310	27 410	900	146 980
	30	月末在产品成本	8 912	3 980	3 431	2 741		19 064

根据表 3-2.12、表 3-2.13，汇总编制"产成品成本汇总表"，见表 3-2.14。

表 3-2.14　产成品成本汇总表

精密机械厂　　　　　　　　　　　　　　202×年9月　　　　　　　　　　　金额单位：元

产品名称		直接材料	燃料及动力	直接人工	制造费用	废品损失	合计
甲产品	总成本	33 562.6	28 298.2	22 410.6	17 982.6		102 254
	单位成本	40.93	34.51	27.33	21.93		124.70
乙产品	总成本	44 560	39 800	34 310	27 410	900	146 980
	单位成本	44.56	39.8	34.31	27.41	0.90	146.98

根据表3-2.14，编制结转完工入库产品成本的记账凭证，见表3-2.15。

表3-2.15　记账凭证

单位：精密机械厂　　　　　　　　202×年9月30日　　　　　　　　记字第　号

摘要	总账科目	明细科目	借方金额	贷方金额	记账
完工产品	库存商品	甲产品	102 254.00		
入库		乙产品	146 980.00		
	基本生产成本	甲产品		102 254.00	
		乙产品		146 980.00	
合计			249 234.00	249 234.00	

【"任务导读" 解析】

根据已知条件选用约当产量比例法计算完工产品和月末在产品成本，见表3-2.16。

表3-2.16　完工产品和月末在产品成本

成本项目	直接材料	燃料及动力	直接人工	制造费用	合计
月初和本月生产费用	1 860	860	1 765	1 020	5 505
完工产品产量	300	300	300	300	1 200
在产品的约当产量	300	200	200	200	900
分配率	3.1	1.72	3.53	2.04	
本月完工产品成本	930	516	1 059	612	3 117
月末在产品成本	930	344	706	408	2 388

任务拓展

辨析：在完工产品与在产品之间分配生产费用，各种分配方法的适用性如何？

悟道明理：杜绝
财务造假

在产品按定额成本
计算法计算倒挤
完工产品成本

使用约当产量比例法
计算完工产品成本

使用定额比例法计算
完工产品成本

技能闯关

一、单项选择题

1. 分工序测定在产品完工率时，其完工率是指在产品（　　）与完工产品工时定额的比率。

A. 所在工序的工时定额

B. 前面各工序工时定额与所在工序工时定额一半的合计数

C. 所在工序的累计工时定额

D. 所在工序工时定额的一半

2. 如果某种产品的月末在产品数量较大，各月在产品数量变化也较大，产品成本中各项费用的比重相差不大，生产费用在完工产品与月末在产品之间分配，则应采用（　　）。

　　A. 不计算在产品成本法　　　　　　B. 约当产量比例法

　　C. 在产品按完工产品计算法　　　　D. 定额比例法

3. 某企业产品经过两道工序，各道工序的工时定额分别为 30 小时和 40 小时，则第二道工序的完工率为（　　）。

　　A. 68%　　　　　　B. 69%　　　　　　C. 70%　　　　　　D. 71%

4. 下列方法中不属于在完工产品与月末在产品之间分配费用方法的是（　　）。

　　A. 约当产量比例法　　　　　　　　B. 不计算在产品成本法

　　C. 年度计划分配率分配法　　　　　D. 定额比例法

5. 按完工产品和月末在产品数量比例，分配计算完工产品和月末在产品成本，必须具备下列哪些条件？（　　）

　　A. 在产品已接近完工　　　　　　　B. 原材料在生产开始时一次投入

　　C. 在产品原材料费用比重较大　　　D. 各项消耗定额比较准确、稳定

6. 某产品经过两道工序加工完成。第一道工序月末在产品数量为 100 件，完工程度为 20%；第二道工序月末在产品数量为 200 件，完工程度为 70%。据此计算的月末在产品约当产量为（　　）。

　　A. 20 件　　　　　　B. 135 件　　　　　　C. 140 件　　　　　　D. 160 件

7. 假设某企业某种产品本月完工 250 件，月末在产品为 160 件，在产品完工程度为 40%，月初和本月发生的原材料费用共 56 520 元，原材料随着加工进度陆续投入，则完工产品和月末在产品的原材料费用分别为（　　）。

　　A. 45 000 元和 11 250 元　　　　　　B. 40 000 元和 16 250 元

　　C. 45 000 元和 11 520 元　　　　　　D. 34 298 元和 21 952 元

8. A 产品要经历三道工序完成，各道工序的定额工时分别为 30 小时、10 小时和 10 小时，则第二道工序的在产品完工程度是（　　）。

　　A. 50%　　　　　　B. 70%　　　　　　C. 80%　　　　　　D. 90%

9. B 产品要经历三道工序完成，各道工序在产品的完工程度分别为 30%、65% 和 85%，若该产品的定额工时为 50 小时，则第三道工序的定额工时为（　　）小时。

　　A. 10　　　　　　B. 15　　　　　　C. 20　　　　　　D. 25

10. B 产品要经历三道工序完成，各道工序的月末在产品数量分别为 100 件、120 件和 150 件，各道工序在产品的完工程度分别为 30%、60% 和 80%，则月末在产品的约当产量为（　　）件。

　　A. 370　　　　　　B. 185　　　　　　C. 200　　　　　　D. 222

11. 如果原材料在生产开始时一次投入，则应该按照（　　）比例分配计算完工产品和在产品成本。

　　A. 完工产品数量和在产品数量　　　B. 完工产品数量和在产品约当产量

C. 完工产品数量和在产品数量的一半　　D. 完工产品数量的一半和在产品数量

12. A 产品要经历三道工序完成，各道工序的投料比例分别为 50%、35% 和 15%，材料在每道工序生产开始时一次投入，则第二道工序在产品的投料程度是（　　）。

A. 100%　　　　　B. 50%　　　　　C. 85%　　　　　D. 35%

13. 月初在产品成本、本月生产费用、月末在产品成本和本月完工产品成本的关系是（　　）。

A. 月初在产品成本+月末在产品成本=本月生产费用+本月完工产品成本

B. 月初在产品成本+本月完工产品成本=月末在产品成本+本月生产费用

C. 月初在产品成本−本月生产费用=月末在产品成本−本月完工产品成本

D. 月初在产品成本+本月生产费用=月末在产品成本+本月完工产品成本

二、多项选择题

1. 采用约当产量比例法计算在产品成本时，需要按完工程度确定在产品约当产量进行分配的生产费用有（　　）。

A. 材料费用　　　　　　　　　　B. 人工费用

C. 燃料及动力费用　　　　　　　D. 制造费用

2. 按约当产量计算在产品成本法的适用条件是（　　）。

A. 各成本项目所占比重相差大　　B. 月末在产品数量较多

C. 各月末在产品数量变化大　　　D. 各成本项目所占比重相差不大

3. 在产品按定额成本计算法的适用条件是（　　）。

A. 各月末在产品数量变化大　　　B. 各月末在产品数量变化小

C. 定额成本较准确　　　　　　　D. 消耗定额相对较稳定

4. 计算在产品约当产量时，要考虑的因素有（　　）。

A. 原材料投料方式　　　　　　　B. 月末各道工序在产品数量

C. 在产品完工程度　　　　　　　D. 完工产品数量

5. 结转完工产品成本时，涉及的账户有（　　）。

A."库存商品"　　B."基本生产成本"　C."辅助生产成本"　D."制造费用"

6. 采用约当产量比例法，必须正确计算在产品约当产量，而在产品约当产量的计算正确与否取决于产品完工程度的测定，测定在产品完工程度的方法有（　　）。

A. 按 50% 平均计算各道工序完工率　　B. 分工序分别计算完工率

C. 按原材料消耗定额计算　　　　　　D. 按定额工时计算

7. 采用定额比例法分配原材料费用时，一般选用的分配标准有（　　）。

A. 定额消耗量　　B. 定额工时　　C. 定额费用　　D. 质量

8. 生产费用在完工产品和在产品之间分配应考虑（　　）。

A. 在产品的数量　　　　　　　　B. 各月在产品的变化大小

C. 定额管理基础的好坏　　　　　D. 各项费用比重大小

三、判断题

1. 不存在月末在产品的企业可采用不计算在产品成本法。　　　　　　（　　）

2. 虽然企业的定额管理水平较高，但如果月末在产品数量较多，也不宜采用在产品按定额成本计算法来计算月末在产品成本。　　　　　　　　　　（　　）

3. 在定额比例法下，本期完工产品成本中包含了月末在产品实际成本与定额成

本之间的差异。　　　　　　　　　　　　　　　　　　　　　　（　　）

4. 企业最常用的在产品成本计算法是约当产量比例法。　　（　　）

5. 只要各期月末在产品数量基本相同，就可以采用在产品按年初固定数计算法确定月末在产品成本。　　　　　　　　　　　　　　　　　　（　　）

6. 在在产品按定额成本计算法下，本期完工产品成本中包含了月末在产品实际成本与定额成本之间的差异。　　　　　　　　　　　　　　　（　　）

7. 只要存在期末在产品，就应当计算期末在产品成本，以便正确确定完工产品成本。　　　　　　　　　　　　　　　　　　　　　　　　　（　　）

8. 某企业在年末只有 1 件在产品，则该企业不必计算期末在产品成本。（　　）

9. 当月末在产品数量较大，各月末在产品数量变化也较大、各项费用比例相差不大时可以采用约当产量比例法来分配生产费用。　　　　　　　（　　）

10. 如果原材料在生产开始时一次投入，则应该按照完工产品数量和在产品约当产量的比例计算完工产品和在产品成本。　　　　　　　　　　　（　　）

四、技能训练题

1. 202×年 5 月，大海公司生产甲产品，该产品的直接材料在成本中所占比重较大，在产品只计算直接材料。甲产品月初在产品直接材料（即月初在产品成本）为 3 000 元；本月发生的生产费用为：直接材料 7 000 元、燃料及动力 550 元、直接人工 600 元、制造费用 440 元。完工产品为 600 件，月末在产品为 200 件。该产品的原材料在生产开始时一次投入。要求采用在产品成本按所耗直接材料计算法分配生产费用，并编制产品成本计算表，见表 3-2.17。

表 3-2.17　甲产品完工产品与在产品成本计算表

大海公司　　　　　　　　　　　　　　202×年 5 月　　　　　　　　　金额单位：元

摘要	直接材料	燃料及动力	直接人工	制造费用	合计
月初在产品成本					
本月生产费用					
生产费用合计					
本月完工产品成本					
月末在产品成本					

2. 202×年 8 月，鲁昕公司为生产乙产品发生的生产费用为：直接材料 4 000 元、燃料及动力 1 800 元、直接人工 1 600 元、制造费用 1 320 元。月初乙产品的在产品成本为：直接材料 460 元、燃料及动力 250 元、直接人工 540 元、制造费用 380 元。本月完工产品为 250 件，在产品为 150 件。月末乙产品的在产品已基本完工，要求按照完工产品成本计算在产品成本，并编制本月完工产品成本和月末在产品成本计算表，见表 3-2.18。

表 3-2.18　乙产品完工产品与在产品成本计算表

鲁昕公司　　　　　　　　　　　　　　202×年 8 月　　　　　　　　　金额单位：元

摘要	直接材料	燃料及动力	直接人工	制造费用	合计
月初在产品成本					
本月生产费用					

续表

摘要	直接材料	燃料及动力	直接人工	制造费用	合计
生产费用合计					
单位成本					
本月完工产品成本					
月末在产品成本					

3. 甲产品由两道工序制成。原材料随生产进度分工序投入，在每道工序开始时一次投入。第一道工序投入原材料定额为 280 千克，月末在产品为 640 件，第二道工序投入原材料定额为 220 千克，月末在产品为 480 件。完工产品为 1 680 件，月初在产品和本月发生的实际原材料费用累计 168 000 元。

要求如下。

（1）分别计算两道工序按原材料消耗程度表示的在产品完工率。

（2）分别计算两道工序按原材料消耗程度表示的在产品约当产量。

（3）按约当产量比例法分配完工产品与月末在产品的原材料费用。

（4）编制"甲产品约当产量计算表"，见表 3-2.19。

表 3-2.19　甲产品约当产量计算表

工序	原材料消耗定额/千克	完工程度	在产品数量/件	在产品约当产量/件	完工产品数量/件	合计/件
1						
2						
合计						

4. 广信工厂 202×年 8 月生产甲产品，其单位工时定额为 80 小时，经过三道工序制成。三道工序工时定额分别为 25 小时、20 小时、35 小时。各道工序在产品数量分别为 50 件、80 件、40 件，各道工序在产品的完工程度均按 50% 计算。本月完工产品为 200 件，直接人工合计为 4 600 元。试求完工产品和在产品应当分得的直接人工，并编制"甲产品约当产量计算表"，见表 3-2.20。

表 3-2.20　甲产品约当产量计算表

广信工厂　　　　　　　　　　　　　202×年 8 月　　　　　　　　　　　　金额单位：元

工序	工时定额/小时	完工程度	在产品数量/件	在产品约当产量/件	完工产品数量/件	合计/件
1						
2						
3						
合计						

5. 大新公司生产乙产品。202×年6月初在产品费用为：原材料费用1 400元、工资和福利费3 000元、制造费用1 000元；本月生产费用为：原材料费用8 500元、工资和福利费9 000元、制造费用4 500元。完工产品为4 000件，单件原材料费用定额为2元，单件工时定额为1.25小时。月末在产品为1 000件，单件原材料费用定额为2元，工时定额为1小时。

要求：采用定额比例法计算完工产品与月末在产品成本，并编制"乙产品完工产品与在产品成本计算表"，见表3-2.21。

表3-2.21　乙产品完工产品与在产品成本计算表

大新公司　　　　　　　　　　　　　202×年6月　　　　　　　　　　　金额单位：元

项　　目		直接材料	直接人工	制造费用	合计
月初在产品成本	①				
本月生产费用	②				
生产费用累计	③=①+②				
分配率	④=③/(⑤+⑥)				
完工产品定额	⑤				
月末在产品定额	⑥				
本月完工产品成本	⑦=⑤④				
月末在产品成本	⑧=⑥④				

6. 202×年8月，广大公司所产甲产品由一道工序完成，按定额成本计算在产品成本。原材料在生产开始时一次投入，月末在产品为800件，每件在产品材料费用定额为40元，在产品单位定额工时为25小时，每小时各项加工费用的定额成本为：燃料及动力3.2元、职工薪酬4.6元、制造费用5.9元。

试求月末在产品的定额成本。

7. 202×年1月，海华制造有限公司一车间已经归集的A产品生产费用为324 930元，其中材料费用180 000元、人工费用58 400元、制造费用86 530元；B产品生产费用为192 049元，其中材料费用89 000元、人工费用56 200元、制造费用46 849元。A、B两种产品的原材料均在生产开始时一次投入。A产品需要三道工序，B产品只需要1道工序。

其他有关资料如下。

（1）各道工序的工时定额见表3-2.22。

表3-2.22　产品工时定额　　　　　　　　　　　小时

产品名称	工时定额			
	一工序	二工序	三工序	合计
A产品	4	6	10	20
B产品		6		6

（2）月末，一车间对 A、B 产品的月末在产品进行实地盘点，盘点结果见表 3-2.23。

表 3-2.23　月末在产品盘存表

202×年 1 月 31 日

品名	单位	生产工序			合计
		一	二	三	
A 产品	件	30	30	40	100
B 产品	件		70		70

（3）本月产品入库情况见表 3-2.24。

表 3-2.24　产品入库单

202×年 1 月 31 日

产品名称	单位	入库数量	备注
A 产品	件	700	
B 产品	件	1 520	

（4）要求。

①采用约当产量法确定月末在产品的材料费用约当产量和其他费用约当产量，编制"月末在产品材料费用/其他费用约当产量计算表"，见表 3-2.25、表 3-2.26。

②在本期完工产品与月末在产品之间分配生产费用，确定月末在产品成本与完工产品成本，编制 A、B 产品的生产费用分配表，见表 3-2.27、表 3-2.28。

表 3-2.25　月末在产品材料费用约当产量计算表

生产车间：　　　　　　　　　　　　　202×年 1 月 31 日

项目	产　品				产品
	一工序	二工序	三工序	合计	
投料比例					
在产品数量					
材料消耗比例					
约当产量					

表 3-2.26　月末在产品其他费用约当产量计算表

生产车间：　　　　　　　　　　　　　202×年 1 月 31 日

项目	产　品				产品
	一工序	二工序	三工序	合计	
工时定额					
在产品数量					
完工程度					
约当产量					

表 3-2.27　A 产品生产费用分配表

生产车间：　　　　　　　　202×年 1 月 31 日　　　　　　　金额单位：元

项目	成本项目			合计
	直接材料	直接人工	制造费用	
期初在产品成本				
本月发生生产费用				
本月生产费用合计				
本期完工产品数量				
月末在产品数量				
在产品约当产量				
费用分配率				
月末在产品成本				
完工产品总成本				
完工产品单位成本				

表 3-2.28　B 产品生产费用分配表

生产车间：　　　　　　　　202×年 1 月 31 日　　　　　　　金额单位：元

项目	成本项目			合计
	直接材料	直接人工	制造费用	
期初在产品成本				
本月发生生产费用				
本月生产费用合计				
本期完工产品数量				
月末在产品数量				
在产品约当产量				
费用分配率				
月末在产品成本				
完工产品总成本				
完工产品单位成本				

学习心得

（1）学习内容的梳理——画思维导图。（50 分）

（2）假如你是成本核算岗位的会计，学习本任务对你具体工作的指导和帮助有哪些？（可以包括但不限于如何选择和运用成本计算方法）（50分）

任务三　运用 Excel 以品种法计算产品成本

▶ **任务导读**

Excel 是一款功能强大、操作简单、具有人工智能特征的办公软件，其强大的数据处理功能、多种多样的函数和分析工具可以帮助财务管理人员有效地开展工作。本任务运用这款软件以品种法计算产品成本。

▶ **任务陈述**

运用 Excel 以品种法计算产品成本，就要了解企业的基本情况，清楚品种法的计算程序，在软件中录入基础数据，创建公式进行自动核算。运用 Excel 以品种法计算产品成本学习任务示意如图 3-3.1 所示。

| 任务 | （1）了解企业的基本情况。
（2）明确品种法的计算程序。
（3）能灵活运用Excel进行品种法计算产品成本。 |

图 3-3.1　运用 Excel 以品种法计算产品成本学习任务示意

▶ **任务分析**

本任务采用项目一的精密机械厂要素费用资料，通过 Excel 进行成本核算，首先要掌握运用品种法计算成本的计算程序。

▶ **知识准备**

运用品种法计算产品成本的计算程序如下。
（1）按产品品种开设成本明细账。
（2）按产品品种和收益部门分配各种要素费用。
（3）按产品品种和收益部门分配辅助生产费用。
（4）按产品品种分配基本生产部门制造费用。
（5）按产品品种分配各种完工产品和在产品成本。
（6）结转产品成本。

▶ **任务实施**

一、企业基本情况

精密机械厂设有一个基本生产车间，大量生产甲、乙两种产品，其工艺过程为多步骤生产流水线生产。该厂设有供电和机修两个辅助生产车间，为基本生产车间及其他各部门提供供电和机修劳务。该厂采用品种法计算产品成本。

二、成本计算程序

成本计算程序如图 3-3.2 所示。

1. 开设成本明细账，录入期初余额	2. 归集和分配材料费用	3. 归集与分配燃料费用	4. 归集与分配外购动力费用
5. 归集与分配职工薪酬费用	6. 归集与分配固定资产折旧费用	7. 归集与分配其他费用	8. 归集与分配辅助生产费用
9. 归集与分配基本生产车间制造费用	10. 归集与分配不可修复废品损失成本	11. 计算各种完工产品和在产品成本	

图 3-3.2　成本计算程序

成本计算程序

 学习心得

（1）学习内容的梳理——画思维导图。（50 分）

（2）假如你是成本核算岗位的会计，学习本任务对你具体工作的指导和帮助有哪些？（可以包括但不限于如何选择和运用成本计算方法）（50 分）

项目总结

略。

项目四　编制与分析成本报表

✔ 项目导读

成本报表是会计报表体系的重要组成部分，是企业内部报表中的主要报表。编制与分析成本报表是成本会计的重要内容。编制成本报表，可以综合反映企业产品生产的耗费与成本水平，反映各成本中心的成本管理业绩；分析成本报表，有利于日常成本控制，并为企业成本和利润预测提供信息。本项目涉及的工作任务有成本报表的编制和成本报表的分析。

✔ 学习目标

知识目标	能力目标	素质目标
1.了解成本报表的涵义、种类、意义和编制要求 2.掌握产品生产成本表、主要单位产品成本表的编制方法 3.了解成本分析的含义、内容 4.掌握成本分析的方法	1.能够编制产品生产成本表、主要产品单位成本表 2.能够进行产品成本计划完成情况分析、单位成本计划完成情况分析、可比产品成本完成情况分析 3.能够用连环替代法对主要产品单位成本项目的变化进行因素分析	1.养成扎实做事、不浮不躁、严谨行事、一丝不苟的习惯 2.具备良好的数据分析能力，能够运用数据分析工具，对成本数据进行深入分析找出成本控制的重点和难点，提出改进措施

任务一　编制与分析产品生产成本表

▶ 任务导读

精密机械厂是一家从事钢铁冶炼和机械制造的股份有限公司，该厂生产的甲、乙产品为主要产品，丙产品为次要产品。202×年相关的产量、成本资料见表4-1.1。

请问：根据上述资料，如何编制可比产品甲、乙的成本报表？如何编制不可比产品丙的成本报表？对编制的成本报表应如何进行产品成本分析？如何编写产品成本分析报告？

表 4-1.1 精密机械厂 202×年度产量、成本

项　　目	甲产品	乙产品	丙产品
本年计划产量/件	2 250	980	950
本年实际产量/件	2 500	1 100	1 000
上年实际平均单位成本/元	600	500	—
本年计划单位成本/元	580	491	550
本年实际平均单位成本/元	575	495	530

▶ 任务陈述

成本报表不是对外报送或公布的会计报表，其种类、项目、格式和编制方法国家不做统一规定，而是由企业根据自身实际情况设计和编制。本任务所涉及的业务活动和单证如图 4-1.1 所示。

图 4-1.1 项目四任务一所涉及的业务活动和单证

▶ 任务分析

编制产品成本报表，首先应收集相关的成本信息，包括产品成本的账簿资料、成本计划和费用预算、以前年度的成本报表及产量资料；其次，应事先设计成本报表的结构和格式；最后，按产品成本报表的编制要求完产品成本报表的编制，并对产品成本报表进行分析和说明，为企业管理部门提供成本决策。

▶ 知识准备

一、成本报表的含义

成本报表是根据产品成本和期间费用的核算资料及其他相关资料编制的，用以反映企业一定时期产品成本和期间费用水平、构成情况的报告文件。通过编制和分析成本报表，可以考核和控制成本费用，寻找降低成本费用的有效途径。

二、成本报表的作用

成本报表的主要作用如下。

（1）综合反映企业成本费用的耗用水平。

（2）反映企业各成本中心的成本管理业绩，评价和考核各成本中心的计划完成情况。

（3）为企业成本分析提供重要依据，有利于企业日常成本控制。

（4）为下一期成本计划的制定和修正提供重要依据。

（5）为企业成本、利润的预测提供信息。

三、成本报表的种类

成本报表按不同的标准可以进行不同的分类。成本报表的主要分类如下。

（1）按反映的内容，成本报表一般分为产品生产成本表、主要产品单位成本表、制造费用明细表、管理费用明细表、销售费用明细表、财务费用明细表等。

（2）按编制的时间，成本报表分为定期报表（年报、季报、月报、旬报、周报、日报）和不定期报表。

四、成本报表的特点

（1）编制成本报表的主要目的是满足企业内部经营管理的需要，其内容具有针对性。

（2）成本报表的格式和内容具有灵活性。成本报表作为对内报表，其内容和格式由企业自己设计，完全根据企业经营管理的需要，指标可多可少，不同的内容可以有不同的形式。设计应本着实质重于形式的原则，力求简明扼要。

（3）成本报表更注重实效。可以定期编制，也可以不定期编制，尽可能使成本报表提供的信息与其反映的内容在时间上保持一致，以便及时揭示成本管理工作中存在的问题，更好地指导企业的成本管理工作。

五、成本报表分析的基本方法

成本报表分析的基本方法有比较分析法、比率分析法和连环替代法。

（一）比较分析法

比较分析法是通过实际指标与基数对比，从数量上确定差异的一种分析方法。比较分析法可以用公式表示为：

$$成本差异 = 实际成本额 - 基数$$

作为比较基数的成本指标可以是计划成本、定额成本、上期实际成本或同行业先进水平。通过对比，揭示二者的差距，为进一步分析指明方向。但是，比较分析法是一种绝对数的对比分析，只适用于同质指标的数量对比，应用时应注意对比指标的可比性；它无法说明指标变动的具体原因。

（二）比率分析法

比率分析法用于计算相关指标的相对数，即比率。比率分析法有相关比率分析、构成比率分析和动态比率分析三种形式。

（1）相关比率分析，即通过计算两个性质不同而又相关的指标的比率进行成本分析，反映企业效益的好坏。通常计算的相关比率有产值成本率、销售成本率、成本利润率。

$$产值成本率 = （产品成本 / 商品产值）\times 100（元 / 百元）$$

$$销售成本率 = （产品成本 / 销售收入）\times 100\%$$

$$成本利润率 = （销售利润 / 产品成本）\times 100\%$$

（2）构成比率分析，即通过计算某项指标的各个组成部分占总体的比重进行数量分析，如通过计算直接材料占产品成本的比率、管理费用占期间费用的比率进行分析。计算出构成比率后，还可以将构成比率的实际值与基数对比，揭示其差异，发现变化的趋势。

$$原材料费用比率=(原材料费用/产品成本)\times100\%$$
$$工资费用比率=(工资及福利费/产品成本)\times100\%$$
$$制造费用比率=(制造费用/产品成本)\times100\%$$

（3）动态比率分析，即对某项指标在不同时期的数值进行对比，求出动态比率，分析其增减速度和发展趋势。动态比率分为定基比率和环比比率两种形式：

$$定基比率=(比较期数值/固定基期数值)\times100\%$$
$$环比比率=(比较期数值/上期数值)\times100\%$$

比率分析法的主要优点在于便于决策者比较分析。其不足之处在于：比率的数字只反映比值，不能说明其绝对额的变动；无法说明指标变动的具体原因。

（三）连环替代法（因素分析法）

连环替代法是根据因素之间的内在依存关系，依次测定各因素变动对经济指标差异影响的分析方法。运用此方法，可以解决比较分析法和比率分析法不能解决的问题，即可以测算各因素的影响程度。

连环替代法的分析程序：分解指标因素，并确定各因素的排列顺序→确定分析对象→逐次替代因素→确定影响结果→汇总影响结果。

假设某项指标 N 由 A，B，C 三个因素组成，则有：

上期数　$N_0=A_0\times B_0\times C_0$

本期数　$N_1=A_1\times B_1\times C_1$

本期与上期的差异为

$$N_1-N_0=A_1\times B_1\times C_1-A_0\times B_0\times C_0$$

下面依次分析各个因素的影响。

先替代 A 因素，并测算其对 N 的影响：

$$A_1\times B_0\times C_0-A_0\times B_0\times C_0=(A_1-A_0)\times B_0\times C_0 \qquad ①$$

再替代 B 因素，并测算其对 N 的影响：

$$A_1\times B_1\times C_0-A_1\times B_0\times C_0=(B_1-B_0)\times A_1\times C_0 \qquad ②$$

最后替代 C 因素，并测算其对 N 的影响：

$$A_1\times B_1\times C_1-A_1\times B_1\times C_0=(C_1-C_0)\times A_1\times B_1 \qquad ③$$

A，B，C 三个因素的综合影响：

$$①+②+③=(A_1-A_0)\times B_0\times C_0+(B_1-B_0)\times A_1\times C_0+(C_1-C_0)\times A_1\times B_1$$
$$=A_1\times B_1\times C_1-A_0\times B_0\times C_0$$
$$=N_1-N_0(差异)$$

【**案例 4-1.1**】　精密机械厂有关原材料消耗的资料见表 4-1.2，请应用连环替代法分析各个因素对材料费用总额的影响。

表 4-1.2　精密机械厂 202×年原材料消耗分析表

指标	单位	计划数	实际数	差异
产品产量	件	20	21	1
单位产品材料消耗量	千克	18	17	-1

续表

指标	单位	计划数	实际数	差异
材料单价	元	10	12	2
材料费用总额	元	3 600	4 284	684

（1）分解指标因素，并确定各因素的排列顺序。

材料费用总额＝产品产量×单位产品材料消耗量×材料单价

（2）确定分析对象。

材料成本差异：4 284－3 600＝+684（元）。

（3）逐次替代因素，并确定影响结果。

①产量变动影响：（+1）×18×10＝+180（元）。

②单位产品材料消耗量变动影响：21×（-1）×10＝-210（元）。

③材料单价变动影响：21×17×（+2）＝+714（元）。

（4）汇总影响结果：①+②+③＝（+180）+（-210）+（+714）＝+684（元）。

此结果正好与材料总成本差异相等。

特 别 提 示

（1）连环替代的顺序性。在分析同一问题时按同一顺序进行，这样计算的结果才有可比性，因为不同的替代顺序会得出不同的计算结果。确定替代分析顺序的一般原则是：则先分析数量指标，后分析质量指标；先分析实物量指标，后分析价值量指标；如果有几个数量或质量指标，则先分析主要指标，后分析次要指标。

（2）计算顺序的连环性。分析是逐次以一个因素的实际数替代其基数。除第一次替代外，每个因素替代均是在前一个因素替代的基础上进行的，这就形成了计算顺序的连环性。

（3）计算结果的假定性。运用这种方法测定某一因素的变动影响时，是以假定其他因素不变为条件的，计算结果只能说明某种假设条件下的结果。

任务实施

一、产品生产成本表的编制

产品生产成本表是反映企业在报告期内生产的全部产品总成本以及主要产品单位成本和总成本的报表。该表既可以按产品种类反映，也可以按成本项目反映。

（一）按产品种类反映的产品生产成本报表的编制

该表将全部产品分为可比产品和不可比产品，分别反映各种产品的单位成本、本月总成本、本年累计总成本。可比产品是指以前年度正式生产过，具有较完备的成本资料的产品。不可比产品是指以前年度没有正式生产过、没有较完备的成本资料的产品以及今年正式投产的新产品。该表的编制主要依据企业的产品成本明细账、年度成本计划、上年实际平均单位成本等资料。

【案例 4-1.2】　现以"精密机械厂 202×年 12 月产品生产成本表"为例说明如何编制产品生产成本表。精密机械厂 1—12 月份产值为 344 917.65 元，见表 4-1.3。

表 4-1.3　精密机械厂 202×年 12 月产品生产成本表

编报单位：精密机械厂　　　　　　　　　　　　　　　　　　　　　　　　　　　金额单位：元

产品名称（一）	实际产量		单位成本				本月总成本			本年累计总成本		
	本月（二）	本年累计（三）	上年实际平均（四）	本年计划（五）	本月实际（六）	本年累计实际（七）	按上年实际平均单位成本计算（八）	按本年计划平均单位成本计算（九）	本月实际（十）	按上年实际平均单位成本计算（十一）	按本年计划单位成本计算（十二）	本年实际（十三）
可比产品合计	—	—	—	—	—	—	19 400	19 100	18 850	270 000	266 000	269 400
其中：甲	50	500	84	82	83	81	4 200	4 100	4 150	42 000	41 000	40 500
乙	20	300	760	750	735	763	15 200	15 000	14 700	228 000	222 500	228 900
不可比产品合计	—	—	—	—	—	—	—	2 110	2 119	—	23 550	23 780
其中：丙	8	70	—	125	128	126	—	1 000	1 024	—	8 750	8 820
丁	3	40	—	370	365	374	—	1 110	1 095	—	14 800	14 960
全部产品成本	—	—	—	—	—	—	—	21 210	20 969	—	289 550	293 180

相关项目的填列方法如下：

项目（六）根据下列公式填列：本月实际总成本/本月实际总产量；

项目（七）根据下列公式填列：本年累计实际总成本/本年累计实际产量；

项目（八）根据下列公式填列：本月实际产量×上年实际平均单位成本；

项目（九）根据下列公式填列：本月实际产量×本年计划单位成本；

项目（十一）根据下列公式填列：本年累计实际产量×上年实际平均单位成本；

项目（十二）根据下列公式填列：本年累计实际产量×本年计划单位成本。

表 4-1.3 中补充资料填列方法如下。

可比产品成本降低额
=按上年实际平均单位成本计算的本年累计总成本−
本年累计实际总成本
=270 000−269 400=600（元）

可比产品成本降低率
$$=\frac{可比产品成本降低额}{按上年实际平均单位成本计算的本年累计总成本}×100\%$$
$$=\frac{600}{270\ 000}=0.22\%$$

产值成本率
=（产品总成本/商品产值）×100
$$=\frac{293\ 180}{344\ 917.65}×100=85（元/百元）$$

（二）按成本项目反映的产品生产成本表的编制

【案例4-1.3】 现以"精密机械厂202×年12月产品生产成本表"为例说明如何编制按成本项目反映的产品生产成本表，见表4-1.4。

表4-1.4 精密机械厂202×年12月产品生产成本表

编制单位：精密机械厂　　　　　　　　　　　　　　　　　　　　金额单位：元

成本项目	上年实际	本年计划	本月实际	本年累计实际
直接材料	1 184 928	1 839 970	13 200	1 885 550
直接人工	1 102 176	1 721 380	117 800	1 690 990
制造费用	375 234	594 970	39 559.60	571 800
生产费用合计	1 662 338	4 156 320	289 359.60	4 148 340
加：在产品期初余额	162 020	173 040	26 700	174 040
减：在产品期末余额	153 940	164 250	10 898.17	163 820
产品生产成本合计	2 670 418	4 165 110	305 161.43	4 158 560

上表中"本月实际"栏中的生产费用数，根据产品成本明细账按成本项目分别汇总填列。在此基础上，加上在产品和自制半成品的期初余额，减去在产品和自制半成品的期末余额，即可计算出本月完工的产品成本合计数。

二、产品生产成本表的分析

（一）对全部产品成本计划完成情况总括评价

对全部产品进行分析，只能以本年实际成本和计划成本进行比较，确定其成本降低额和成本降低率，初步了解企业完成成本计划情况。

全部产品成本计划完成率

$=[\sum（产品实际单位成本×实际产量）/\sum（产品计划单位成本×实际产量）]×100\%$

【案例4-1.4】 "精密机械厂全部产品成本计划完成情况分析表"见表4-1.5。

表4-1.5 精密机械厂全部产品成本计划完成情况分析表

编报单位：精密机械厂　　　　　　　　　202×年12月　　　　　　　　　金额单位：元

产品名称	计划总成本	实际总成本	成本降低额	成本降低率/%
一、可比产品	266 000	269 400	+3 400	1.28
其中：甲	41 000	40 500	−500	−1.22
乙	225 000	228 900	+3 900	1.73
二、不可比产品	23 550	23 780	230	0.98
其中：丙	8 750	8 820	70	0.8
丁	14 800	14 960	160	1.08
合计	289 550	293 180	+3 630	1.25

计算表明，虽然本月产品总成本实际低于计划，但本年累计实际总成本却超过计划3 630元，升高1.25%。其中，可比产品成本实际比计划超支3 400元，主要是乙产品成本超支3 900元，而甲产品成本是降低的；不可比产品成本实际比计划超支

230元，丙、丁产品成本均超支。显然，进一步分析的重点应查明乙产品超支的原因。

（二）可比产品成本降低计划完成情况分析

【案例 4-1.5】 "精密机械厂可比产品成本降低计划表"见表 4-1.6。

表 4-1.6 精密机械厂可比产品成本降低计划表

编制单位：精密机械厂　　　　　　　　　202×年 12 月

可比产品	计划产量	单位成本/元		总成本/元		计划降低成本	
		上年实际平均	本年计划	按上年实际平均单位成本计算	按本年计划单位成本计算	降低额	降低率%
甲	400	84	82	33 600	32 800	800	2.38
乙	200	760	750	152 000	150 000	2 000	1.32
合计	—	—	—	185 600	182 800	2 800	1.51

其中：

可比产品计划成本降低额

= ∑ 计划产量×（上年实际单位成本-本年计划单位成本）

= 185 600-182 800 = 2 800（元）

可比产品计划成本降低率

= [∑ 计划成本降低额/∑（上年实际单位成本×计划产量）]×100%

$$= \frac{2\ 800}{185\ 600} = 1.51\%$$

"精密机械厂可比产品成本降低计划完成情况分析表"见表 4-1.7。

表 4-1.7 精密机械厂可比产品成本降低计划完成情况分析表

编制单位：精密机械厂　　　　　　　　　202×年 12 月

可比产品	实际产量	单位成本/元		总成本/元		实际成本降低	
		上年实际平均	本年实际	按上年实际平均单位成本计算	按本年实际单位成本计算	降低额/元	降低率/%
甲	500	84	81	42 000	40 500	+1 500	+3.57
乙	300	760	763	228 000	228 900	−900	−0.39
合计	—	—	—	270 000	269 400	+600	+0.22

可比产品实际成本降低额

= ∑ 实际产量×（上年实际单位成本-本年实际单位成本）

= 270 000-269 400 = 600（元）

可比产品实际成本降低率

= [∑ 实际成本降低额/∑（上年实际单位成本×实际产量）]×100%

$$= \frac{600}{270\ 000} = 0.22\%$$

下面分析成本差异及其影响因素的具体程度。

首先，确定分析对象，即确定实际脱离计划的差异。

精密机械厂实际脱离计划的差异：

降低额差异=实际降低额-计划降低额=600-2 800=-2 200(元)

降低率差异=实际降低率-计划降低率=0.22%-1.51%=-1.29%

由此可以看出，可比产品成本降低计划没有完成，实际比计划少降低 2 200 元或少降低 1.29%。

其次，确定影响可比产品成本降低计划完成情况的相关因素及其影响程度。

1. 产品产量变动及其影响程度分析

产量变动，即实际产量比计划产量的增减。如果产品品种构成和单位成本不变，则产量变动只影响成本降低额，不影响成本降低率。

按产量变动调整计划降低额

=(∑实际产量/∑计划产量)×计划降低额

$$=\frac{500}{400}\times800+\frac{300}{200}\times2\ 000=4\ 000(元)$$

产量变动对成本降低额的影响额=4 000-2 800=+1 200 （元）

甲、乙产品产量增加共同使成本少降低 1 200 元。

2. 产品品种构成变动及其影响程度分析

产品品种构成变动，即产品各品种在总产量中所占比重的变动。产品品种构成变动既会影响成本降低额，也会影响成本降低率。

按实际品种结构调整的计划降低额

=∑实际产量×上年实际单位成本-∑实际产量×计划单位成本

=270 000-266 000=4 000(元)

按实际品种结构调整的计划降低率

=[∑按实际品种结构调整的成本计划降低额/∑(上年实际单位成本×

实际产量)]×100%

$$=\frac{4\ 000}{270\ 000}=1.48\%$$

按产量变动调整后的计划降低额减去按实际结构调整的计划降低额，即品种结构变动对成本降低额的影响。

品种结构变动对成本降低额的影响额=4 000-4 000=0(元)

3. 产品单位成本变动及其影响程度分析

产品单位成本变动，既会影响成本降低额，也会影响成本降低率。

产品单位成本变动对成本降低额的影响

=∑实际产量×计划单位成本-∑实际产量×实际单位成本

=(500×82+300×750)-(500×81+300×763)

=266 000-269 400=-3 400(元)

综上所述，降低额差异-2 200 元的原因归纳如下：

产量变动影响成本降低额	+1 200
品种结构变动影响成本降低额	0
单位成本变动影响成本降低额	-3 400
合计	-2 200

成本降低率从计划1.51%到实际的-0.22%的原因归纳如下：

实际品种结构变动对计划降低率的影响＝1.48%-1.51%=-0.03%

单位成本变动对计划降低率的影响　＝0.22%-1.48%=-1.26%

合　计　　　　　　　　　　　　　　　　-1.29%

（三）产值成本率分析

产值成本率通常用每百元产值总成本表示。每百元产值总成本越低，说明生产耗费的经济效益越大；反之，经济效益越小。商品产值一般按现行价格计算，也可按不变价格计算。

【案例4-1.6】　精密机械厂有关资料见表4-1.8。

表4-1.8　精密机械厂成本产值计划与实际情况表

202×年12月　　　　　　　　　　　　　金额单位：元

指标	计划数	实际数
产品总成本	289 550	293 180
商品产值	361 937.5	344 917.65
产值成本率/(元·百元$^{-1}$)	80	85

$$计划产值成本率 = \frac{289\ 550}{361\ 937.5} = 80(元/百元)$$

$$实际产值成本率 = \frac{293\ 180}{344\ 917.65} = 85(元/百元)$$

可以看出，该厂每百元产值成本计划比实际升高5元，说明该厂生产耗费的经济效益减小了。

（四）按成本项目对成本完成情况进行分析

一般可采用比较分析法、构成比率分析法和相关指标比率分析法。

【案例4-1.7】　精密机械厂有关资料见表4-1.9，下面用比较分析法进行分析。

表4-1.9　精密机械厂202×年12月产品生产成本表

编制单位：精密机械厂　　　　　　　　　　　　金额单位：元

成本项目	本年计划	本月实际	本年累计实际	本年累计差异
直接材料	1 839 970	13 200	1 885 550	+45 580
直接人工	1 721 380	117 800	1 690 990	-30 390
制造费用	594 970	39 559.60	571 800	-23 170
生产费用合计	4 156 320	170 559 60	4 148 340	-7 980
加：在产品期初余额	173 040	26 700	174 040	+1 000
减：在产品期末余额	164 250	10 898.17	163 820	-430
产品生产成本合计	4 165 110	186 361.43	4 158 560	-6 550

可以看出，由于直接材料超支45 580元，而直接人工减少30 390元，制造费用减少23 170元，三者的综合作用使生产费用减少7 980元，再加上在产品期初增加1 000元，期末减少430元，最终使产品生产成本实际比计划降低6 550元。

总之，在分析成本计划完成情况时，应注意几点：成本计划的正确性，即必须检

学习笔记

查成本计划本身是否正确；成本核算资料的真实性，否则无法正确评价企业成本管理工作；分析企业在成本降低工作中的客观因素和主观努力。

【"任务导读"解析】

按可比产品和不可比产品编制产品生产成本表，分别反映各种产品不同时期的产量和单位成本及总成本。

对编制的成本报表应从4个方面分析。①对全部产品成本计划完成情况总括评价。初步了解企业完成成本计划情况。②对可比产品成本降低计划完成情况进行分析，找到影响可比产品成本降低计划完成情况的相关因素及其影响程度。③对产值成本率进行分析，反映生产耗费的生产效益。④按成本项目对成本完成情况进行分析，分析各成本项目对成本完成情况的影响。

编写产品成本分析报告，分析企业在成本降低工作中的客观因素和主观努力，正确评价企业成本管理工作。

任务拓展

> 思考：企业财务报表和成本报表有什么关系？

悟道明理：关注家乡发展　　连环替代法　　比率分析法　　产品生产成本报的分析

技能闯关

一、单项选择题

1. 下列不属于成本报表的是（　　）。

A. 商品产品成本表　　　　　　　　B. 主要产品单位成本表

C. 现金流量表　　　　　　　　　　D. 制造费用明细表

2. 连环替代法是用来计算几个相互联系的综合经济指标变动（　　）的方法。

A. 影响原因　　　B. 影响数量　　　C. 影响程度　　　D. 影响金额

3. 不属于产品生产成本表反映的内容的是（　　）。

A. 报告期内全部产品总成本

B. 报告期内各主要产品单位成本

C. 报告期内全部产品各成本项目的总成本

D. 报告期内各项期间费用

4. 比较分析法只适用于（　　）。

A. 不同质指标的数量对比　　　　　B. 同质指标的数量对比

C. 不同质指标的质量对比　　　　　D. 关联指标的比率对比

5. 某项经济指标的各个组成部分占总体的比重，称为（　　）。

A. 相关比率　　　B. 动态比率　　　C. 构成比率　　　D. 效益比率

6. 比较分析法是通过指标对比，从（ ）上确定差异的一种分析方法。

A. 质量 B. 价值量 C. 数量 D. 劳动量

7. 将两个性质不同但又相关的指标对比求出的比率，称为（ ）。

A. 相关比率 B. 动态比率 C. 构成比率 D. 效益比率

学习笔记

二、多项选择题

1. 工业企业编制的成本报表主要有（ ）。

A. 商品产品成本表 B. 销售产品成本表

C. 主要产品单位成本表 D. 制造费用明细表

E. 期间费用明细表

2. 编制成本报表的基本要求是（ ）。

A. 数字准确 B. 格式统一 C. 内容完整 D. 方法统一

E. 编报及时

3. 在产品成本表中反映的指标有（ ）。

A. 全部产品的总成本 B. 全部产品的单位成本

C. 主要产品的总成本 D. 主要产品的单位成本

E. 主要产品的单位消耗

4. 编制产品成本表的作用在于（ ）。

A. 考核全部产品成本计划的完成情况

B. 考核主要产品成本计划的完成情况

C. 分析可比产品成本降低任务的完成情况

D. 分析不可比产品成本降低任务的完成情况

E. 分析期间费用降低任务的完成情况

5. 比较分析法中常用的比较标准有（ ）。

A. 成本计划或定额指标 B. 历史指标

C. 同行业指标 D. 报告期实际指标

E. 未来预计指标

6. 比率分析法常用的比率有（ ）。

A. 相关指标比率 B. 构成比率 C. 动态比率 D. 综合比率

E. 定额比率

三、判断题

1. 产品生产成本表是反映企业在报告期内生产的全部产成品总成本的报表。

（ ）

2. 企业编制的成本报表一般不对外公布，因此，成本报表的种类、项目和编制方法可由企业自行确定。 （ ）

3. 企业编制的所有成本报表中，产品生产成本表是最主要的报表。 （ ）

4. 利用产品生产成本表可以计算出可比产品和不可比产品成本的各种总成本和单位成本。 （ ）

5. 不同时期的产品生产成本表只能对比，不能累加。 （ ）

6. 成本利润率是相关指标比率。 （ ）

四、技能训练题

腾飞工具公司设有两个基本生产车间。一车间生产甲产品，二车间生产乙、丙两种产品。其中，甲、乙两种产品为可比产品，丙产品为不可比产品。该公司202×年12月有关成本资料见表4-1.10。

表4-1.10 腾飞工具公司产品资料

202×年12月31日

项目	甲产品	乙产品	丙产品
单位生产成本/元			
上年实际成本	600	420	
本月实际	555	414	276
本年累计实际平均	573	417	273
本年计划	580	400	270
产量/件			
本月实际	90	105	60
本年累计实际	765	960	630
本年计划	720	890	650
销售量/件			
本月实际	75	105	60
本年累计实际	780	870	48
年初结存数量/件	120	90	

可比产品本年计划降低额为32 200元；可比产品本年计划降低率为4%；按现行价格计算的商品产值为1 698 450元；本年计划的产值率为56元/百元。

要求：根据上述资料编制腾飞工具公司202×年12月的产品生产成本表，并进行适当分析。

学习心得

（1）学习内容的梳理——画思维导图。（50分）

（2）假如你是成本核算岗位的会计，学习本任务对你具体工作的指导和帮助有哪些？（可以包括但不限于如何选择和运用成本计算方法）（50分）

任务二　编制与分析主要产品单位成本表

任务导读

精密机械厂是一家从事钢铁冶炼和机械制造的股份有限公司，其生产的甲、乙产品为主要产品，为了更好地了解和分析主要产品的实际单位成本以及成本控制情况，现需要编制主要产品单位成本表。

请问：编制与分析主要产品单位成本表的作用和意义是什么？

任务陈述

编制主要产品单位成本表是一项重要的成本管理任务，旨在为企业管理层和决策者提供有关产品成本的关键信息，从而帮助制定有效的生产和销售策略。本任务要求从大量数据中整理并分析出单位产品的成本，以便进行成本分析和控制。

本任务所涉及的业务活动和单证如图4-2.1所示。

图4-2.1　项目四任务二所涉及的业务活动和单证

任务分析

编制主要产品单位成本表时，要从生产部门、财务部门和仓储部门收集涉及产品成本的数据，根据收集的数据，计算每种主要产品的单位成本，进行分析并撰写报告，解释产品成本的变化趋势，并提出降低成本的建议。

知识准备

【主要产品单位成本表的编制】

主要产品单位成本表是对产品生产成本表的单位成本指标的进一步补充说明。根据该表可以考核主要产品单位成本计划的执行结果，分析各成本项目和消耗定额的变化及其原因，分析成本构成的变化趋势。

主要产品单位成本表一般分为产量、单位成本和主要经济技术指标三部分。该表的产量部分反映报告期的计划产量、实际产量、本年累计的计划产量和实际产量。该表的单位成本部分按照成本项目分别列出历史先进水平、上年实际平均、本年计划、本月实际和本年累计实际平均的单位成本。该表的主要技术经济指标主要反映主要原材料、燃料动力的消耗数量。

任务实施

【案例 4-2.1】 现以"精密机械厂202×年12月主要产品单位成本表"（表4-2.1）为例说明如何编制主要产品单位成本表。

表4-2.1 精密机械厂202×年12月主要产品单位成本表

产品名称：甲　　　　　　　　　本月计划产量：12　　　　　　　　本月实际产量：10 件
产品规格：　　　　　　　　　　本年累计计划产量：120　　　　　　本年累计实际产量：100 件
计量单位：件　　　　　　　　　　　　　　　　　　　　　　　　　销售单价：1 700 元

成本项目		历史先进水平	上年实际平均	本年计划	本月实际	本年累计实际平均
原材料		615	620	610	600	605
燃料动力		100	110	102	120	125
工资福利费		233	244	233	220	235
制造费用		307	326	305	300	280
产品单位成本		1 255	1 300	1 250	1 240	1 245
主要技术经济指标	计量单位	耗用量	耗用量	耗用量	耗用量	耗用量
主要原材料燃料动力		（略）	（略）	（略）	（略）	（略）

上表主要依据精密机械厂甲产品成本明细账、产品成本计划、上年度本表有关资料以及产品产量、原材料和工时的消耗量编制。该表按成本项目反映的"上年实际平均""本年计划""本月实际""本年累计实际平均"的单位成本应与产品生产成本表中该产品的单位成本相等。

【主要产品单位成本表的分析】

依据主要产品单位成本表、成本计划和各项消耗定额及各种业务技术资料进行分析。分析的程序：一般先检查产品单位成本比实际、比上年实际或比历史水平的升降情况；再按成本项目分析其增减变化，查明单位成本升降的具体原因。

一、主要产品单位成本变动的一般分析

按成本项目和单位成本将计划指标和实际指标对比，了解单位成本、直接材料、直接人工和制造费用的增减，寻找进一步分析的重点，找出成本超支或节约的具体原因。

【案例 4-2.2】 精密机械厂利用比较分析法编制的"精密机械厂主要产品单位成本计划完成情况分析表"见表4-2.2。

表4-2.2 精密机械厂主要产品单位成本计划完成情况分析表

产品名称：丙　　　　　　　　　　　　202×年12月

成本项目	单位成本/元			与上年实际对比		与本年计划对比	
	上年实际	本年计划	本年实际	降低额/元	降低率/%	降低额	降低率/%
直接材料	23	22	21	2	8.7	1	4.55
直接人工	18	16	20	-2	-11.11	-4	-25

续表

成本项目	单位成本/元			与上年实际对比		与本年计划对比	
	上年实际	本年计划	本年实际	降低额/元	降低率/%	降低额	降低率/%
制造费用	9	10	9.6	-0.6	-6.67	0.4	4
合计	50	48	50.6	-0.6	-1.2	-2.6	-5.42

可以看出，丙产品实际成本比计划超支 2.6 元，主要是直接人工超支 4 元，影响了单位成本计划的完成，因此还应对直接人工进一步分析。

二、主要成本项目分析

（一）直接材料费用分析

材料费用的变动主要受材料消耗量和单价两个因素的影响，其变动影响额可以用连环替代法加以分析。

材料消耗量变动的影响 = ∑（实际单位消耗量-计划单位消耗量）×计划单价

材料单价变动的影响 = ∑（实际单价-计划单价）×实际单位消耗量

【案例 4-2.3】　精密机械厂 202×年 12 月"乙产品直接材料分析表"见表 4-2.3。

表 4-2.3　乙产品直接材料分析表

202×年 12 月

材料名称	计量单位	耗用量		单价/元		原材料费用/元	
		计划	实际	计划	实际	计划	实际
A	千克	20	18	13.50	14	270	252
B	千克	32	30	8.75	9	280	270
合计	—	—	—	—	—	550	522

乙产品材料费用实际比计划减少 28 元（550-522），用连环替代法分析如下：

材料消耗量变动影响额 =（18-20）×13.50+（30-32）×8.75 = -44.50(元)

材料单价变动影响额 =（14-13.50）×18+（9-8.75）×30 = +16.50(元)

二者的综合影响额 =（-44.50）+16.50 = +28(元)（差异）

对于材料价格变动，可以结合市场供求和材料价格变动进一步具体分析。影响材料消耗量的因素包括产品结构变化、加工技术变化、产品设计改进、材料质量变化或材料代用、配料比例变化等，可以进一步分析。

（二）直接人工费用分析

分析产品单位成本中的工资费用，必须按照不同的工资制度和工资费用计入成本的方法进行。在计件工资制下，计件单价不变，单位成本中的工资费用一般不变；在计时工资制下，如果企业生产多种产品，则产品成本中的工资费用一般按生产工时比例分配，这时产品单位成本中工资费用的多少取决于单位工时消耗和小时工资率两个因素。单位产品消耗的工时越少，单位产成本分摊的工资费用越少；而小时工资率的变动则受计时工资总额和生产工时总数的影响。

单位产品工时变动对单位产品人工成本的影响

= ∑（实际工时数量-计划工时数量）×计划小时工资率

小时工资率变动对单位产品人工成本的影响

=∑(实际小时工资率−计划小时工资率)×实际工时数量

【案例 4-2.4】 现对精密机械厂202×年12月的直接人工费用资料进行分析，见表 4-2.4。

表 4-2.4 精密机械厂直接人工分析表

202×年12月

项目	计划	实际	差异
单位产品耗用工时/小时	400	410	+10
小时工资率/(元·小时⁻¹)	0.60	0.50	−0.1
单位产品工资费用/元	240	205	−35

根据上述资料分析单位产品工时变动和小时工资率对直接人工的影响程度。

单位产品工时变动对单位产品直接人工的影响

=(410−400)×0.6=+6(元)

小时工资率变动对单位产品直接人工的影响

=(0.5−0.6)×410=−41(元)

两因素共同影响的结果=(+6)+(−41)=−35(元)

可见甲产品单位成本中工资费用实际减少35元，这主要是小时工资率降低的结果。

在上述分析的基础上，应进一步分析影响工时变动和工资总额变动的因素。影响工时变动的因素主要有：生产组织的合理性、材料的质量和规格、生产工艺和操作方法、生产工作质量、设备性能和保养、工人技术熟练程度和劳动态度；影响工资总额变动的因素主要有：企业工资制度和奖励制度、产品特点、企业技术条件、工人素质和企业管理水平。

（三）制造费用分析

对制造费用的分析主要采用比较分析法，即通过实际数与基数的对比来揭示实际数与基数之间的差异。对单位成本中制造费用差异的分析，通常与计时工资制度下直接人工的分析相似，先分析单位产品所耗工时变动和小时费用率变动对制造费用的影响，再查明这两个因素变动的具体原因。

单位产品耗用工时变动对单位产品制造费用的影响

=∑(实际工时数量−计划工时数量)×计划小时费用率

小时费用率变动对单位产品制造费用的影响

=∑(实际小时费用率−计划小时费用率)×实际工时数量

【案例 4-2.5】 现对精密机械厂202×年12月的制造费用资料进行分析，见表 4-2.5。

表 4-2.5 精密机械厂制造费用分析表

202×年12月

项目	计划	实际	差异
单位产品耗用工时/小时	400	410	+10
小时费用率/(元·小时⁻¹)	0.90	0.75	−0.15
单位产品制造费用/元	360	307.5	−52.5

根据上述资料分析单位产品耗用工时变动和小时费用率对单位产品制造费用的影响程度。

单位产品耗用工时变动对单位产品制造费用的影响
$$=(410-400)\times0.9=+9(元)$$

小时费用率变动对单位产品制造费用的影响
$$=(0.75-0.90)\times410=-61.5(元)$$

两因素共同影响的结果$=(+9)+(-61.5)=-52.5(元)$

可见甲产品单位成本中工资费用实际减少52.5元，这主要是小时费用率降低的结果。

三、单位成本厂际对比分析

所谓单位成本厂际对比分析，即将本企业的单位成本与同行业企业或竞争对手的单位成本进行对比分析，以找出成本管理方面的差距，改进成本管理工作。

进行单位成本厂际分析，应注意产品和成本资料的可比性，即对比分析的对象应是同一品种、规格的单位成本，还应注意成本资料的可比性。

单位成本厂际分析一般按以下步骤进行：首先，对比分析同类型产品的单位成本及其各个成本项目，找出差距；其次，分析影响成本变动的各个因素，找出成本差距的主要原因；最后，研究和制定改进工作的措施与方案。

【案例4-2.6】 现对精密机械厂与北方公司202×年6月的单位成本资料进行分析，见表4-2.6。

表4-2.6 厂际成本分析表

202×年6月 金额单位：元

成本项目	精密机械厂	北方公司	差异
原材料	1 170	1 350	+180
燃料与动力	186	180	-6
工资与福利费	204	190	-14
制造费用	90	80	-10
每吨钢锭成本	1 650	1 800	+150

可见，北方公司每吨钢锭成本超过精密机械厂150元，主要是原材料成本超支180元，超支率为15.38%$\left(\dfrac{180}{1\ 170}\times100\%\right)$，其他成本项目均低于精密机械厂。进一步分析的重点是原材料成本项目。

影响原材料成本变动的因素主要有：合格钢锭的收合率、每千克金属材料的平均价格。

合格钢锭的收合率=(合格钢锭质量/投入金属质量)×100%

假定这两项指标的情况见表4-2.7。

表4-2.7 影响原材料成本变动的指标

指标	精密机械厂	北方公司	差异
合格钢锭的收合率/%	95	90	-5
每千克金属材料的平均价格/元	1.111 5	1.215	+0.103 5

（1）由于北方公司合格钢锭的收合率低于精密机械厂5%，使原材料费用增加，所以

$$\left(\frac{1\ 000}{90\%}-\frac{1\ 000}{95\%}\right)\times 1.111\ 5=65(元)$$

（2）由于北方公司每千克金属材料的平均价格高于精密机械厂0.103 5元，使原材料费用增加，所以

$$\frac{1\ 000}{90\%}\times 0.103\ 5=115(元)$$

以上两个因素的影响合计使每吨钢锭成本增加180元（65+115）。

【"任务导读"解析】

主要产品单位成本表是用来反映企业主要产品的单位成本信息，包括各种主要的生产耗费和形成的产品成本的报表。该表有助于企业管理部门了解和分析产品的实际单位成本以及成本控制情况，以便更好地进行生产和经营决策。具体来说，主要产品单位成本表有以下作用：①提供评价和管理产品质量的基础数据；②为制定产品销售价格提供重要依据；③有助于分析企业的盈利能力和竞争优势；④是编制预算、计划的重要参考之一。此外，通过比较上期或本年不同时期的主要产品单位成本及其构成比例，还可以掌握成本变动的规律，为企业成本管理提供更有价值的资料。

任务拓展

> 思考：主要产品单位成本表和产品生产成本表的内容有何区别？

悟道明理：数据分析的重要性

主要成本项目分析——直接材料分析

主要成本项目分析——直接人工分析

主要成本项目分析——制造费用分析

技能闯关

一、单项选择题

1. 在主要产品单位成本表中，不需要反映的指标是（　　）。

A. 上年实际平均单位成本　　　　　　B. 本年计划单位成本

C. 本月实际单位成本　　　　　　　　D. 本月实际总成本

2. 通过产品生产成本表，可以考核和分析（　　）成本降低计划的执行情况。

A. 可比产品　　　B. 不可比产品　　　C. 全部产品　　　D. 主要产品

3. 可比产品是指（　　），有完整的成本资料可以进行比较的产品。

A. 试制过　　　　　　　　　　　　　B. 国内正式生产过

C. 企业曾经正式生产　　　　　　　　D. 正在研制

二、多项选择题

1. 产品生产成本表中对于可比产品需要列出的单位成本有（　　　）。

A. 上年实际平均单位成本　　　　　　B. 本年计划单位成本

C. 本月实际单位成本　　　　　　　　D. 本年累计实际平均单位成本

E. 历史最好水平单位成本

2. 企业编制的成本报表中，除了产品生产成本表和主要产品单位成本表外，还要编制的其他成本报表有（　　　）。

A. 制造费用明细表　　　　　　　　　B. 财务费用明细表

C. 管理费用明细表　　　　　　　　　D. 销售费用明细表

E. 产品单位成本明细表

3. 按成本报表反映的内容可将其分为（　　　）等几类。

A. 产品生产成本表　　　　　　　　　B. 主要产品单位成本表

C. 制造费用明细表　　　　　　　　　D. 管理费用明细表

E. 专题分析表

4. 影响单位产品直接材料变动的因素主要有（　　　）。

A. 单位产品直接材料消耗数量　　　　B. 直接材料消耗数量

C. 材料单价　　　　　　　　　　　　D. 材料价格差异

E. 材料领用差异

三、判断题

1. 主要产品单位成本表中的一些数字可以在产品生产成本表中找到。（　　　）

2. 成本报表的种类、格式和内容必须符合国家有关部门的统一规定。（　　　）

3. 编制成本报表的目的主要是满足企业内部管理的需要。（　　　）

4. 可比产品成本实际降低率等于可比产品成本实际降低额除以全部可比产品以计划产量计算的全年总成本 。（　　　）

四、技能训练题

1. 国美家电制造有限公司202×年5月单位甲产品人工成本各因素计划数与实际数及其差异见表4-2.8。

表4-4-2.8　甲产品单位产品人工费用

项目	单位	计划数	实际数	差异
单位产品工时	小时	8.5	8.20	-0.30
小时薪酬率	元/小时	6.8	7.5	0.7
单位产品人工成本	元	57.80	61.50	3.7

要求：根据上述资料，测定该公司202×年5月甲产品各因素实际数与计划数的差异对单位产品人工成本的影响。

2. 太阳机械制造厂202×年12月生产甲产品32台（计划生产35台），全年累计生产440台（计划生产420台），该产品单位成本资料见表4-2.9。

表 4-2.9　甲产品单位成本　　　　　　　　　　金额单位：元

成本项目	历史先进水平	上年实际平均	本年计划	本月实际	本年累计实际平均
直接材料	312	325	320		320.96
直接人工	54	46	56		55.43
制造费用	63	45	67		50.61
产品生产成本	429	416	443		427

要求：根据上述资料将有关数据填入主要产品单位成本表，并对该产品成本资料进行分析。

学习心得

（1）学习内容的梳理——画思维导图。（50分）

（2）假如你是成本核算岗位的会计，学习本任务对你具体工作的指导和帮助有哪些？（可以包括但不限于如何选择和运用成本计算方法）（50分）

任务三　编制与分析各种费用明细表

任务导读

精密机械厂对其上半年各项期间费用进行了分析。通过对比去年同期数据，发现管理费用中的办公费用上涨了 20%，而销售费用中的差旅费用下降了 15%。

请问：如何对该厂的这些费用的增减变动进行进一步分析？如何找出原因并提供一些合理化建议？

任务陈述

为了更好地管理成本和优化资源配置，需要定期分析各种费用明细，本任务的目标是编制各种费用明细表，包括销售费用、管理费用、财务费用等，以便对企业的费用情况进行全面了解和分析。本任务所涉及的业务活动和单证如图 4-3.1 所示。

图 4-3.1　项目四任务三所涉及的业务活动和单证

任务分析

为了满足内部管理需求，在编制费用明细表之前，要明确费用明细表的目的和用途。根据费用明细表的目的和用途，确定费用明细表的编制范围，确保数据的完整性和准确性。根据费用明细表的目的和用途，选择合适的分析方法。

任务分析

【费用明细表的编制】

各项费用是指企业在生产经营过程中，各部门所发生的制造费用、产品销售费用、管理费用和财务费用。前者属于产品成本的组成部分，后三者属于期间费用。编制费用明细表，可以反映各项费用的计划执行情况，分析各项费用变动的原因及对其产品成本、当期损益的影响。

任务实施

一、各种费用明细表介绍

（一）制造费用明细表

该表是反映企业在报告期内发生的制造费用及其构成情况的报表，一般按制造费用项目分别反映各项目的本年计划数、上年同期实际数、本月实际数和本年累计实际数。该表制造费用只反映基本生产部门制造费用，不包括辅助生产部门制造费用。

【案例 4-3.1】　现以精密机械厂 202×年 12 月制造费用明细表为例说明如何编制制造费用明细表，见表 4-3.1。

表 4-3.1　精密机械厂制造费用明细表

202×年 12 月　　　　　　　　　　　　　　　　　金额单位：元

项目	本年计划	上年同期实际	本月实际	本年累计实际
工资	（略）	（略）	（略）	4 150
职工福利费				581
修理费				7 000
折旧费				3 520
办公费				725
取暖费				1 240
水电费				1 335

学习笔记

项目	本年计划	上年同期实际	本月实际	本年累计实际
机物料消耗				2 860
低值易耗品摊销				558
劳动保护费				760
租赁费				0
运输费				560
保险费				4 200
设计制图费				610
实验检验费				563
在产品盘亏与毁损				520
其他				360
合计				29 542

上表中，本年计划数根据制造费用预算填列；上年同期实际数根据上年度本表的"本年累计实际数"填列；本月实际数根据基本生产车间制造费用明细账的本月合计数填列；本年累计实际数根据基本生产车间制造费用明细账的本年累计发生额填列。

（二）管理费用明细表

该表是反映企业在报告期内发生的管理费用及其构成情况的报表，一般按管理费用项目分别反映各项目的本年计划数、上年同期实际数、本月实际数和本年累计实际数。

【案例 4-3.2】 现以精密机械厂 202×年 12 月管理费用明细表为例说明如何编制管理费用明细表，见表 4-3.2。

表 4-3.2 精密机械厂管理费用明细表

202×年 12 月   金额单位：元

成本项目	本年计划	上年同期实际	本月实际	本年累计实际
工资	（略）	（略）	（略）	9 950
职工福利费				1 479
折旧费				3 350
办公费				1 231
差旅费				2 920
运输费				4 918
保险费				2 080
租赁费				100
修理费				3 360
咨询费				0
诉讼费				0
排污费				1 880
绿化费				0

续表

成本项目	本年计划	上年同期实际	本月实际	本年累计实际
物料消耗费				990
低值易耗品摊销				818
无形资产摊销				780
长期待摊费用摊销				880
坏账损失				490
研究开发费				0
技术转让费				0
业务招待费				3 960
工会经费				2 080
职工教育经费				2 610
待业保险费				0
劳动保险费				3 820
税金：				7 080
房产税				3 000
车船使用税				3 000
土地使用税				1 410
印花税				390
存货盘亏与毁损				682
其他				0
合计				63 258

上表中，本年计划数根据管理费用预算填列；上年同期实际数根据上年度同期本表的本年累计实际数填列；本月实际数根据管理费用明细账的本月合计数填列；本年累计实际数根据管理费用明细账的本年累计发生额填列。

（三）销售费用明细表

该表是反映企业在报告期内发生的销售费用及其构成情况的报表，一般按销售费用项目分别反映各项目的本年计划数、上年同期实际数、本月实际数和本年累计实际数。

【案例4-3.3】 现以精密机械厂202×年12月销售费用明细表为例说明如何编制销售费用明细表，见表4-3.3。

表4-3.3 精密机械厂销售费用明细表

202×年12月   金额单位：元

项目	本年计划	上年同期实际	本月实际	本年累计实际
工资	（略）	（略）	（略）	2 908
职工福利费				493
业务费				130
运输费				3 970

学习笔记

项目	本年计划	上年同期实际	本月实际	本年累计实际
装卸费				2 190
包装费				3 770
保险费				996
展览费				0
广告费				4 220
差旅费				1 380
租赁费				0
低值易耗品摊销				640
办公费				896
委托代销手续费				0
销售服务费				0
折旧费				996
其他				0
合计				22 589

上表中，本年计划数根据销售费用预算填列；上年同期实际数根据上年度同期本表的本年累计实际数填列；本月实际数根据销售费用明细账的本月合计数填列；本年累计实际数根据销售费用明细账的本年累计发生额填列。

（四）财务费用明细表

该表是反映企业在报告期内发生的财务费用及其构成情况的报表，一般按财务费用项目分别反映各项目的本年计划数、上年同期实际数、本月实际数和本年累计实际数。

【案例4-3.4】 现以精密机械厂202×年12月财务费用明细表为例说明如何编制财务费用明细表，见表4-3.4。

表4-3.4 精密机械厂财务费用明细表

202×年12月   金额单位：元

项目	本年计划	上年同期实际	本月实际	本年累计实际
利息费用（减利息收入）	（略）	（略）	（略）	4 250
汇兑损失（减汇兑收益）				2 380
调剂外汇手续费				868
金融机构手续费				0
其他筹资费				0
合计				7 498

上表中，本年计划数根据财务费用预算填列；上年同期实际数根据上年度同期本表的本年累计实际数填列；本月实际数根据财务费用明细账的本月合计数填列；本年累计实际数根据财务费用明细账的本年累计发生额填列。

二、费用预算执行分析

对管理费用、财务费用、销售费用这些期间费用和制造费用进行分析，首先应根据费用明细表中的资料将本年累计实际数与本年计划数比较，确定其差异，然后分析差异原因。

【**案例 4-3.5**】　以制造费用为例，编制分析表，见表 4-3.5。

表 4-3.5　精密机械厂 202×年制造费用分析表

金额单位：万元

项目	本年计划	本年实际	实际比计划增减额
职工薪酬	6 213	6 384	171
折旧费	6 780	6 800	20
修理费	1 600	1 100	−500
办公费	730	720	−10
水电费	1 560	1 680	120
机物料消耗	2 750	2 740	−10
低值易耗品摊销	462	436	−26
劳动保护费	696	658	−38
租赁费	347	312	−35
保险费	586	584	−2
设计制图费	808	890	82
实验检验费	670	760	90
存货盘亏与毁损	0	280	280
其他	576	420	−156
制造费用合计	23 778	23 764	−14

分析表明，本年度制造费用总额实际比计划减少 14 万元，基本符合计划。管理费用、财务费用、销售费用这些期间费用和制造费用的分析方法相似，在此不再赘述。

特　别　提　示

各项费用存在差异时，应按各组成项目分别进行分析，同时注意不同费用项目的特点，不能简单地认为超支都是不合理的；同样，当某些费用减少时，其可能是工作业绩导致的，也可能是工作中的问题导致的，应具体问题具体分析。

在按费用项目分析时，应抓住重点，对费用支出比重大或与计划相比偏差较大的项目进行分析；特别注意那些非生产性的损失项目，因为它们与企业管理不善相关。进行费用项目分析时，不仅应将实际支出与计划指标对比，还应将实际支出与上年同期实际支出对比，以了解企业的成本管理水平和存在的问题。

下面以修理费为例，简要说明分析方法。

【**案例 4-3.6**】　精密机械厂 202×年制造费用中的修理费主要是车间机器设备的修理费，影响修理费实际脱离计划的因素有两个：一是修理工作小时数，二是修理工作单位成本。相关资料见表4-3.6。

表4-3.6　精密机械厂202×年修理费分析表

指标	计量单位	计划	实际	差异
修理费	元	1 600	1 100	−500
修理工作数量	小时	160	100	−60
修理工作单位成本	元/小时	10	11	+1

实际脱离计划差异 = 1 100 − 1 600 = −500（元）

各因素影响程度：

修理工作数量变动 = (100 − 160) × 10 = −600（元）

修理工作单位成本 = (11 − 10) × 100 = +100（元）

合计 = −500（元）

分析表明，修理费实际比计划减少500元，主要是修理工作数量（小时数）减少造成的，可以进一步分析原因。

为了深入研究各项费用变动的情况，评价费用支出的合理性，寻求减少费用支出的合理途径，可以按费用的用途和影响因素对上述费用进行如下划分。

（1）生产性费用。生产性费用包括折旧费、修理费、机物料消耗费等，这些费用在业务量一定的范围下相对固定，超过这个范围就可能增加。分析时应联系相关因素的变动评价其变动的合理性。

（2）管理性费用。管理性费用包括行政管理部门的工资、办公费、业务招待费等，分析时按明细项目与定额指标对比分析其变动原因。同时，应检查机构精简、简化职能、人员压缩等措施的执行情况。

（3）发展性费用。发展性费用包括职工教育经费、设计试验费用、研究开发费用等，这些费用与企业的发展相关，是对未来的投资。应将费用支出与实施效果联系，重点分析其支出的合理性。

（4）防护性费用。防护性费用包括劳动保护费、保险费等，这些费用支出与劳动条件的改善、安全生产相关，不能认为这类支出越少越好，必要时应加大有关的费用支出。

（5）非生产性费用。非生产性费用主要指材料、在产品、产成品的盘亏和毁损，这类支出越少越好。企业应加强产品质量管理、库存管理和相关经济责任制，尽力减少有关的损失。

【"任务导读"解析】

对该厂期间费用增减变化的情况的进一步分析显示，办公费用的上涨主要是由于租赁成本的上涨和新办公设备的购置，而差旅费用的减少则是由于线上销售渠道的拓展和客户拜访的减少。基于这些分析结果，可提出针对性的成本控制建议，如优化办公空间布局、采用更经济的办公设备采购方案、加强线上销售渠道的拓展等。

任务拓展

思考：除了从实际和计划方面编制与分析企业的各种费用明细表，还可以从哪些方面编制与分析费用明细表？

悟道明理：保守
国家及商业秘密

管理费用明细
表的编制

费用预算执行
分析

技能闯关

一、单项选择题

1. 下列不属于生产性费用的是（　　　）。

A. 折旧费　　　　　B. 修理费　　　　　C. 机物料消耗费　　D. 办公费

2. 对管理费用、财务费用、销售费用这些期间费用和制造费用进行分析，首先应根据费用明细表中的资料将本年实际数与（　　　）比较，确定其差异，然后分析差异原因。

A. 实际平均成本　　B. 计划数　　　　　C. 实际单位成本　　D. 实际总成本

3. 编制（　　　），可以反映各项费用的计划执行情况，分析各项费用变动的原因及对产品成本、当期损益的影响。

A. 费用明细表　　　　　　　　　B. 产品生产成本表

C. 主要产品单位成本表　　　　　D. 财务费用明细表

4. 不属于产品生产成本表所反映内容的是（　　　）。

A. 报告期内全部产品总成本

B. 报告期内各主要产品单位成本

C. 报告期内全部产品各成本项目的总成本

D. 报告期内各项期间费用

二、多项选择题

1. 为了深入研究各项费用变动的情况，评价费用支出的合理性，寻求减少费用支出的合理途径，可以按费用的用途和影响因素将费用分为（　　　）。

A. 生产性费用　　B. 管理性费用　　C. 发展性费用　　　D. 防护性费用

E. 非生产性费用

2. 按可比产品和不可比产品编制产品生产成本表，分别反映各种产品的产量和单位成本，对编制的成本报表应从哪两个方面分析？（　　　）

A. 对全部产品成本计划完成情况总括评价

B. 可比产品成本降低计划完成情况分析

C. 对部分产品成本计划完成情况总括评价

D. 以本年实际成本和预测成本进行比较

3. 以下属于管理性费用的是（　　　）。

A. 行政管理部门的工资　　　　　B. 业务招待费

C. 产成品的盘亏和毁损　　　　　D. 劳动保护费、保险费等

学习笔记

学习心得

（1）学习内容的梳理——画思维导图。（50分）

（2）假如你是成本核算岗位的会计，学习本任务对你具体工作的指导和帮助有哪些？（可以包括但不限于如何选择和运用成本计算方法）（50分）

项目总结

　　成本报表是会计报表体系的重要组成部分，是企业内部报表中的主要报表。成本报表的编制、成本报表的分析是本项目的两大工作任务。成本报表的编制和分析是成本会计的重要内容，是产品成本控制的重要手段。编制成本报表，可以综合反映企业产品生产的耗费与成本水平，反映各成本中心的成本管理业绩；分析成本报表，有利于日常成本控制，并为企业成本和利润预测提供信息。成本报表编制是成本报表分析的基础；成本报表分析是成本报表编制的目的和归宿。通过成本报表分析，可以揭示成本差异，分析成本升降的原因。

　　成本分析方法通常有比较分析法、比率分析法、因素分析法等，通过比较分析，可揭示成本的差异，分析成本升降的原因。成本分析的内容包括产品生产成本完成分析、主要产品单位成本分析、费用预算分析。

项目五 运用分批法计算产品成本

📋 **项目导读**

不同企业的生产类型和管理要求是不同的，不论属于何种生产类型、采用何种生产工艺、实现何种成本管理要求，最终都必须计算出产品成本。

在单件小批生产企业中，生产往往是按照客户的订单组织的。由于各个订单对产品的品种、规格、数量、质量、交货日期均有不同的要求，且客户订单确定的产品所用原材料及制造方法一般也不一致，所以为了保质、保量地按期交货，必须根据订单分批组织生产，并按产品批别核算产品成本。

📋 **学习目标**

知识目标	能力目标	素质目标
1.了解分批法的含义及适用范围 2.理解分批法的特点 3.掌握一般分批法的计算程序及成本计算方法 4.掌握简化分批法的计算程序及成本计算方法	1.能够按照产品批别设置基本生产成本明细账 2.能够运用一般分批法正确归集和分配各项生产费用，编制费用分配表，据以进行相应的账务处理 3.能够运用简化分批法正确归集和分配各项生产费用，编制费用分配表，据以进行相应的账务处理	1.具备扎实的分批法的理论知识和实践经验，能够熟练掌握使用分批法计算产品成本的方法和技巧 2.具备良好的分析能力和解决问题的能力，能够独立思考和解决成本管理问题 3.具备团队合作精神和良好的沟通能力，能够与其他人员紧密合作，共同完成企业成本管理目标 4.具备持续学习和改进的态度，能够不断更新自己的知识和技能水平，以适应不断变化的市场环境和财务管理需求

任务一 选择分批计算产品成本

▶ **任务导读**

李华是银杏服装厂的一名成本核算员。该厂下设一个基本生产车间，有一个辅助生产车间，生产针织棉女长袖衬衫、针织棉女短袖衬衫、针织棉男长袖衬衫等产品。该厂是从事小批量订单加工且管理上不要求分步骤计算成本的多步骤生产企业。

请问：根据该厂的实际生产情况，李华会选择哪种方法计算该厂的产品成本？

任务陈述

在单件小批生产企业中，生产往往是按照客户的订单组织的。由于各个订单对产品的品种、规格、数量、质量、交货日期均有不同的要求，且客户订单确定的产品所用原材料及制造方法一般也不一致，所以为了保质、保量地按期交货，必须根据订单分批组织生产，并按产品批别计算产品成本。

分批法学习任务示意如图5-1.1所示。

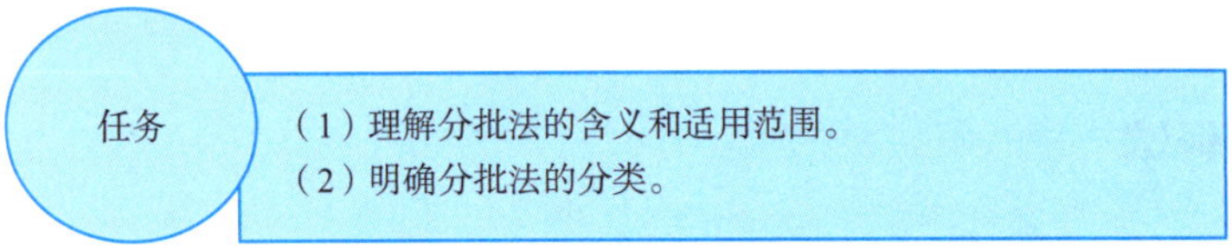

任务
（1）理解分批法的含义和适用范围。
（2）明确分批法的分类。

图5-1.1　分批法学习任务示意

任务分析

采用分批法计算产品成本，是以产品批别为成本计算对象的，企业应该首先按产品批别设置生产成本明细账，按成本项目设置专栏；然后根据各种费用分配表，按批别或订单归集分配生产费用，计算各批完工产品总成本和单位成本。

知识准备

一、分批法的含义及适用范围

分批法是按产品的批别归集生产费用，计算产品成本的一种方法。产品批别在成批组织产品生产的企业或部门中，是按照一定品种、一定批量的产品划分的。因此，分批法也就是计算一定品种、一定批量的产品成本的方法。在实际工作中，产品的品种和每批产品的批量往往是根据客户订单确定的。因此，按照产品批别计算产品成本，往往也是按照订单计算产品成本，故分批法也称为订单法。

分批法主要适用于单件小批且管理上不要求分步骤计算成本的多步骤生产企业和管理上要求分批计算成本的单件小批单步骤生产企业，如精密仪器、专用设备、船舶制造、重型机械制造等生产企业。分批法主要适用于以下生产情况。

（1）根据购买者订单生产的企业。有些企业专门根据购买者的要求，生产特殊规格、规定数量的产品。购买者的定货可能是单件的大型产品，如船舶、大型锅炉；也可能是多件同样规格的产品，如根据定货工厂的设计图样生产几件实验室用的特种仪器。

（2）产品种类经常变动的小规模制造企业，如塑料制品厂、小五金工厂等。由于它们规模小、工人数量少，同时要根据市场需要不断变动产品的种类和数量，不可能按产品设置流水线大量生产，所以必须按每批产品的投入计算其成本。

（3）承揽修理业务的工厂。由于修理业务多种多样，所以要按承接的各种修理业务分别计算成本，向客户收取货款。这类企业往往要根据合同规定，在生产成本的基础上加一定比例或一定数额的约定利润以确定修理收入，因此必须分别计算每次修理业务的成本，如修船等业务。

（4）新产品试制车间。专门试制开发新产品的车间，可按新产品的种类分别计算成本。

二、分批法的分类

分批法因其采用的间接计入费用的分配方法不同，分成一般分批法和简化分批法。

（一）一般分批法

采用当月分配率来分配间接计入费用的分批法称为一般分批法，也就是分批计算在产品成本的分批法。

（二）简化分批法

采用累计分配率来分配间接计入费用的分批法称为简化分批法，也称为不分批计算在产品成本的分批法，是一般分批法的简化形式。

一般分批法和简化分批法的区别见表5-1.1。

表5-1.1　一般分批法和简化分批法的区别

项目	一般分批法	简化分批法
适用范围不同	单件小批生产	生产批数特别多且月末未完工的批数多
分配间接计入费用不同	采用当月分配率分批计算在产品成本	采用累计分配率不分批计算在产品成本
账簿设置不同	按照批别设置产品成本明细账	按照批别设置产品成本明细账，另外需要设置基本生产成本二级账

任务实施

（1）正确理解分批法的含义和适用范围。

（2）掌握分批法的分类。

【"任务解读"】

根据银杏服装厂的生产组织方式及产品成本核算要求，它是小批订单加工且管理上不要求分步骤计算成本的多步骤生产企业，因此建议李华选择分批法计算该厂的产品成本。

任务拓展

收集资料：选用一般分批法核算成本的企业，其生产背景具有哪些特点？管理上的要求是什么？

学习笔记

悟道明理：创新
驱动发展战略

分批法的含义

分批法助你精准
掌握产品成本

分批法的分类

技能闯关

一、单项选择题

1. 下列成本计算方法中不属于成本计算基本方法的是（　　　）。

A. 品种法　　　　　B. 分类法　　　　　C. 分步法　　　　　D. 分批法

2. 分批法的成本计算对象是（　　　）。

A. 产品的批别　　　B. 产品的品种　　　C. 生产的步骤　　　D. 产品的类别

3. 分批法的特点是（　　　）。

A. 按品种计算产品成本　　　　　　　B. 按月计算产品成本

C. 按步骤计算产品成本　　　　　　　D. 按批别计算产品成本

4. 通常情况下，可采用分批法计算产品成本的企业是（　　　）。

A. 纺织厂　　　　　B. 发电厂　　　　　C. 造纸厂　　　　　D. 造船厂

5. 采用分批法计算产品成本的企业，其成本计算单的设置应按（　　　）。

A. 产品批别　　　　B. 生产日期　　　　C. 产品种类　　　　D. 客户要求

6. 分批法一般是按客户的订单来计算产品成本的，因此也叫作（　　　）。

A. 订单法　　　　　B. 系数法　　　　　C. 分类法　　　　　D. 定额法

二、多项选择题

1. 分批法适用于（　　　）。

A. 小批生产　　　　B. 大批生产　　　　C. 单件生产　　　　D. 多步骤生产

2. 在分批法下，产品批别可以按（　　　）确定。

A. 客户的订单　　　　　　　　　　　B. 一张订单下不同的产品

C. 相同产品的不同订单　　　　　　　D. 产品的种类

三、判断题

1. 分批法下的产品批量必须与购买者的订单一致。（　　　）

2. 如果一张订单规定有几种产品，则应合为一批组织生产。（　　　）

学习心得

（1）学习内容的梳理——画思维导图。（50分）

（2）假如你是成本核算岗位的会计，学习本任务对你具体工作的指导和帮助有哪些？（可以包括但不限于如何选择和运用成本计算方法）（50分）

任务二　运用一般分批法计算产品成本

▶ 任务导读

李华是银杏服装厂的一名成本核算员，该厂是从事小批订单加工且管理上不要求分步骤计算成本的多步骤生产企业。根据该厂的实际生产情况，李华选择分批法计算产品成本。

请问：李华会采用一般分批法还是简化分批法计算该厂的产品成本呢？成本计算的过程是怎样的呢？

▶ 任务陈述

在单件小批生产企业中，生产往往是按照客户的订单组织的。由于各个订单对产品的品种、规格、数量、质量、交货日期均有不同的要求，且客户订单确定的产品所用原材料及制造方法一般也不一致，所以为了保质、保量地按期交货，必须根据订单，分批组织生产，并按产品批别计算产品成本。

▶ 任务分析

采用分批法计算产品成本，是以产品批别为成本计算对象的。企业应该首先按产品批别设置生产成本明细账，按成本项目设置专栏；然后根据各种费用分配表，按批别或订单归集与分配生产费用，计算各批完工产品总成本和单位成本。

▶ 知识准备

一、一般分批法的含义及适用范围

一般分批法是按产品的批别归集生产费用，计算产品成本的一种方法。在实际工作中，产品的品种和每批产品的批量往往是根据客户订单确定的。

分批法主要适用于单件小批且管理上不要求分步骤计算成本的多步骤生产企业和管理上要求分批计算成本的单件小批单步骤生产企业，如精密仪器、专用设备、船舶制造、重型机械制造等生产企业。

二、一般分批法的特点

（一）成本计算对象

一般分批法的成本计算对象是产品的批别或订单。当一份订单中只有一种产品且要求同时交货时，就将该订单作为成本计算对象；如果一份订单中有几种产品或虽有一种产品但数量较多而且要求分批交货时，就要由企业生产计划部门按批别开立内部订单，以此组织生产，并作为成本计算对象；当不同的订单订购同一种产品时，也可以合并订单为一个批别来设置生产成本明细账，组织生产。

在分批法下，产品成本明细账按订单或批别开设。归集生产费用时，能按订单或批别划分的直接费用，要直接计入各成本明细账的有关项目，不能按订单或批别划分的间接费用，需要先按费用发生地点和用途进行归集，再采用一定方法，按一定标准分配计入各成本明细账的有关项目。

（二）成本计算期

为了保证各批产品成本计算的正确性，各批产品成本明细账的设立和结算应与生产任务通知单的签发和结束密切配合，协调一致。各批产品的总成本和单位成本，需要在该批产品完工后才能计算确定，因此产品成本计算期与产品的生产周期相同，与会计核算的报告期不一致。但采用分批法计算产品成本时，各批产品发生的费用也是按月归集的。

（三）生产费用在完工产品与在产品之间的分配

采用一般分批法计算产品成本时，由于成本计算期与产品的生产周期一致，所以在月末计算产品成本时，一般不存在在完工产品与在产品之间分配费用的问题。但在产品批量较大，批内产品有跨月陆续完工交货的情况下，就有必要计算完工产品和月末在产品成本，以便计算先交货的产品成本。如果同一批别内，完工产品的数量多，在产品的数量少，可采用约当产量法、定额比例法等方法，分配计算完工产品和月末在产品成本。如果同一批别内，月末完工产品数量占批量比重较小，通常做法是对先完工产品按计划单位成本或定额单位成本，或最近一批相同产品的实际单位成本计价，从该批产品的成本明细账中转出，剩余数额即在产品成本。在该批产品全部完工时，还应计算该批产品的实际总成本和单位成本。对已经结账的完工产品，不做账面调整。

三、一般分批法的计算程序

（一）按批别开设基本生产成本明细账

成本会计应根据生产计划部门签发的生产令号所指定的产品批别，为每批产品开设基本生产成本明细账（产品成本计算单）。

（二）按批别归集、分配生产费用

采用一般分批法计算产品成本，要求在记录各种费用发生的原始凭证上注明产品批别，以方便产品成本的计算。对于单一批别产品承担的直接计入费用，按原始凭证注明的订单或批别直接汇总计入各批产品的基本生产明细账；对几批产品共同承担的间接计入费用，则要按照一定的标准在各批产品之间进行分配，记入有关各批产品的基本生产成本明细账。

（三）按批别计算完工产品成本

某一批别产品完工后，该批产品的基本生产成本明细账中所归集的生产费用即该批产品总成本，以总成本除以该批产品的数量即单位成本。

四、一般分批法下成本核算的账户设置

（一）"基本生产成本"账户

在一般分批法下，该账户应按产品批别分设明细账，明细账中按成本项目分设专栏或专行，登记该批产品的月初在产品成本、本月发生的生产费用、本月完工产品成本和月末在产品成本。

（二）"辅助生产成本"账户

该账户应按辅助生产部门及其生产的产品、劳务分设辅助生产明细账，按辅助生产成本项目或费用项目设置专栏或专行进行明细登记。

（三）"制造费用"账户

该账户按不同的部门设置明细账，该账户内按费用项目设置专栏或专行进行明细登记。

（四）其他有关成本账户的设置

为了归集和结转期间费用，应分别设置"管理费用""销售费用""财务费用"账户。企业若单独核算废品损失和停工损失，则应设置"废品损失"和"停工损失"总账账户。

任务实施

一、企业202×年6月概况及成本核算财务制度

（一）企业简介

银杏服装厂从事小批订单加工，有一个基本生产车间和一个辅助生产供电车间，是管理上不要求分步骤计算成本的多步骤生产企业，因此其产品成本采用一般分批法计算。

（二）企业成本核算财务制度

材料以实际成本计价，发出材料时按全月一次加权平均法计算其发出成本。原材料在生产开始时一次投入。材料费用按耗用对象进行分配，对于各批产品共同耗用的材料费用，依据各批产品定额费用比例进行分配。

外购燃料与动力费用按领料单位进行归集与分配。

直接人工按工时比例法分配。

辅助生产车间发生的费用采用直接分配法分配。

制造费用按产品工时比例法分配。

该厂由于批量少、管理严格、废品率低，所以不考虑废品损失费用。

生产费用在完工产品和月末在产品之间需要根据各批别完工情况选择合适的方法进行分配。

6月各批别生产情况见表5-2.1。

表5-2.1　6月份各批别生产情况

银杏服装厂　　　　　　　　　　　　　202×年6月　　　　　　　　　　　　　件

批别	产品名称	投产日期	生产批量	预计完工时间	本月完工数量	备注
1001 批	针织棉女长袖衬衫	202×.5.16	29 600	202×.6	29 600	上月投产本月完工
1002 批	针织棉女短袖衬衫	202×.6.3	16 200	202×.6	10 000	本月部分完工
1003 批	针织棉男长袖衬衫	202×.6.10	9 200	202×.6	9 200	本月全部完工
1004 批	针织棉女长袖衬衫	202×.6.15	13 000	202×.7	0	本月未完工

各批别产品材料定额费用见表5-2.2。

表5-2.2　各批别产品材料定额费用　　　　　　　　　　　　　元

批别	定额费用	批别	定额费用
1001 批	29 600	1003 批	9 200
1002 批	16 200	1004 批	13 000

月初在产品成本见表5-2.3。

表5-2.3　月初在产品成本　　　　　　　　　　　　　元

批别	直接材料	直接人工	燃料及动力	制造费用	合计
1001 批	167 666.24	93 032	53 045	28 134.2	341 877.44

二、各项要素费用的核算

（一）原材料费用的核算

原材料费用分配表见表5-2.4。

表5-2.4　原材料费用分配表

单位：银杏服装厂　　　　　　　　　　202×年6月30日　　　　　　　金额单位：元

应借账户			间接计入费用			直接计入费用	合计
总账账户	明细账户	成本或费用项目	分配标准	分配率	分配额		
基本生产成本	1001 批	直接材料	29 600		2 089.76	16 872	18 961.76
	1002 批	直接材料	16 200		1 143.72	114 696	115 839.72
	1003 批	直接材料	9 200		649.52	76 820	77 469.52
	1004 批	直接材料	13 000		917.00	116 545	117 462
	小计		68 000	0.070 6	4 800	324 933	329 733

续表

应借账户			间接计入费用			直接计入费用	合计
总账账户	明细账户	成本或费用项目	分配标准	分配率	分配额		
辅助生产成本	供电车间	直接材料				520	520
制造费用	基本生产车间	物料消耗				520	520
管理部门		物料消耗				1 040	1 040
销售部门		物料消耗				1 820	1 820
合计					4 800	328 833	333 633

根据原材料费用分配表编制记账凭证，见表5-2.5，据以登记总账和明细账。

表5-2.5 记账凭证

单位：银杏服装厂　　　　　　　202×年6月30日　　　　　　　记字第　号

摘要	总账科目	明细科目	借方金额	贷方金额	记账
领用材料	基本生产成本	1001批（直接材料）	18 961.76		
	基本生产成本	1002批（直接材料）	115 839.72		
	基本生产成本	1003批（直接材料）	77 469.52		
	基本生产成本	1004批（直接材料）	117 462		
	辅助生产成本	供电车间（物料消耗）	520		
	制造费用	基本生产车间（机物料）	520		
	管理费用		1040		
	销售费用		1 820.00		
	原材料	主要材料、辅助材料、办公材料等		328 833.00	
	周转材料	包装物		4 800	
合计			333 633.00	333 633.00	

（二）燃料费用的核算

根据燃料费用分配表编制记账凭证，见表5-2.6，据以登记总账和明细账。

表5-2.6 记账凭证

单位：银杏服装厂　　　　　　　202×年6月30日　　　　　　　记字第　号

摘要	总账科目	明细科目	借方金额	贷方金额	记账
领用燃料	辅助生产成本	供电车间（燃料）	61 920		
	制造费用	基本生产车间（燃料）	4 320		
	管理费用		2 160		
	销售费用		720		
	燃料			69 120	
合计			69 120	69 120	

（三）外购动力费用的核算

根据外购动力费用分配表编制记账凭证，见表5-2.7，据以登记总账和明细账。

表5-2.7 记账凭证

单位：银杏服装厂　　　　　　　202×年6月30日　　　　　　　记字第　号

摘要	总账科目	明细科目	借方金额	贷方金额	记账
分配外购动力费用	辅助生产成本	供电车间（水电费）	45 220		
	制造费用	基本生产车间（水电费）	5 100		
	管理费用	（水电费）	1 870		
	销售费用	（水电费）	3 400		
	应付账款			55 590	
合计			55 590	55 590	

（四）职工薪酬费用的核算

根据职工薪酬费用分配表编制记账凭证，见表5-2.8，据以登记总账和明细账。

表5-2.8 记账凭证

单位：银杏服装厂　　　　　　　202×年6月30日　　　　　　　记字第　号

摘要	总账科目	明细科目	借方金额	贷方金额	记账
计提职工薪酬费用	基本生产成本	1001批（直接人工）	84 115		
	基本生产成本	1002批（直接人工）	50 250		
	基本生产成本	1003批（直接人工）	49 010		
	基本生产成本	1004批（直接人工）	21 625		
	辅助生产成本	供电车间（职工薪酬）	16 300		
	制造费用	基本生产车间（职工薪酬）	32 100		
	管理费用		42 600		
	销售费用		40 100		
	应付职工薪酬			336 100	
合计			336 100	336 100	

根据社会保险费计提表编制记账凭证，见表5-2.9，据以登记总账和明细账。

表5-2.9 记账凭证

单位：银杏服装厂　　　　　　　202×年6月30日　　　　　　　记字第　号

摘要	总账科目	明细科目	借方金额	贷方金额	记账
计提职工社保费用	基本生产成本	1001批（直接人工）	26 328		
	基本生产成本	1002批（直接人工）	15 728.25		
	基本生产成本	1003批（直接人工）	15 340.13		

续表

摘要	总账科目	明细科目	借方金额	贷方金额	记账
	基本生产成本	1004 批（直接人工）	6 768.62		
	辅助生产成本	供电车间（职工薪酬）	5 101.9		
	制造费用	基本生产车间（职工薪酬）	10 047.3		
	管理费用		13 333.8		
	销售费用		12 551.3		
	应付职工薪酬			105 199.3	
合计			105 199.3	105 199.3	

（五）折旧费用的核算

根据表 5-2.9 编制记账凭证，见表 5-2.10，据以登记总账和明细账。

表 5-2.10　记账凭证

单位：银杏服装厂　　　　　　　　202×年 6 月 30 日　　　　　　　　记字第　号

摘要	总账科目	明细科目	借方金额	贷方金额	记账
计提折旧费	制造费用	基本生产车间（折旧费）	13 920		
	辅助生产成本	供电车间（折旧费）	3 000		
	管理费用		3 500		
	销售费用		2 600		
	累计折旧			23 020	
合计			23 020	23 020	

（六）其他要素费用的核算

根据其他费用分配汇总表编制记账凭证，见表 5-2.11，据以登记总账和明细账。

表 5-2.11　记账凭证

单位：银杏服装厂　　　　　　　　202×年 6 月 30 日　　　　　　　　记字第　号

摘要	总账科目	明细科目	借方金额	贷方金额	记账
支付其他费用	制造费用	其他（办公、保险、报刊）	5 330		
	辅助生产成本	供电车间（其他）	1 730		
	管理费用		13 560		
	销售费用		3 420		
	财务费用		2 800		
	银行存款			26 840	
合计			26 840	26 840	

（七）辅助生产费用的归集与分配

辅助生产成本明细账的登记此处不再赘述。

根据辅助生产费用分配表编制记账凭证，见表5-2.12，据以登记总账和明细账。

表5-2.12　记账凭证

单位：银杏服装厂　　　　　　　　202×年6月30日　　　　　　　　记字第　号

摘要	总账科目	明细科目	借方金额	贷方金额	记账
分配辅助生产费用	基本生产成本	1001 批（燃料及动力）	47 864		
	基本生产成本	1002 批（燃料及动力）	35 598.85		
	基本生产成本	1003 批（燃料及动力）	31 171.43		
	基本生产成本	1004 批（燃料及动力）	19 157.62		
	辅助生产成本	供电车间		133 791.9	
合计			133 791.9	133 791.9	

（八）制造费用的归集与分配

根据制造费用分配表编制记账凭证，见表5-2.13，据以登记总账和明细账。

表5-2.13　记账凭证

单位：银杏服装厂　　　　　　　　202×年6月30日　　　　　　　　记字第　号

摘要	总账科目	明细科目	借方金额	贷方金额	记账
分配制造费用分配	基本生产成本	1001 批（制造费用）	26 751.6		
	基本生产成本	1002 批（制造费用）	17 834.4		
	基本生产成本	1003 批（制造费用）	17 834.4		
	基本生产成本	1004 批（制造费用）	8 916.9		
	制造费用			71 337.3	
合计			71 337.3	71 337.3	

（九）产品成本的核算

各批产品成本的核算见表5-2.14～表5-2.18。

表5-2.14　产品成本计算单

产品批别：1001　　　　　　　202×年6月　　　　　　生产数量：29 600件

产品名称：针织棉女长袖衬衫　完工日期：6月（本月完工 29 600件）　　　金额单位：元

成本项目	直接材料	直接人工	燃料及动力	制造费用	合计
月初在产品成本	167 666.24	93 032	53 045	28 134.2	341 877.44
本月生产费用	18 961.76	110 443	47 864	26 751.6	204 020.36
生产费用合计	186 628	203 475	100 909	54 885.8	545 897.8

续表

成本项目	直接材料	直接人工	燃料及动力	制造费用	合计
完工产品成本 （29 600 件）	186 628	203 475	100 909	54 885.8	545 897.8
完工产品单位成本	6.305 0	6.874 2	3.409 1	1.854 3	18.442 5

　　1002 批别产品本月完工数量较大，原材料是在生产开始时一次投入，其费用可以按照完工产品和在产品的实际数量比例分配；其他费用采用约当产量法在完工产品与在产品之间分配，在产品完工程度为 60%。

表 5-2.15　产品成本计算单

产品批别：1002 批　　　　　　　　202×年 6 月　　　　　　　生产数量：16 200 件

产品名称：针织棉女短袖衬衫　　　　投产日期：6 月　　　　　　　完工日期：7 月

本月完工 10 000 件　　　　　　　　未完工 6 200 件　　　　　　　金额单位：元

成本项目	直接材料	直接人工	燃料及动力	制造费用	合计
本月生产费用	115 839.72	65 978.25	35 598.85	17 834.4	235 251.22
生产费用合计	115 839.72	65 978.25	35 598.85	17 834.4	235 251.22
完工产品成本 （10 000 件）	71 506	48 089	25 947	12 999	158 541
完工产品数量	10 000	10 000	10 000	10 000	10 000
在产品的约当产量	6 200	6 200×60%	6 200×60%	6 200×60%	
月末在产品成本	44 333.72	17 889.25	9 651.85	4 835.4	76 710.22
完工产品单位成本	7.150 6	4.808 9	2.594 7	1.299 9	15.854 1

表 5-2.16　产品成本计算单

产品批别：1003 批　　　　　　　　202×年 6 月　　　　　　　生产数量：9 200

产品名称：针织棉男长袖衬衫　　　投产日期：6 月　完工日期：6 月（本月完工 9 200 件）

金额单位：元

成本项目	直接材料	直接人工	燃料及动力	制造费用	合计
本月生产费用	77 469.52	64 350.13	31 171.43	17 834.4	190 825.48
生产费用合计	77 469.52	64 350.13	31 171.43	17 834.4	190 825.48
完工产品总成本	77 469.52	64 350.13	31 171.43	17 834.4	190 825.48
完工产品单位成本	8.420 6	6.994 6	3.388 2	1.938 5	20.741 9

表 5-2.17　产品成本计算单

产品批别：1004 批　　　　　　　　202×年 6 月　　　　　　　生产数量：13 000

产品名称：针织棉女长袖衬衫　　　投产日期：6 月　　　　　完工日期：（本月完工 0 件）

金额单位：元

成本项目	直接材料	直接人工	燃料及动力	制造费用	合计
本月生产费用	117 462	28 393.62	19 157.62	8 916.9	173 930.14
生产费用合计	117 462	28 393.62	19 157.62	8 916.9	173 930.14
在产品总成本	117 462	28 393.62	19 157.62	8 916.9	173 930.14

表 5-2.18　完工产品成本汇总表

202×年 6 月　　　　　　　　　　　　　　金额单位：元

生产批别	产品名称	本月完工数量/件	直接材料	直接人工	燃料及动力	制造费用	产品总成本	单位成本
1001 批	针织棉女长袖衬衫	29 600	186 628	203 475	100 909	54 885.8	545 897.8	18.442 5
1002 批	梭织棉女短袖衬衫	10 000	71 506	48 089	25 947	12 999	158 541	15.854 1
1003 批	桑蚕丝女长袖衬衫	9 200	77 469.52	64 350.13	31 171.43	17 834.4	190 825.48	20.741 9

根据完工产品成本汇总表编制记账凭证，见表 5-2.19，据以登记总账和明细账。

表 5-2.19　记账凭证

单位：银杏服装厂　　　　　　202×年 6 月 30 日　　　　　　记字第　号

摘要	总账科目	明细科目	借方金额	贷方金额	记账
结转完工产品成本	库存商品	1001 批	545 897.8		
	库存商品	1002 批	158 541		
	库存商品	1003 批	190 825.48		
	基本生产成本	1001 批		545 897.8	
	基本生产成本	1002 批		158 541	
	基本生产成本	1003 批		190 825.48	
合计			895 264.28	895 264.28	

（十）成本报表

"银杏服装厂 202×年 6 月主要产品单位成本表" 见表 5-2.20。

表 5-2.20　银杏服装厂 202×年 6 月主要产品单位成本表

产品批别：1003 批　　　　　　　　　　　　产品名称：桑蚕丝女长袖衬衫

生产数量：9 200 件（本月完工 9 200 件）　　　　　　　金额单位：元

成本项目	历史先进水平	上年实际平均	本年计划	本月实际	本年累计实际平均
直接材料	—	—	—	8.420 6	—
直接人工	—	—	—	6.994 6	—
燃料及动力	—	—	—	3.388 2	—
制造费用	—	—	—	1.938 5	—
产品单位成本	—	—	—	20.741 9	—

【"任务导读"解析】

银杏服装厂从事小批订单生产，订单量不多，根据该厂的实际生产情况，李华选择一般分批法计算该厂的产品成本。

成本计算的过程如下。

（1）按批别开设基本生产成本明细账。

（2）按批别归集、分配生产费用。

（3）按批别计算完工产品成本。

任务拓展

根据所学知识分析：选用一般分批法计算产品成本的企业，其生产背景具有哪些特点？管理上的要求是什么？

悟道明理：增强"四个自信"　　一般分批法的特点　　一般分批法的核算程序　　企业成本核算财务制度如何制定

技能闯关

一、单项选择题

1. 分批法的成本计算期一般按（　　）。

A. 月份归集　　　B. 生产合同　　　C. 生产周期　　　D. 会计核算期

2. 分批法的特点是（　　）。

A. 按品种计算产品成本　　　　　　B. 按月计算产品成本

C. 按步骤计算产品成本　　　　　　D. 按批别计算产品成本

3. 采用分批法计算产品成本的企业，其应按（　　）成本计算单设置。

A. 产品批别　　　B. 生产日期　　　C. 产品种类　　　D. 客户要求

二、多项选择题

1. 采用分批法计算产品成本时，如果批内产品跨月陆续完工的情况不多，完工产品数量占全部批量的比重很小，则先完工的产品可以按（　　）计价，从产品基本生产成本明细账转出。

A. 按计划单位成本　　　　　　　　B. 按定额单位成本

C. 按近期相同产品的实际单位成本　　D. 按实际单位成本

2. 采用分批法计算产品成本时，如果批内产品跨月陆续完工的情况较多，完工产品数量占全部批量的比重较大，则可以采用（　　）方法在完工产品和在产品之间分配费用。

A. 约当产量比例法

B. 按近期相同产品的实际单位成本计价

C. 定额比例法

D. 计划单位成本计价

三、判断题

1. 采用分批法，如果批内产品跨月陆续完工的情况不多，完工产品数量占全部批量比重较小，则完工产品可按计划成本或定额成本计算。　　　　　　　（　　）

2. 采用分批法计算产品成本时，必须在该批产品全部完工时才能计算成本。

（　　）

四、技能训练题

【练习产品成本计算的一般分批法】

资料：某制造企业根据客户定单小批生产甲、乙两种产品，采用分批法计算产品成本。202×年7月生产情况及生产费用发生情况见表5-2.21、表5-2.22。

（1）本月生产产品的批别。

501批甲产品10台，5月投产，本月全部完工。

601批甲产品20台，6月投产，本月完工13台，未完工7台。

701批乙产品18台，本月投产，计划8月完工，本月提前完工2台。

（2）本月的成本资料。

①各批别产品月初在产品成本见表5-2.21。

表5-2.21　月初在产品成本资料

金额单位：元

批别	原材料	燃料及动力	直接人工	制造费用	合计
501批	13 000	14 000	7 000	3 500	37 500
601批	25 000	20 000	11 000	7 700	63 700

②根据各种费用分配表，汇总各批产品本月发生的生产费用，见表5-2.22。

表5-2.22　生产费用汇总表

金额单位：元

批别	原材料	燃料及动力	直接人工	制造费用	合计
501批		6 300	6 000	1 900	14 200
601批		7 500	12 000	5 400	24 900
701批	18 000	16 000	11 500	6 100	51 600

③各批完工产品与在产品之间分配费用的方法。

601批甲产品，本月完工产品占该批产品比重较大，采用约当产量法将本月累计生产费用在完工产品与月末在产品之间分配。原材料在生产开始时一次投入，月末在产品完工程度为70%。

701批乙产品，本月完工数量占该批产品比重较小，为了简化核算，完工产品成本按定额成本结转。每台完工产品定额成本为：直接材料1 100元、燃料及动力900元，直接人工600元、制造费用350元，合计2 950元。

要求：根据上述各项资料，计算501批甲产品全部完工产品的总成本和单位成本（表5-2.23）；计算601批甲产品（表5-2.24）和701批乙产品（表5-2.25）的完工产品总成本、单位成本及月末在产品成本；编制完工产品入库的会计分录。

表5-2.23　生产成本明细账

产品批别：501批　　　　　　购货单位：祥瑞工厂　　　　　　投产日期：5月

产品名称：甲产品　　　　　　批量：10台　　　　　　　　　　完工日期：7月

项目	直接材料	燃料及动力	直接人工	制造费用	合计
月初在产品成本					
本月生产费用					

项目	直接材料	燃料及动力	直接人工	制造费用	合计
生产费用合计					
完工产品成本					
完工产品单位成本					

表 5-2.24 生产成本明细账

产品批别：601 批　　　　　　购货单位：春城工厂　　　　　　投产日期：6 月
产品名称：甲产品　　　　　　批量：20 台　　　完工日期：7 月（本月完工 13 台）

项目	直接材料	燃料及动力	直接人工	制造费用	合计
月初在产品成本					
本月生产费用					
生产费用合计					
完工产品成本					
完工产品单位成本					

表 5-2.25 生产成本明细账

产品批别：701 批　　　　　　购货单位：春城工厂　　　　　　投产日期：7 月
产品名称：乙产品　　　　　　批量：18 台　　　完工日期：7 月（本月完工 2 台）

项目	直接材料	燃料及动力	直接人工	制造费用	合计
本月生产费用					
单台计划成本					
完工 2 台产品成本					
月末在产品成本					

学习心得

（1）学习内容的梳理——画思维导图。（50 分）

（2）假如你是成本核算岗位的会计，学习本任务对你具体工作的指导和帮助有哪些？（可以包括但不限于如何选择和运用成本计算方法）（50 分）

任务三 运用简化分批法计算产品成本

▶ **任务导读**

三星小家电厂小批生产多种产品，产品批量较多且月末未完工的批数也多。

请问：如何在简化成本计算工作的前提下，计算出各批的产品成本？

▶ **任务陈述**

运用一般分批法，期末需要把发生的材料费用（直接材料）及人工费用、制造费用等间接费用在各批产品之间分配，如果批数很多，则这样计算的工作量很大。为了简化计算，对于发生的人工费用、制造费用等间接费用可以采用不分批计算在产品成本的方法，即简化分批法。

▶ **任务分析**

单件小批生产，且在同一月份内投产的产品批数很多，同时月末未完工产品数量也较多的企业或部门，例如机械制造厂或修配厂等，当各月投产的产品批数多、生产周期长、月末未完工产品的批别较多时，把各项间接费用分配于几十批甚至上百批产品时，成本计算的工作量会很大。为了简化计算，投产批数较多且月末未完工产品数量也较多的企业也可以采用不分批计算在产品成本的简化分批法。

▶ **知识准备**

一、简化分批法的含义及适用范围

简化分批法是将各批产品每月发生的人工费用、制造费用等间接费用，不是按月在各批产品之间分配，而是先累计起来，直到产品完工的月份，再按完工产品累计生产工时比例，在各批完工产品之间进行分配。因此，这种方法也叫作累计间接费用分配法。

简化分批法主要适用于单件小批生产，且在同一月份内投产的产品批数很多，同时月末未完工产品数量也较多的企业或部门。

二、简化分批法的特点

（1）必须设置基本生产成本二级账。基本生产成本二级账除按规定的成本项目设专置栏外，还需增设生产工时专栏，其二级账的作用在于：按月登记所有批别产品的累计生产费用（包括直接费用和间接生产费用）和累计生产工时。

（2）简化了间接费用的分配。每月发生的间接费用，先在基本生产成本二级账中累计起来，在有完工产品的月份，月末才按各该批完工产品的累计生产工时和累计间接费用分配率计算完工产品应分摊的间接费用，进而计算完工产品成本和应保留在二级账中的月末在产品成本。在没有完工产品的月份，不分配间接费用。计算公式为：

$$\frac{全部产品某项累计}{间接费用分配率}=\frac{全部批次产品累}{计间接计入费用}\bigg/\frac{全部批次产}{品累计工时}$$

$$\frac{某批完工产品应分}{摊的某项间接费用}=\frac{该批完工产品}{累计生产工时}\times\frac{全部产品某项累}{计间接费用分配率}$$

（3）各批别产品基本生产成本明细账中除完工产品成本外，均不反映间接费用的项目成本，月末在产品只反映直接费用（直接材料）和生产工时。

三、简化分批法的计算程序

（1）按产品批别或订单设置基本生产成本明细账（或产品成本计算单），并登记月初在产品的直接费用和生产工时。

（2）设置基本生产成本二级账，并登记月初在产品的累计间接费用和累计生产工时。

（3）月末根据全部产品各项目累计间接费用和全部产品累计生产工时，计算全部产品各项累计间接费用分配率。

（4）根据各批完工产品的累计生产工时，计算并分摊各批完工产品应负担的各项间接费用，并计算完工产品总成本和单位成本，未完工产品不分摊间接费用。

（5）将各批完工产品成本在基本生产成本二级账和基本生产成本明细账中进行平行登记，将各批别当月完工产品成本汇总编制产品成本汇总表，据以作为编制完工入库产品记账凭证的原始依据。

任务实施

【案例】 三星小家电厂小批生产多种产品，产品批量较多且月末未完工的批数也多。为了简化成本计算工作，采用简化分批法计算产品成本，该企业6月（本月）各批产品的情况如下。

9401批甲产品9件，4月投产，本月全部完工。

9501批乙产品8件，5月投产，本月完工5件。

9502批甲产品12件，5月投产，尚未完工。

9601批丙产品10件，6月投产，尚未完工。

该厂设立的"基本生产二级账"见表5-3.1。

表5-3.1 基本生产成本二级账

（各批产品总成本）　　　　　　　　　　　　　　　　　　　　　　金额单位：元

月	日	摘要	直接材料	生产工时	直接人工	制造费用	成本合计
5	31	余额	123 550	19 890	35 404	111 383	270 337
6	30	本月发生	40 750	29 210	52 976	163 577	257 303
6	30	累计	164 300	49 100	88 380	274 960	527 640
6	30	全部产品累计间接费用分配率			1.8	5.6	
6	30	本月完工产品转出	87 130	24	44 073	137	268
6	30	余额	77 170	24 615	44 307	137 844	259 321

该企业的直接材料为直接费用；该企业采用计时工资，因此直接人工为间接费用。

在表5-3.1中，5月31日余额是5月末在产品的生产工时和各项费用。

本月发生的原材料费用和生产工时，应根据本月原材料费用分配表、生产工时记录，与各批产品成本明细账平行登记，本月发生的各项间接费用，应根据各项费用分配表汇总登记。全部产品累计间接费用分配率计算如下（以直接人工和制造费用为例）。

$$直接人工累计分配率＝人工费用累计数／累计工时＝\frac{88\,380}{49\,100}=1.8$$

$$制造费用累计分配率＝制造费用累计数／累计总工时＝\frac{274\,960}{49\,100}=5.6$$

"基本生产成本二级账"中完工产品的直接材料和生产工时，应根据各批产品成本明细账中完工产品的直接费用和生产工时汇总登记［如直接材料＝63 130＋24 000＝87 130（元），生产工时＝16 515＋7 970＝24 485（小时）］。

该厂设立的各批产品成本明细账分别见表5-3.2~表5-3.5所示。

表5-3.2 基本生产成本明细账

产品批别：9401批　　　　　　产品名称：甲产品　　　　　　投产日期：4月2日
订货单位：大兴工厂　　　　　　产品批量：9件　　　　　　完工日期：6月25日

月	日	摘要	直接材料	生产工时	直接人工	制造费用	成本合计
4	30	本月发生	31 220	5 610			
5	31	本月发生	18 980	3 795			
6	30	本月发生	12 930	7 110			
6	30	累计数及累计间接费用分配率	63 130	16 515	1.8	5.6	
6	30	结转本月完工产品	63 130	16 515	29 727	92 484	185 341
6	30	完工产品单位成本	7 014.44		3 303	10 276	20 593.44

表5-3.3 基本生产成本明细账

产品批别：9501批　　　　　　产品名称：乙产品　　　　　　投产日期：5月2日
订货单位：华美工厂　　　　　　产品批量：8件　　　　　　完工日期：6月30日　完工5件

月	日	摘要	直接材料	生产工时	直接人工	制造费用	合计
5	31	本月发生	38 400	4 310			
6	30	本月发生		7 940			
6	30	累计数及累计间接费用分配率	38 400	12 250	1.8	5.6	
6	30	结转本月完工产品（5件）	24 000	7 970	14 346	44 632	82 978
6	30	完工产品单位成本	4 800		2 869.20	8 926.40	16 595.60
6	30	在产品	14 400	4 280			

表 5-3.4 基本生产成本明细账

产品批别：9502 批　　　　　　　　产品名称：甲产品　　　　　　　　投产日期：5 月 20 日
订货单位：新星工厂产品　　　　　　批量：12 件　　　　　　　　　　完工日期：

月	日	摘要	直接材料	生产工时	直接人工	制造费用	合计
5	31	本月发生	34 950	6 175			
6	30	本月发生	15 450	7 555			

表 5-3.5 基本生产成本明细账

产品批别：9601 批　　　　　　　　产品名称：丙产品　　　　　　　　投产日期：6 月 13 日
订货单位：红光公司产品　　　　　　批量：10 件　　　　　　　　　　完工日期：

月	日	摘要	直接材料	生产工时	直接人工	制造费用	合计
6	30	本月发生	12 370	6 605			

9401 批产品月末全部完工，因此其累计的直接材料和生产工时就是完工产品的直接费用和生产工时，以其生产工时乘以各项间接费用累计分配率，即完工产品的各项间接费用。

9501 批产品月末部分完工，部分在产，因此还应在完工产品与月末在产品之间分配生产费用。该产品所耗用直接材料在生产开始时一次投入，因此直接材料按完工产品与月末在产品的数量比例分配：

$$直接材料分配率 = \frac{38\ 400}{5+3} = 4\ 800$$

$$完工产品的材料费用 = 5 \times 4\ 800 = 24\ 000(元)$$
$$月末在产品的材料费用 = 3 \times 4\ 800 = 14\ 400(元)$$

各批产品成本明细账登记完毕后，其中完工产品的直接材料和生产工时应分别汇总登入"基本生产成本二级账"，并据以计算登记各批全部完工产品的总成本。

简化分批法的缺点：一是未完工批别的基本生产成本明细账不能完整地反映其在产品的成本；二是如果各月发生的间接费用相差悬殊，则会影响各月产品成本计算的正确性。

应用简化分批法必须具备两个条件——一是各月的间接费用水平比较均衡，二是月末未完工产品的批数较多，这样才能保证既简化产品成本的计算工作，又确保产品成本计算的准确性。

【"任务导读"解析】

三星小家电厂小批生产多种产品，产品批量较多且月末未完工的批数也多，为简化成本计算工作，可以采用简化分批法计算产品成本。设置"基本生产成本二级账"，并登记月初在产品的累计间接费用和累计生产工时，月末根据全部产品各项累计间接费用和全部产品累计生产工时，计算全部产品各项累计间接费用分配率，然后根据各批完工产品的累计生产工时，计算并分摊各批完工产品应负担的各项间接费用，并计算完工产品总成本和单位成本，未完工产品不分摊间接费用。

任务拓展

讨论：简化分批法与一般分批法相比，其简化体现在哪几个方面？

悟道明理：学
会复杂问题
简单处理

简化分批法的含
义及适用范围

简化分批法
的特点

简化分批法的
核算程序

技能闯关

一、单项选择题

1. 采用简化分批法，在各批产品完工以前，产品基本生产成本明细账（　　）。

A. 只登记生产工时和人工费用　　　　B. 只登记生产工时和直接费用

C. 只登记生产工时和间接费用　　　　D. 只登记人工费用和材料费用

2. 在简化分批法下，累计间接费用分配率（　　）。

A. 只是在各批完工产品之间分配间接费用的依据

B. 只是在各批在产品之间分配间接费用的依据

C. 既是在各批完工产品之间，也是在完工产品与在产品之间分配间接费用的依据

D. 只是在完工产品与在产品之间分配间接费用的依据

3. 简化分批法与一般分批法的区别主要表现在（　　）。

A. 不分批计算在产品成本　　　　B. 不分批计算完工产品成本

C. 不进行间接费用的分配　　　　D. 不分批核算原材料费用

二、多项选择题

1. 在简化分批法下，不可能按约当产量比例分配的费用有（　　）。

A. 原材料费用　　　B. 动力费用　　　C. 人工费　　　　D. 制造费用

2. 在简化分批法下，产品成本明细账中应登记的内容是（　　）。

A. 完工产品的生产工时　　　　B. 月末在产品的直接费用

C. 月末在产品的生产工时　　　　D. 月末在产品的间接费用

3. 在简化分批法下，"基本生产二级账"中应登记的内容是（　　）。

A. 本月发生的原材料费用　　　　B. 本月发生的各项间接费用

C. 月末在产品的原材料费用　　　　D. 月末在产品的累计工时

三、判断题

1. 简化分批法是不分批计算在产品成本的分批法。（　　）

2. 采用简化分批法，必须设置"基本生产成本二账"。（　　）

3. 采用简化分批法，在间接费用水平相差悬殊的情况下，会影响成本计算的正确性。（　　）

4. 采用简化分批法时，某批完工产品应负担的间接费用应该等于该批完工产品当月耗用的工时数乘以全部产品累计间接费用分配率。（　　）

四、技能训练题

【练习成本计算的简化分批法】

1. 资料。

（1）某产品制造企业小批生产多种产品，该企业 2000 年 9 月的产品批别如下。

701 批甲产品 6 件，7 月投产，本月完工。

801 批乙产品 12 件，8 月投产，本月完工 2 件。

802 批甲产品 8 件，8 月投产，尚未完工。

901 批丙产品 4 件，9 月投产，尚未完工。

（2）各批别产品各月发生的原材料和工时的资料见表 5-3.6。

表 5-3.6　原材料和工时资料

产品批别	月份	原材料/元	工时/小时
701 批	7	5 800	5 430
	8	1 130	8 870
	9	1 210	16 700
801 批	8	13 350	28 630
	9		14 140
802 批	8	9 840	19 070
	9	2 980	42 080
901 批	9	19 910	28 580

801 批产品的原材料在生产开始时一次投入，其完工 2 件的工时为 10 460 小时，在产品 10 件的工时为 32 310 小时。

（3）8 月该厂全部在产品的直接人工为 23 850 元，制造费用为 36 060 元。

9 月该厂发生的直接人工为 41 550 元，制造费用为 45 690 元。

2. 要求。

根据上述资料，用简化分批法计算各批产品成本（表 5-3.7~表 5-3.11）。

表 5-3.7　基本生产二级账

（各批产品总成本）　　　　　　　　　　　　　　　　　　　金额单位：元

月	日	摘要	直接材料	生产工时	直接人工	制造费用	合计
8	31	在产品					
9	30	本月发生					
9	30	累计					
9	30	全部产品累计间接费用分配率					
9	30	本月完工产品转出					
9	30	月末在产品					

表5-3.8　生产成本明细账

产品批别：701批　　　　　购货单位：万里工厂　　　　　投产日期：7月
产品名称：甲产品　　　　　批量：6件　　　完工日期：9月（本月完工6件）

月	日	摘要	直接材料	生产工时	直接人工	制造费用	合计
7	31	本月发生					
8	31	本月发生					
9	30	本月发生					
9	30	累计数及累计间接费用分配率					
9	30	本月完工产品转出					
9	30	完工产品单位成本					

表5-3.9　生产成本明细账

产品批别：801批　　　　　购货单位：大恒工厂　　　　　投产日期：8月
产品名称：乙产品　　　　完工日期：9月　　　　批量：12件（完工2件）

月	日	摘要	直接材料	生产工时	直接人工	制造费用	合计
8	31	本月发生					
9	30	本月发生					
9	30	累计数及累计间接费用分配率					
9	30	本月完工产品（2件）转出					
9	30	完工产品单位成本					
9	30	在产品					

表5-3.10　生产成本明细账

产品批别：802批　　　　　购货单位：大兴工厂　　　　　投产日期：8月
产品名称：甲产品　　　　　批量：8件　　　　　　　　完工日期：

月	日	摘要	直接材料	生产工时	直接人工	制造费用	合计
8	31	本月发生					
9	30	本月发生					

表5-3.11　产品成本明细账

产品批别：901批　　　　　购货单位：东方集团　　　　　投产日期：8月
产品名称：丙产品　　　　　批量：4件　　　　　　　　完工日期：

月	日	摘要	直接材料	生产工时	直接人工	制造费用	合计
9	30	本月发生					

学习心得

（1）学习内容的梳理——画思维导图。（50分）

（2）假如你是成本核算岗位的会计，学习本任务对你具体工作的指导和帮助有哪些？（可以包括但不限于如何选择和运用成本计算方法）（50分）

任务四 运用 Excel 以分批法计算产品成本

▶ 任务导读

前面已经运用 Excel 以品种法计算了产品成本，从原材料的归集、分配到燃料及动力、职工薪酬、辅助生产费用、制造费用、损失成本到完工产品和在产品成本的计算，展示了 Excel 在计算方面的高效功能。本任务继续运用 Excel 计算产品成本，产品成本的计算方法改为分批法。

▶ 任务陈述

运用 Excel 以分批法计算产品成本，就要了解企业的基本情况，清楚分批法的计算程序，在 Excel 中录入基础数据，创建公式进行自动核算。运用 Excel 以分批法计算产品成本学习任务示意如图 5-4.1 所示。

任务 —（1）了解企业的基本情况。
（2）明确分批法的计算程序。
（3）能灵活运用Excel以分批法计算产品成本。

图 5-4.1 运用 Excel 以分批法计算产品成本学习任务示意

▶ 任务分析

本任务采用银杏服装厂要素费用发生的资料，运用 Excel 以分批法进行产品成本计算，首先要掌握运用分批法计算产品成本的程序。

▶ 知识准备

运用分批法计算产品成本的程序如下。
（1）按批别开设基本生产成本明细账。
（2）按批别归集、分配生产费用。
（3）按批别计算完工产品成本。
（4）结转产品成本。

任务实施

一、企业基本情况

银杏服装厂从事小批订单加工，有一个基本生产车间和一个辅助生产供电车间，是管理上不要求分步骤计算成本的多步骤生产企业，因此产品成本计算方法采用分批法。

二、产品成本计算程序

产品成本计算程序如图 5-4.2 所示。

1. 开设成本明细账，录入期初余额	2. 归集与分配材料费用	3. 归集与分配燃料费用	4. 归集与分配外购动力费用
5. 归集与分配职工薪酬费用	6. 归集与分配固定资产折旧费用	7. 归集与分配其他费用	8. 归集与分配辅助生产费用
	9. 归集与分配基本生产车间制造费用	10. 计算各种完工产品和在产品成本	

图 5-4.2　产品成本计算程序

产品成本计算程序

学习心得

（1）学习内容的梳理。（50 分）

（2）假如你是成本核算岗位的会计，学习本任务对你具体工作的指导和帮助有哪些？（可以包括但不限于如何选择和运用成本计算方法）（50分）

 项目总结

分批法是按产品的批别归集生产费用，计算产品成本的一种方法。分批法主要适用于单件小批且管理上不要求分步骤计算成本的多步骤生产企业和管理上要求分批计算成本的单件小批单步骤生产企业。其特点是以产品的批别或订单作为成本计算对象；成本计算期与产品的生产周期相同，与会计核算的报告期不一致；月末不需要在完工产品与在产品之间分配费用。

如果各月投产的产品批数多、生产周期长、月末未完工产品的批别较多，则为了简化计算，可采用简化分批法，将各批产品每月发生的人工费用、制造费用等间接费用，不是按月在各批产品之间分配，而是先累计起来，直到产品完工的那个月份，再按完工产品累计生产工时比例，在各批完工产品之间进行分配。

项目六 运用分步法计算产品成本

✓ 项目导读

在实际工作中，有些企业大批大量生产固定品种的产品，生产工艺复杂，生产工序繁多，从原材料投入到产成品产出，需要经过多个生产步骤，除了最后生产步骤生产出产成品以外，其余各生产步骤均生产完工程度不同的半成品，有些半成品由企业继续加工成为产成品，有些半成品则被本企业几种产品共同耗用，而有些半成品经常对外出售。根据成本核算和管理的需要，不仅要求提供产成品的成本，还需要提供各生产步骤半成品的成本。因此，这类企业一般按照生产部门或生产步骤组织产品成本核算。

✓ 学习目标

知识目标	能力目标	素质目标
1.理解分步法的含义、特点及适用范围 2.理解逐步结转分步法和平行结转分步法的含义、特点及适用范围 3.掌握基本生产成本明细账的建账方法 4.掌握使用逐步结转分步法和平行结转分步法计算产品成本的方法 5.掌握逐步综合结转分步法的成本还原方法	1.能够按照产品的生产步骤和品种设置基本生产成本明细账 2.能够运用逐步综合结转分步法、逐步分项结转分步法和平行结转分步法正确归集和分配各项生产费用，编制费用分配表，并据以进行相应的账务处理	1.具备良好的职业道德和职业素养 2.具备团队合作精神和良好的沟通能力，能够与其他人员紧密合作，共同完成企业的成本管理目标 3.具备持续学习和改进的态度，能够不断更新自己的知识和技能水平 4.具备创新精神和创新能力，提高企业的成本管理水平和竞争力

任务一 选择分步法计算产品成本

▶ 任务导读

林平大学毕业后应聘到向阳纺织厂从事成本核算工作。该厂为中型制造企业，大批生产白布和花布。其生产过程大致分为纺纱、织布和印染三大步骤。另外，该厂设有机修和配电两个辅助生产车间。纺纱车间生产的半成品不对外出售，而是转到织布车间继续加工，加工完成的布匹半成品再转到印染车间，生产出花布产成品。

请问：结合该厂生产的实际情况，该厂适用哪种成本计算方法？成本计算的流程是怎样呢？

任务陈述

如果企业的生产活动涉及若干个生产步骤，根据成本核算和管理的要求，不仅需要按照产品的品种归集和分配生产费用，还需要按照生产步骤（或部门）归集和分配生产费用，计算各步骤（或部门）的半成品成本，以便考核各种产品在各生产步骤（或部门）成本计划的执行情况。分步法学习任务示意如图6-1.1所示。

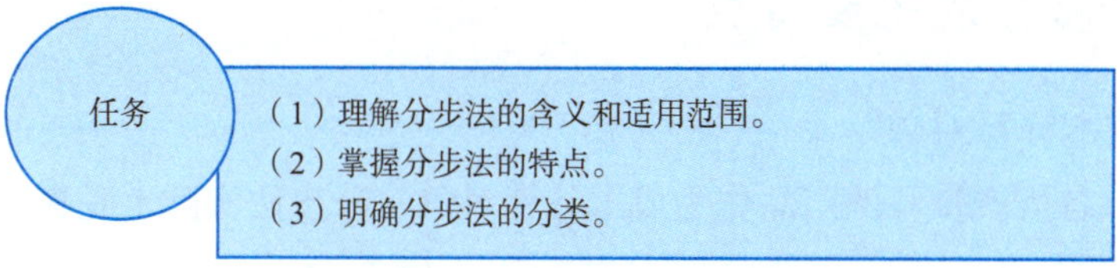

任务　（1）理解分步法的含义和适用范围。
（2）掌握分步法的特点。
（3）明确分步法的分类。

图6-1.1　分步法学习任务示意

任务分析

对于企业在产品生产过程中发生的各项耗费，应当根据经济业务发生的原始凭证，结合产品的生产组织特点和成本管理要求，以生产步骤和产品品种作为计算对象，将发生的直接材料、直接人工、制造费用等生产费用分别进行归集，然后采用专门的计算方法，按照一定的标准进行分配，计算出各步骤各种半成品及最终产成品的成本，据以登记有关成本费用明细账。若企业只生产一种产品，则按照生产步骤（或部门）归集和分配生产费用，若企业生产多种产品，则应当将各步骤归集的生产费用再按照产品品种在各种产品之间进行分配。

知识准备

一、分步法的含义及适用范围

产品成本计算的分步法是指以产品的生产步骤和产品的种类作为成本计算对象，据以归集和分配生产费用、计算产品成本的一种方法。

分步法一般适用于进行大批大量的多步骤生产，并且管理上要求分步骤计算产品成本的企业，如纺织、冶金、造纸等企业。在这些企业中，产品生产可以划分为若干生产步骤。例如，冶金企业的生产可以分为炼铁、炼钢、轧钢等步骤；纺织企业的生产可以分为纺纱、织布、印染等步骤；机械制造企业的生产可以分为铸造、加工、装配等步骤。

分步法的生产类型和管理要求如图6-1.2所示。

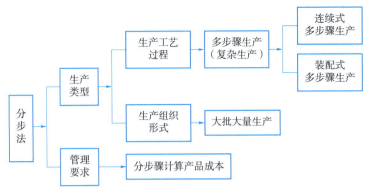

图 6-1.2　分步法的生产类型和管理要求

二、分步法的主要特点

（一）成本计算对象

分步法以各生产步骤的产品作为成本计算对象。分步法实际上是多个品种法在企业中的连续使用。

（二）成本计算期

分步法以会计报告期作为成本计算期。分步法需要在月末计算完工产品成本，与品种法相同。也就是说，其产品成本计算期与产品的生产周期不一致，而与会计报告期一致。

（三）生产费用在完工产品与月末产品之间分配

由于大批大量多步骤生产的产品往往跨月完工，月末各步骤经常有未完工的在产品，所以需要将产品成本计算单中的各项费用，采用适当的分配方法在完工产品和月末在产品之间进行分配，计算各生产步骤的完工产品成本和月末在产品成本。

（四）各生产步骤归集的费用需在各生产步骤之间进行结转

由于产品生产是分步骤进行的，上一生产步骤的半成品往往是下一生产步骤的加工对象，所以在计算完工产品及各步骤半成品成本时，还需按照产品品种，结转各步骤半成品成本，这是分步法的一个重要特点。

三、分步法的分类

按照各步骤半成品成本计算和计入产成品成本的方式不同，分步法可以分为逐步结转分步法和平行结转分步法两大类。

逐步结转分步法是按照产品的生产步骤先计算各步骤半成品成本，再将其随半成品实物依次逐步向后续步骤结转，最终计算出产成品成本的一种方法，也称作"计算半成品成本分步法"。逐步结转分步法的计算流程如图 6-1.3 所示。

图 6-1.3　逐步结转分步法的计算流程

平行结转分步法是指半成品成本不随半成品实物的转移向后结转，而是保留在该生产步骤的成本明细账内，月末将各步骤半成品成本应计入产成品成本的"份额"，从各步骤的成本明细账转入产成品成本明细账的一种方法，也称作"不计算半成品成本分步法"。平行结转分步法的计算流程如图6-1.4所示

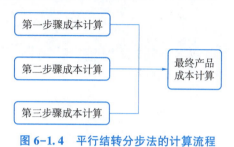

图 6-1.4　平行结转分步法的计算流程

任务实施

（1）正确理解分步法的含义和适用范围。
（2）掌握分步法的特点和分类。

【"任务解读"】

林平了解到该厂为中型制造企业，大批量生产白布和花布。生产过程大致分为纺纱、织布和印染三大步骤。另外，该厂设有机修和配电两个辅助生产车间。纺纱车间生产的半成品不对外出售，而是转到织布车间继续加工，加工完成的布匹半成品再转到印染车间，生产出花布产成品。根据该厂的生产特点和管理要求，建议选择逐步结转分步法计算产品成本。成本计算的流程：首先确定成本计算对象，然后确定成本计算期，再将生产费用在完工产品与月末在产品之间分配，最后各生产步骤归集的费用在各生产步骤之间进行结转，计算最终完工产品的成本。

任务拓展

收集资料：选用分步法计算产品成本的企业，其生产背景具有哪些特点？管理上的要求是什么？

悟道明理：国家分
步实现战略目标

分步法的含义
及适用范围

分步法的主要
特点

分步法的分类

技能闯关

一、单项选择题

1. 分步法的成本计算对象是（　　）。

A. 产品品种　　　　B. 产品批别　　　　C. 生产订单　　　　D. 生产步骤

2. 分步法的成本计算周期是（　　　）。

A. 月　　　　　　　　　　　　　　B. 年

C. 与生产周期一致　　　　　　　　D. 与会计周期不一致

3. 分步法适用于（　　　）企业。

A. 单件生产

B. 管理上要求分步计算成本的多步骤生产

C. 管理上不要求分步计算成本的多步骤生产

D. 小批量生产

二、多项选择题

1. 分步法适用于（　　　）企业。

A. 大批大量单步骤生产　　　　　　　B. 大批大量多步骤生产

C. 管理上要求分步计算产品成本的　　D. 管理上不要求分步计算产品成本的

2. 在分步法下，基本生产成本明细账通常按照（　　　）设置。

A. 产品批别　　　　B. 产品品种　　　　C. 生产步骤　　　　D. 产品类别

3. 分步法按照各步骤半成品成本计算和计入产成品成本的方式不同，可以分为（　　　）两类。

A. 逐步结转分步法　　　　　　　　B. 平行结转分步法

C. 综合结转分步法　　　　　　　　D. 分项结转分步法

三、判断题

1. 凡是大批量多步骤生产企业都应该采用分步法计算产品成本。　　　（　　　）

2. 平行结转分步法下，各步骤半成品成本不随半成品实物的转移而向后结转。

（　　　）

3. 采用分步法计算产品成本时，月末需要将生产费用在各步骤完工产品和在产品之间进行分配。　　　（　　　）

学习心得

（1）学习内容的梳理——画思维导图。（50分）

（2）假如你是成本核算岗位的会计，学习本任务对你具体工作的指导和帮助有哪些？（可以包括但不限于如何选择和运用成本计算方法）（50分）

任务二　运用逐步结转分步法计算产品成本

任务导读

某企业生产甲产品，经过三道工序顺序加工，前一步骤完工的半成品依次转入后面的步骤继续加工，前一步骤半成品的成本也随同结转入后续步骤成本明细账，最后步骤完工产成品的成本包含了其在各步骤发生的全部生产费用。前一步骤半成品的成本向后续步骤成本明细账结转时，可以采用两种方式：①前一步骤半成品的总成本综合转入后续步骤成本明细账；②前一步骤半成品的成本按成本项目分别转入后续步骤成本明细账。

请问：以上两种成本结转方式在成本计算时有什么差别？

任务陈述

根据本任务中企业组织生产的特点和管理要求，选择产品成本计算方法，建立相应的成本核算制度。按照产品生产步骤及品种对生产过程中的材料、人工、折旧、其他要素费用以及制造费用等综合费用进行归集和分配，按照生产步骤逐步计算并结转半成品综合成本，直到最后步骤计算出产成品成本，最终对核算后的生产成本费用进行相关的账务处理。使用逐步结转分步法计算产品成本所涉及的业务活动和单证如图6-2.1所示。

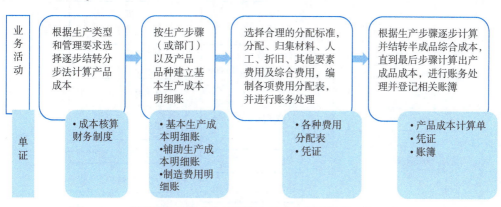

图6-2.1　使用逐步结转分步法计算产品成本所涉及的业务活动和单证

任务分析

在逐步结转分步法下，应当按照产品生产加工的步骤顺序依次计算和结转各步骤的生产成本。从第一步骤开始，按生产步骤计算完工半成品成本，并将其随同半成品实物转入后一步骤，加上后一步骤发生的生产费用，计算出后一步骤的半成品成本，再将其随同半成品向后续步骤转移，直至最后步骤完成产成品，最后步骤成本明细账中计算的产成品成本包含了产成品在各个步骤所发生的全部生产费用。

知识准备

逐步结转分步法主要适用于进行大批大量多步骤连续式生产，且在管理上需要提供半成品成本资料的企业。逐步结转分步法又称为计算半成品成本分步法。

按照半成品成本结转方式的不同，逐步结转分步法可以进一步分为逐步综合结转分步法和逐步分项结转分步法两种类型。

一、逐步综合结转分步法

（一）含义

逐步综合结转分步法是指各步骤完工的半成品成本不分成本项目，而是以半成品的综合成本结转入后续步骤成本明细账，以"直接材料"或"半成品"项目列示的一种分步法。采用这种方法计算成本时，为了分析和考核产成品的成本构成情况，需要进行成本还原计算。

利用逐步综合结转分步法时，从第一步骤开始逐步计算半成品成本，半产品成本在各步骤之间结转，最终计算出产品成本，实际是多个品种法的应用。

（二）成本计算程序

1. 自制半成品不通过仓库收发管理

不设置半成品库各步骤间半成品的结转方式如图6-2.2所示。

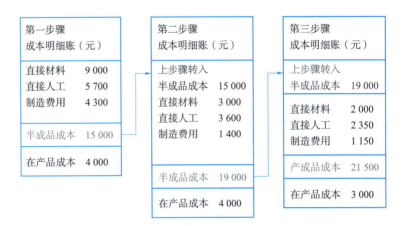

图6-2.2 不设置半成品库各步骤间半成品的结转方式

（1）按生产步骤和各步骤产品品种设置生产成本明细账。

（2）归集和分配各步骤本月发生的各项生产费用。

（3）计算和结转各步骤完工的半成品成本。

（4）结转完工产品成本。

（5）进行成本还原。

2. 自制半成品通过仓库收发管理

设置半成品库各步骤间半成品的结转方式如图6-2.3所示。

如果半成品通过半成品库收发管理，则需设置"自制半成品"总账户和明细账账户，半成品库入库时，借记"自制半成品"账户，贷记"基本生产成本"账户。

（三）逐步综合结转分步法的成本还原

1. 成本还原的意义

采用逐步综合结转分步法计算产品成本时，各步骤完工的半成品均以综合成本转入后续步骤成本明细账，因此，除了最后步骤完工产品的加工费用能反映"直接人工""制造费用"等原始成本项目以外，其他各步骤完工的半成品都以"半成品"成

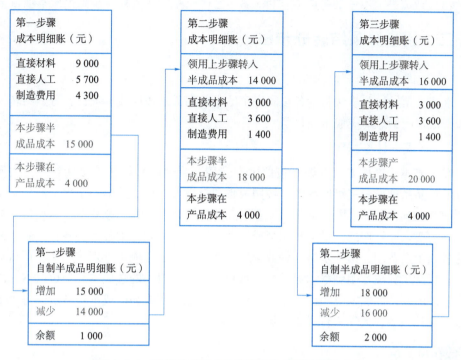

图 6-2.3　设置半成品库各步骤间半成品的结转方式

本项目反映在后续生产成本明细账中。（参照任务实施案例）最终完工的产成品的成本不能提供按原始成本项目反映的成本资料，也就无法从整个企业的角度分析和考核产品成本的构成情况。为了更细致地分析和考核产品成本构成情况及其对产品成本的影响，需要对产品成本中的"半成品"成本项目进行还原计算。

2. 成本还原的程序

逐步综合结转分步法的成本还原采用倒序计算方法，首先从最后一个步骤开始，按照一定的标准，将其所耗上步骤的半成品综合成本分解还原为该半成品在上步骤的"直接材料""直接人工""制造费用"等成本项目，若上步骤是中间步骤，则将还原出其中的半成品成本继续向前步骤还原，直到还原计算出在第一步骤所发生的"直接材料""直接人工""制造费用"等原始成本项目。最后，将各步骤的直接材料、直接人工、制造费用等分项求和，即可得到产成品按原始成本项目反映的生产成本。

3. 成本还原的方法

在实务中，常用的成本还原方法有成本还原分配率法和项目比重法两种。

1）成本还原分配率法

成本还原分配率=本步骤完工产品所耗上步骤半成品成本/上步骤本月完工半成品成本

　　半成品各成本项目还原额=上步骤本月完工半成品各成本项目×成本还原分配率

2）项目比重法

（1）上步骤完工半成品各成本项目所占成本比重

　　=上步骤完工半成品某成本项目金额/上步骤完工半成品成本合计

（2）本步骤所耗半成品某成本项目还原金额

　　=本月产成品所耗半成品成本×上步骤完工半成品各成本项目所占成本比重

（3）产成品成本中的某成本项目金额 = ∑产成品成本所耗各步骤该成本项目金额

二、逐步分项结转分步法

（一）含义

逐步分项结转分步法是指各步骤完工的半成品成本按照成本项目，分别结转入后续步骤成本明细账对应成本项目的一种分步法。

（二）成本计算程序

在"基本生产成本"总账下按照生产步骤（或部门）设置二级明细账，按照该步骤的产品品种设置三级明细账，按照成本项目设置专栏。从第一步骤至最后步骤设置"直接材料"（或"原材料"）"直接人工""制造费用"等基本成本项目。自制半成品需要入库管理的，设置自制半成品明细账。归集和分配各步骤各种产品本月发生的各项生产费用，第一步骤至倒数第二步骤各种半成品成本分别按照成本项目对应结转入后续步骤成本明细账。最后步骤计算出完工产成品的总成本和单位成本。由于生产费用随同产品实物分项向后结转，所以最后完工产成品的成本是各步骤每个成本项目的累计数额，无须进行成本还原。

任务实施

一、企业 202×年 10 月概况及成本核算财务制度

（一）企业简介

科达纺织印染厂是一家生产纺织品的企业，主要生产涤丝花布。该厂设有涤丝车间、白布车间和花布车间三个基本生产车间，一个机修辅助车间。产品生产经过三个基本生产车间顺序加工，第一车间生产的半成品——涤丝被第二车间领用，第二车间生产的半成品——白布被第三车间领用，并将其加工成产成品——涤丝花布。该厂在管理上要求计算各车间半成品的成本，并设置半成品库。

（二）企业成本核算财务制度

（1）根据企业类型特点和管理要求，产品成本计算方法采用分步法中的逐步综合结转分步法。

（2）基本科目设置。

①设置基本生产成本明细账，按生产步骤及产品种类设明细账，按"半成品""直接材料""燃料及动力""直接人工"和"制造费用"五个成本项目对各项要素费用进行归集。

②设置辅助生产成本明细账，按辅助生产车间设置。

③设置制造费用明细账，核算基本生产车间发生的费用。

④按半成品产品名称设置半成品明细账。

（3）材料费用按实际成本计价。涤丝车间和白布车间完工后的半成品交半成品库管理，各步骤从半成品库领用半成品，领用时材料及半成品采用先进先出法计算。

（4）辅助生产车间发生的费用采用直接分配法分配。

（5）制造费用按产品工时比例分配法进行分配。

（6）生产费用在完工产品和月末在产品之间的分配采用约当产量比例法分配。所有工序的材料费用均于生产开始时一次投入，在产品完工程度均为50%。

二、产品成本核算相关账簿设置及相关资料

（1）产品成本核算相关账簿设置见表6-2.1~表6-2.9。

表6-2.1　基本生产成本明细账

车间及产品名称：涤丝车间——涤丝　　　202×年10月　　　　　　金额单位：元

月	日	内容摘要	成本项目（借方分析金额）					合计
			半成品	直接材料	燃料及动力	直接人工	制造费用	
10	1	月初在产品成本		10 782.08	4 834.21	1 605.36	2 547.74	19 769.39

表6-2.2　基本生产成本明细账

车间及产品名称：白布车间——白布　　　202×年10月　　　　　　金额单位：元

月	日	内容摘要	成本项目（借方分析金额）					合计
			半成品	直接材料	燃料及动力	直接人工	制造费用	
10	1	月初在产品成本	28 981.18	37 782.12	2 566.25	1 005.19	2 202.95	72 537.69

表6-2.3　基本生产成本明细账

车间及产品名称：花布车间——花布　　　202×年10月　　　　　　金额单位：元

月	日	内容摘要	成本项目（借方分析金额）					合计
			半成品	直接材料	燃料及动力	直接人工	制造费用	
10	1	月初在产品成本	52 106.12	67 524.84	4 589.02	707.58	1 387.92	126 315.48

表6-2.4　辅助生产成本明细账（机修车间）

科达纺织印染厂　　　　　　　　202×年10月　　　　　　金额单位：元

202×年		摘要	材料费用	工资及社会保险费	燃料及动力费	折旧费	办公费	保险费	报刊费	其他	合计	转出	余额
月	日												

表6-2.5　制造费用明细账（涤丝车间）

科达纺织印染厂　　　　　　　　202×年9月　　　　　　金额单位：元

202×年		摘要	工资费用	折旧费	机物料	修理费	水电费	办公费	保险费	报刊费	合计	转出	余额
月	日												

表6-2.6 制造费用明细账（白布车间）

单位：科达纺织印染厂　　　　　　　202×年9月　　　　　　　金额单位：元

202×年		摘要	工资费用	折旧费	机物料	修理费	水电费	办公费	保险费	报刊费	合计	转出	余额
月	日												

表6-2.7 制造费用明细账（花布车间）

单位：科达纺织印染厂　　　　　　　202×年9月　　　　　　　金额单位：元

202×年		摘要	工资费用	折旧费	机物料	修理费	水电费	办公费	保险费	报刊费	合计	转出	余额
月	日												

表6-2.8 半成品成本明细账

半成品名称：涤丝　　　　　　　202×年10月　　　　　　　单位：吨

月	日	内容摘要	收入			发出			结存		
			数量	单价	金额	数量	单价	金额	数量	单价	金额
10	1	期初余额							26	9 083.1	236 160.6

表6-2.9 半成品成本明细账

半成品名称：白布　　　　　　　202×年10月　　　　　　　单位：吨

月	日	内容摘要	收入			发出			结存		
			数量	单价	金额	数量	单价	金额	数量	单价	金额
10	1	期初余额							30	21 816	654 480

（2）产品成本核算相关资料见表6-2.10。

表6-2.10 各车间产量统计

202×年10月　　　　　　　单位：吨

项目	涤丝车间	白布车间	花布车间
月初在产品数量	5	6	2
本月投产量（领用）	12	18	24
本月完工量（入库）	14	16	20
月末在产品数量	3	8	6

三、各要素费用、综合费用和产品成本的核算

（一）材料费用的核算

根据原材料费用分配表编制记账凭证，见表6-2.11，据以登记总账和明细账。

表6-2.11 记账凭证

单位：科达纺织印染厂　　　　　　202×年 10 月 31 日　　　　　　记字第　号

摘要	总账科目	明细科目	借方金额	贷方金额	记账
领用材料	基本生产成本	涤丝车间——涤丝（直接材料）	50 877.05		
	基本生产成本	白布车间——白布（直接材料）	22 576.99		
	基本生产成本	花布车间——花布（直接材料）	28 945.7		
	辅助生产成本	机修车间（物料消耗）	14 278.88		
	制造费用	涤丝车间（物料消耗）	4 715.59		
	制造费用	白布车间（物料消耗）	5 948.92		
	制造费用	花布车间（物料消耗）	28 945.7		
	管理费用	物料消耗	9 149.61		
	原材料	主要材料、辅料、配件、工具等		117 614.72	
	周转材料	包装物、低值易耗品		23 621.82	
合计			165 438.44	165 438.44	

（二）燃料费用的核算

根据燃料费用分配表编制记账凭证，见表6-2.12，据以登记总账和明细账。

表6-2.12 记账凭证

单位：科达纺织印染厂　　　　　　202×年 10 月 31 日　　　　　　记字第　号

摘要	总账科目	明细科目	借方金额	贷方金额	记账
领用燃料	基本生产成本	花布车间——花布（燃料）	5 720.52		
	辅助生产成本	机修车间（燃料）	3 520.25		
	管理费用	燃料费	6 742.12		
	燃料			15 982.89	
合计			15 982.89	15 982.89	

（三）外购动力费用的核算

根据外购动力费用分配表编制记账凭证，见表6-2.13，据以登记总账和明细账。

表 6-2.13　记账凭证

单位：科达纺织印染厂　　　　　　　202×年 10 月 31 日　　　　　　　　记字第　号

摘要	总账科目	明细科目	借方金额	贷方金额	记账
分配外购动力费用	基本生产成本	涤丝车间——涤丝（燃料及动力）	13 133.4		
	基本生产成本	白布车间——白布（燃料及动力）	8 814.4		
	基本生产成本	花布车间——花布（燃料及动力）	10 859.8		
	制造费用	涤丝车间	2 369.5		
	制造费用	白布车间	4 608.1		
	制造费用	花布车间	2 871.4		
	辅助生产费用	机修车间	947.8		
	管理费用	水电费	3 945.9		
	应付账款	供电公司		47 550.3	
合计			47 550.3	47 550.3	

（四）职工薪酬费用的核算

根据职工薪酬费用分配表编制记账凭证，见表 6-2.14，据以登记总账和明细账。

表 6-2.14　记账凭证

单位：科达纺织印染厂　　　　　　　202×年 10 月 31 日　　　　　　　　记字第　号

摘要	总账科目	明细科目	借方金额	贷方金额	记账
计提职工薪酬费用	基本生产成本	涤丝车间——涤丝（直接人工）	15 893.7		
	基本生产成本	白布车间——白布（直接人工）	16 082.8		
	基本生产成本	花布车间——花布（直接人工）	13 330.82		
	制造费用	涤丝车间	5 291		
	制造费用	白布车间	5 182		
	制造费用	花布车间	7 796.4		
	辅助生产成本	机修车间（职工薪酬）	10 630.7		
	管理费用	人工费	13 497		
	应付职工薪酬	工资		87 704.42	
合计			87 704.42	87 704.42	

（五）折旧费用的核算

根据固定资产折旧计算表编制记账凭证，见表 6-2.15，据以登记总账和明细账。

表6-2.15　记账凭证

单位：科达纺织印染厂　　　　　　　　202×年10月31日　　　　　　　　记字第　　号

摘要	总账科目	明细科目	借方金额	贷方金额	记账
计提折旧费	制造费用	涤丝车间（折旧费）	3 819.18		
	制造费用	白布车间（折旧费）	2 367.43		
	制造费用	花布车间（折旧费）	2 640.79		
	辅助生产成本	机修车间（折旧费）	461.57		
	管理费用	折旧费	1 572.19		
	累计折旧			10 861.16	
合计			10 861.16	10 861.16	

（六）其他要素费用的核算

根据其他费用分配汇总表编制记账凭证，见表6-2.16，据以登记总账和明细账。

表6-2.16　记账凭证

单位：科达纺织印染厂　　　　　　　　202×年10月31日　　　　　　　　记字第　　号

摘要	总账科目	明细科目	借方金额	贷方金额	记账
支付其他费用	制造费用	涤丝车间（其他）	16 317.5		
	制造费用	白布车间（其他）	22 381.84		
	制造费用	花布车间（其他）	13 405.38		
	辅助生产成本	机修车间（其他）	11 486		
	管理费用	其他	37 748.9		
	银行存款			101 339.62	
合计			101 339.62	101 339.62	

（七）辅助生产费用的归集与分配

根据辅助生产费用分配表编制记账凭证，见表6-2.17，据以登记总账和明细账。

表6-2.17　记账凭证

单位：科达纺织印染厂　　　　　　　　202×年6月30日　　　　　　　　记字第　　号

摘要	总账科目	明细科目	借方金额	贷方金额	记账
分配辅助生产费用	基本生产成本	涤丝车间——涤丝（制造费用）	11 213.91		
	基本生产成本	白布车间——白布（制造费用）	12 252.24		
	基本生产成本	花布车间——花布（制造费用）	13 332.09		
	制造费用	涤丝车间	1 329.06		
	制造费用	白布车间	1 162.92		
	制造费用	花布车间	1 287.52		
	管理费用	机修费	747.46		
	辅助生产成本	机修车间		41 325.2	
合计			41 325.2	41 325.2	

（八）制造费用的归集与分配

相关记账凭证见表6-2.18。

表6-2.18　记账凭证

单位：科达纺织印染厂　　　　　　202×年10月31日　　　　　　记字第　号

摘要	总账科目	明细科目	借方金额	贷方金额	记账
分配制造费用分配	基本生产成本	涤丝车间——涤丝	33 841.83		
	基本生产成本	（制造费用）	17 834.4		
	基本生产成本	白布车间——白布（制造费用）	41 651.21		
	基本生产成本	花布车间——花布（制造费用）	56 947.19		
	制造费用		132 440.23	132 440.23	

（九）产品成本的核算

本月产量统计表、领料单见表6-2.19~表6-2.21。

表6-2.19　产量统计表

单位：吨

项目	涤丝车间	白布车间	花布车间
月初在产品数量	5	6	2
本月投产量（领用）	12	18	24
本月完工量（入库）	14	16	20
月末在产品数量	3	8	6

表6-2.20　领料单

领料单位：白布车间　　　　　　202×年10月3日　　　　　　编号：

仓库：半成品库　　　　　　　　　　　　　　　　　　金额单位：元

材料类别	材料名称	规格型号	单位	数量		单价	金额	用途
				应收	实收			
自制半成品	涤丝		吨	18	18	9 083.1	163 496	生产白布
备注			合计					

表6-2.21　领料单

领料单位：花布车间　　　　　　202×年10月3日　　　　　　编号：

仓库：半成品库　　　　　　　　　　　　　　　　　　金额单位：元

材料类别	材料名称	规格型号	单位	数量		单价	金额	用途
				应收	实收			
自制半成品	白布		吨	24	24	21 816	523 584	生产花布
备注			合计					

（1）根据领用半成品领料单，编制相关记账凭证，见表 6-2.22，并登记有关明细账。

表 6-2.22　记账凭证

单位：科达纺织印染厂　　　　　　　　202×年 10 月 31 日　　　　　　　　记字第　号

摘要	总账科目	明细科目	借方金额	贷方金额	记账
领用半成品	基本生产成本	白布车间——白布（半成品）	163 495.8		
	基本生产成本	花布车间——花布（半成品）	523 584		
	自制半成品	白布		163 495.8	
	自制半成品	花布		523 584	
	合计		687 079.8	687 079.8	

（2）根据涤丝车间——涤丝基本生产成本明细账（表 6-2.23）和产量统计表（表 6-2.19），编制涤丝车间——涤丝基本生产成本计算表，见表 6-2.24。

表 6-2.23　涤丝车间——绦丝基本生产成本明细账

车间及产品名称：涤丝车间——涤丝　　　　　　　202×年 10 月　　　　　　　金额单位：元

月	日	内容摘要	半成品	直接材料	燃料及动力	直接人工	制造费用	合计
10	1	月初在产品成本		10 782.08	4 834.21	1 605.36	2 547.74	19 769.39
10	31	材料费用分配表		50 877.05				50 877.05
10	31	动力费用分配表			13 133.4			13 133.4
10	31	工资及福利费用分配表				15 893.7		15 893.7
10	31	辅助生产费用分配表					11 213.91	11 213.91
10	31	制造费用分配表					33 841.83	33 841.83
		本月发生的生产费用	0	50 877.05	13 133.4	15 893.7	45 055.74	124 959.89
		生产费用合计	0	61 659.13	17 967.61	17 499.06	47 603.48	144 729.28

表 6-2.24　涤丝车间——涤丝基本生产成本计算表（半成品成本计算表）

半成品名称：涤丝　　　　　　　　　　　　　　　　　　　　　　　　金额单位：元

摘要	直接材料	燃料及动力	直接人工	制造费用	合计
月初在产品成本	10 782.08	4 834.21	1 605.36	2 547.74	19 769.39
本月发生生产费用	50 877.05	13 133.40	15 893.70	45 055.74	124 959.89
生产费用合计	61 659.13	17 967.61	17 499.06	47 603.48	144 729.28
本月完工半成品数量	14	14	14	14	

学习笔记

续表

摘要	直接材料	燃料及动力	直接人工	制造费用	合计
月末在产品约当量	3	1.5	1.5	1.5	
约当总产量	17	15.5	15.5	15.5	
完工半成品单位成本（分配率）	3 627.01	1 159.2	1 128.97	3 071.19	8 986.37
完工半成品总成本	50 778.14	16 228.8	15 805.58	42 996.66	125 809.18
月末在产品成本	10 880.99	1 738.81	1 693.48	4 606.82	18 920.1

注：1. 每个生产工序开始时一次投料，直接材料月末在产品约当产量＝3；

2. 燃料及动力（直接人工、制造费用）月末在产品约当产量＝3×50%＝1.5。

（3）根据白布车间——白布基本生产成本明细账（表6-2.25）、产量统计表（表6-2.19），编制白布车间——白布基本生产成本计算表（完工半成品成本计算表），见表6-2.26。

表6-2.25 白布车间——白布基本生产成本明细账

车间及产品名称：白布车间——白布　　　　　202×年10月　　　　　金额单位：元

月	日	内容摘要	成本项目（借方分析金额）					合计
			半成品	直接材料	燃料及动力	直接人工	制造费用	
10	1	月初在产品成本	28 981.18	37 782.12	2 566.25	1 005.19	2 202.95	72 537.69
10	31	材料费用分配表		22 576.99				22 576.99
10	31	动力费用分配表			8 814.4			8 814.4
10	31	工资及福利费用分配表				16 082.8		16 082.8
10	31	辅助生产费用分配表					12 252.24	12 252.24
10	31	制造费用分配表					41 651.21	41 651.21
10	3	领用半成品涤丝	163 495.8					163 495.8
		本月发生的生产费用	163 495.8	22 576.99	8 814.4	16 082.8	53 903.45	264 873.44
		生产费用合计	192 476.98	60 359.11	11 380.65	17 087.99	56 106.4	337 411.13

表6-2.26 白布车间——白布基本生产成本计算表

半成品名称：白布　　　　　　　　　　　　　　　　　　　金额单位：元

摘要	半成品	直接材料	燃料及动力	直接人工	制造费用	合计
月初在产品成本	28 981.18	37 782.12	2 566.25	1 005.19	2 202.95	72 537.69
本月发生生产费用	163 495.8	22 576.99	8 814.4	16 082.8	53 903.45	264 873.44
生产费用合计	192 476.98	60 359.11	11 380.65	17 087.99	56 106.4	337 411.13

学习笔记

续表

摘要	半成品	直接材料	燃料及动力	直接人工	制造费用	合计
本月完工半成品数量	16	16	16	16	16	
月末在产品约当量	8	8	4	4	4	
约当总产量	24	24	20	20	20	
完工半成品单位成本（分配率）	8 019.87	2 514.96	569.03	854.40	2 805.32	14 763.58
完工半成品总成本	128 317.92	40 239.36	9 104.48	13 670.40	44 885.12	236 217.28
月末在产品成本	64 159.06	20 119.75	2 276.17	3 417.59	11 221.28	101 193.85

注：1. 每个生产工序开始时一次投料，直接材料月末在产品约当产量=8；

2. 燃料及动力（直接人工、制造费用）月末在产品约当产量=8×50%=4。

（4）根据花布车间——花布基本生产成本明细账（表6-2.27）、产量统计表（表6-2.19），编制花布车间——花布基本生产成本计算表，见表6-2.28。

表6-2.27 基本生产成本明细账

车间及产品名称：花布车间——花布　　　　202×年10月　　　　　　　　金额单位：元

月	日	内容摘要	成本项目（借方分析金额）					合计
			半成品	直接材料	燃料及动力	直接人工	制造费用	
10	1	月初在产品成本	52 106.12	67 524.84	4 589.02	707.58	1 387.92	126 315.48
10	31	材料费用分配表		28 945.7				28 945.7
10	31	燃料发料汇总表			5 720.52			5 720.52
10	31	动力费用分配表			10 859.8			10 859.8
10	31	工资及福利费用分配表				13 330.82		13 330.82
10	31	辅助生产费用分配表					13 332.09	13 332.09
10	31	制造费用分配表					56 947.19	56 947.19
10	3	领用半成品白布	523 584					523 584
		本月发生的生产费用	523 584	28 945.7	16 580.32	13 330.82	70 279.28	652 720.12
		生产费用合计	575 690.12	96 470.54	21 169.34	14 038.4	71 667.2	779 035.6

表 6-2.28　花布车间——花布基本生产成本计算表

半成品名称：花布　　　　　　　　　　　　　　　　　　　　　　　　　金额单位：元

摘要	自制半成品	直接材料	燃料及动力	直接人工	制造费用	合计
月初在产品成本	52 106.12	67 524.84	4 589.02	707.58	1 387.92	126 315.48
本月发生生产费用	523 584	28 945.7	16 580.32	13 330.82	70 279.28	652 720.12
生产费用合计	575 690.12	96 470.54	21 169.34	14 038.4	71 667.2	779 035.6
本月完工产品数量	20	20	20	20	20	
月末在产品约当量	6	6	3	3	3	
约当总产量	26	26	23	23	23	
完工产成品单位成本	22 141.93	3 710.41	920.41	610.37	3 115.97	30 499.09
完工产成品总成本	442 838.6	74 208.2	18 408.2	12 207.4	62 319.4	609 981.8
月末在产品成本	132 851.52	22 262.34	2 761.14	1 831	9 347.8	169 053.8

注：1. 每个生产工序开始时一次投料，直接材料月末在产品约当产量＝8；

2. 燃料及动力（直接人工、制造费用）月末在产品约当产量＝8×50%＝4。

（5）进行成本还原。

①成本还原分配率法见表 6-2.29。

表 6-2.29　成本还原（成本还原分配率法）

金额单位：元

摘要	还原率	半成品	直接材料	燃料及动力	直接人工	制造费用	合计
还原前完工产品总成本		442 838.6	74 208.2	18 408.2	12 207.4	62 319.4	609 981.8
第二步骤完工半成品成本		128 317.92	40 239.36	9 104.48	13 670.40	44 885.12	236 217.28
第三步骤半成品还原成本	1.874 7	240 557.6	75 436.73	17 068.17	25 627.9	84 148.2	442 838.6
第一步骤完工半成品成本			50 778.14	16 228.8	15 805.58	42 996.66	125 809.18
第二步骤半成品还原成本	1.912 1		97 092.88	31 031.09	30 221.85	82 211.78	240 557.6
还原后产成品总成本			246 737.81	66 507.46	68 057.15	228 679.38	609 981.8
还原后产成品单位成本			12 336.89	3 325.37	3 402.86	11 433.97	30 499.09

注：1. 第三步骤半成品还原成本—还原分配率＝442 838.6/236 217.28＝1.874 7；

2. 第二步骤半成品还原成本—还原分配率＝240 557.6/125 809.18＝1.912 1。

②项目比重法见表 6-2.30。

表6-2.30　成本还原（项目比重法）　　金额单位：元

摘要	半成品	直接材料	燃料及动力	直接人工	制造费用	合计
还原前完工产品总成本	442 838.55	74 208.11	18 408.12	12 207.30	62 319.31	609 981.39
第二步骤完工半成品成本	128 317.99	40 239.41	9 104.52	13 670.39	44 885.12	236 217.42
第二步骤完工半成品成本结构	54.32%	17.03%	3.85%	5.79%	19.00%	100.00%
第三步骤半成品还原成本	240 558.68	75 437.11	17 068.31	25 627.99	84 146.46	442 838.55
第一步骤完工半成品成本		50 778.11	16 228.81	15 805.60	42 996.69	125 809.21
第一步骤完工半成品成本结构	0.00%	40.36%	12.90%	12.56%	34.18%	100.00%
第二步骤半成品还原成本	0	97 092.37	31 030.96	30 221.75	82 213.60	240 558.68
还原后产成品总成本		246 737.59	66 507.40	68 057.04	228 679.36	609 981.39
还原后产成品单位成本		12 336.88	3 325.37	3 402.85	11 433.97	30 499.07

（6）以成本还原分配率法（本例不采用项目比重法）汇总产成品成本，见表6-2.31，根据产成品汇总表、入库单编制自制半成品、产成品入库记账凭证，登记相关明细账。

表6-2.31　产成品成本汇总表　　金额单位：元

项目	直接材料	燃料及动力	直接人工	制造费用	合计
完工产成品总成本	246 737.81	66 507.46	68 057.15	228 679.38	609 981.8
完工产成品单位成本	12 336.89	3 325.37	3 402.86	11 433.97	30 499.09

（7）根据入库单（表6-2.32～表6-2.34）编制记账凭证，见表6-2.35。

表6-2.32　入库单

产品名称：产成品——花布　　　　202×年10月31日　　　　　　　　编号：
仓库：成品库　　　　　　　　　　　　　　　　　　　　　　　金额单位：元

产品类别	材料名称	规格型号	单位	数量		单价	金额
				应入	实入		
产成品	花布		吨	20	20	30 499.09	609 981.80
备注			合计				

表 6-2.33　入库单

产品名称：自制半成品——涤丝　　　202×年 10 月 31 日　　　　　　　　　编号：
仓库：半成品库　　　　　　　　　　　　　　　　　　　　　　金额单位：元

产品类别	材料名称	规格型号	单位	数量		单价	金额
				应入	实入		
自制半成品	涤丝		吨	14	14	8 986.37	125 809.18
备注			合计				

表 6-2.34　入库单

产品名称：自制半成品——白布　　　202×年 10 月 31 日　　　　　　　　　编号：
仓库：半成品库　　　　　　　　　　　　　　　　　　　　　　金额单位：元

产品类别	材料名称	规格型号	单位	数量		单价	金额
				应入	实入		
自制半成品	白布		吨	16	16	14 763.58	236 217.28
备注			合计				

表 6-2.35　记账凭证

单位：科达纺织印染厂　　　202×年 10 月 31 日　　　　　　　记字第　号

摘要	总账科目	明细科目	借方金额	贷方金额	记账
产品完工入库	自制半成品	涤丝	125 809.18		
	自制半成品	白布	236 217.28		
	库存商品	花布	609 981.80		
	基本生产成本	涤丝车间——涤丝		125 809.18	
	基本生产成本	白布车间——白布		236 217.28	
	基本生产成本	花布车间——花布		609 981.80	
			972 008.26	972 008.26	

三、逐步分项结转分步法的应用

逐步分项结转分步法是指按照成本项目，将上一步骤的半成品成本分项转入下一步骤成本计算单上相应的成本项目的一种方法。

仍沿用科达纺织印染厂的资料，以逐步分项结转分步法计算各生产步骤半成品成本和最后步骤产成品成本，上一步骤完工的半成品直接转入后续步骤。填制第一、第二、第三各步骤的产品成本计算，表见表 6-2.36～表 6-2.38，汇总产成品成本，见表 6-2.39。

表 6-2.36 涤丝车间——基本生产成本计算表（半成品成本计算表）

半成品名称：涤丝

金额单位：元

摘要	直接材料	燃料及动力	直接人工	制造费用	合计
月初在产品成本	10 782.08	4 834.21	1 605.36	2 547.74	19 769.39
本月发生生产费用	50 877.05	13 133.40	15 893.70	45 055.74	124 959.89
生产费用合计	61 659.13	17 967.61	17 499.06	47 603.48	144 729.28
本月完工半成品数量	14	14	14	14	
月末在产品约当量	3	1.5	1.5	1.5	
约当总产量	17	15.5	15.5	15.5	
完工半成品单位成本（分配率）	3 627.01	1 159.2	1 128.97	3 071.19	8 986.37
完工半成品总成本	50 778.14	16 228.8	15 805.58	42 996.66	125 809.18
月末在产品成本	10 880.99	1 738.81	1 693.48	4 606.82	18 920.1

注：1. 每个生产工序开始时一次投料，直接材料月末在产品约当产量=3；

2. 燃料及动力（直接人工、制造费用）月末在产品约当产量=3×50%=1.5。

表 6-2.37 白布车间——基本生产成本计算表

半成品名称：白布

金额单位：元

摘要	直接材料	燃料及动力	直接人工	制造费用	合计
月初在产品成本	37 782.12	2 566.25	1 005.19	2 202.95	72 537.69
本月发生生产费用	22 576.99	8 814.4	16 082.8	53 903.45	264 873.44
领用上步骤半成品成本	50 778.14	16 228.8	15 805.58	42 996.66	125 809.18
生产费用合计	111 137.25	27 609.45	32 893.57	99 103.06	270 743.33
本月完工半成品数量	16	16	16	16	
月末在产品约当量	8	4	4	4	
约当总产量	24	20	20	20	
完工半成品单位成本（分配率）	4 630.718 8	1 380.472 5	1 644.678 5	4 955.153	
完工半成品总成本	74 091.5	22 087.56	26 314.86	79 282.45	201 776.37
月末在产品成本	37 045.75	5 521.89	6 578.71	19 820.61	68 966.96

注：1. 每个生产工序开始时一次投料，直接材料月末在产品约当产量=8；

2. 燃料及动力（直接人工、制造费用）月末在产品约当产量=8×50%=4。

表 6-2.38　花布车间基本生产成本计算表

半成品名称：花布　　　　　　　　　　　　　　　　　　　　　　　　　　金额单位：元

摘要	直接材料	燃料及动力	直接人工	制造费用	合计
月初在产品成本	67 524.84	4 589.02	707.58	1 387.92	126 315.48
本月发生生产费用	28 945.7	16 580.32	13 330.82	70 279.28	652 720.12
领用上步骤半成品成本	74 091.5	22 087.56	26 314.86	79 282.45	201 776.37
生产费用合计	170 562.04	43 256.9	40 353.26	150 949.65	980 811.97
本月完工产品数量	20	20	20	20	
月末在产品约当量	6	3	3	3	
约当总产量	26	23	23	23	
完工产成品单位成本	6 560.078 5	1 880.734 8	1 754.489 6	6 563.028 3	
完工产成品总成本	131 201.57	37 614.7	35 089.79	131 260.57	335 166.63
月末在产品成本	39 360.47	5 642.2	5 263.47	19 689.08	645 645.34

注：1. 每个生产工序开始时一次投料，直接材料月末在产品约当产量=6；

　　2. 燃料及动力（直接人工、制造费用）月末在产品约当产量=6×50%=3。

表 6-2.39　产成品成本汇总表　　　　完工产品数量：20 吨

金额单位：元

项目	直接材料	燃料及动力	直接人工	制造费用	合计
完工产成品总成本	131 201.57	37 614.7	35 089.79	131 260.57	335 166.63
完工产成品单位成本	6 560.08	1 880.74	1 754.49	6 563.03	16 758.33

在平行结转分步法下根据表 6-2.36～表 6-2.38 编制的会计分录如下。

借：自制半成品——涤丝　　　　　　　　　　　　　　　　　125 809.18

　　自制半成品——白布　　　　　　　　　　　　　　　　　201 776.37

　　库存商品——花布　　　　　　　　　　　　　　　　　　335 166.63

　贷：基本生产成本——涤丝车间——涤丝　　　　　　　　　125 809.18

　　　基本生产成本——白布车间——白布　　　　　　　　　201 776.37

　　　基本生产成本——花布车间——花布　　　　　　　　　335 166.63

任务拓展

> **讨论**：逐步综合结转分步法和逐步分项结转分步法的区别、优缺点和适用场景是什么？

【"任务导读"解析】

经过学习可知，前一步骤半成品的总成本综合转入后续步骤成本明细账的成本计算方法是逐步综合结转分步法，前一步骤半成品的成本按成本项目分别转入后续步骤成本明细账的方法是逐步分项结转分步法。

两种方法对产品的总成本计算没有差别，只是在明细账中所反映的成本项目不同。在第一种方法下，各步骤半成品均以半成品的综合成本结转入后续步骤明细账中，因此最后步骤的产成品成本不能清晰反映其在整个生产过程中发生的直接材料、直接人工、制造费用等各成本项目数据，需要按成本项目进行成本还原计算。在第二种方法下，各步骤完工的半成品均按成本项目结转入后面步骤明细账对应的成本项目，因此最后步骤产成品的成本就包含了其在各步骤发生的直接材料、直接人工、制造费用等成本项目数据，无须进行成本还原。

悟道明理：大学生
如何做好自己的
职业规划

逐步综合结转分步
法不通过自制半成
品库的核算过程

逐步综合结转分步
法通过自制半成
品库的核算过程

逐步综合结转分
步法成本还原的
方法

技能闯关

一、单项选择题

1. 成本还原的对象是（　　）。

A. 库存商品成本

B. 各步骤所耗前步骤半成品的综合成本

C. 完工产品中所耗各步骤半成品成本

D. 各步骤完工半成品成本

2. 下列方法中需要进行成本还原的是（　　）。

A. 逐步综合结转分步法　　　　　　B. 逐步结转分步法

C. 平行结转分步法　　　　　　　　D. 逐步分项结转分步法

3. 采用还原分配率法计算半成品各成本项目的还原额时，应以还原分配率分别乘以（　　）。

A. 本月自制半成品各成本项目费用

B. 本月产成品各成本项目费用

C. 上步骤本月所产半成品各成本项目费用

D. 本月所耗上步骤半成品各成本项目费用

4. 下列各种方法中，（　　）将各步骤所耗用半成品成本按照成本项目分别转入各步骤产品成本明细账对应的各成本项目。

A. 逐步结转分步法　　　　　　　　B. 平行结转分步法

C. 逐步分项结转分步法　　　　　　D. 逐步综合结转分步法

二、多项选择题

1. 下列关于逐步结转分步法的说法中，正确的有（　　）。

A. 各步骤在产品成本是狭义在产品成本

B. 各步骤在产品成本是广义在产品成本

C. 半成品成本不随着半成品实物转移

D. 半成品成本随着半成品实物的转移而结转入后面步骤成本计算表

2. 逐步结转分步法按照结转的半成品成本在下一步骤基本生产成本明细账中反映方法的不同，可以分为（   ）。

A. 逐步综合结转分步法 　　　　　B. 逐步分项结转分步法

C. 平行结转分步法 　　　　　　　D. 计划成本结转法

3. 逐步结转分步法的特点包括（   ）。

A. 各步骤计算完工半成品成本

B. 半成品成本随着半成品实物的转移而结转

C. 月末在产品指狭义在产品

D. 月末在产品指广义在产品

4. 逐步分项结转分步法结转半成品成本的缺点有（   ）。

A. 能够按原始成本项目反映产品成本

B. 半成品成本结转的工作量大

C. 各步骤完工产品成本不反应所耗上一步骤半成品的综合成本

D. 不便于对完工产品成本进行成本构成分析

三、判断题

1. 分步法均应顺序结转半成品成本，在最后步骤计算出产成品成本。　（　　）

2. 采用逐步综合结转分步法进行成本还原时，所计算的成本还原分配率可能大于1。　（　　）

3. 不论是逐步综合结转分步法还是逐步分项结转分步法，半成品成本都随着半成品实物的转移而结转。　（　　）

4. 在分步法下，前面各步骤半成品需要入库管理的，应当设置自制半成品明细账进行登记核算。　（　　）

四、技能训练计算题

某企业是大批大量多步骤连续式生产企业，只生产 A 产品。产品生产分为两个步骤，分别在两个车间进行。第一车间为第二车间加工半成品，完工半成品直接转入第二车间继续加工，每个产成品耗用一个半成品。两个车间的月末生产费用都按定额比例法进行分配。该企业 202×年 11 月生产 A 产品 500 件。各车间月初在产品成本和本月生产费用，以及甲产品定额资料见表 6-2.40、表 6-2.41。

表 6-2.40　月初在产品成本及本月生产费用

202×年 11 月 30 日　　　　　产量：500 件　　　　金额单位：元

成本项目	月初在产品成本		本月生产费用	
	一车间	二车间	一车间	二车间
直接材料	5 410		9 820	
直接人工	3 250	2 670	6 460	5 170
制造费用	3 040	2 930	6 220	5 330
合计	18 928	2 050	22 500	10 500

表6-2.41 甲产品定额资料

202×年11月30日　　　　　　　　　　　　　　　金额单位：元

生产步骤	月初在产品		本月投入		本月完工产品	
	定额材料费用	定额工时/小时	定额材料费用	定额工时/小时	定额材料费用	定额工时/小时
一车间	4 869	5 600	9 329	12 500	8 900	15 600
二车间		4 900		10 000		10 200
合计	4 869	10 500	9 329	22 500	8 900	25 800

要求如下。

（1）根据上述资料填制各步骤产品成本计算表，见表6-2.42、表6-2.43。

（2）采用定额比例法分配生产费用，计算各步骤完工产成品成本。

（3）根据计算结果编制相应的会计分录。

（4）采用项目比重法进行成本还原。

表6-2.42 产品成本计算表

生产步骤：一车间　　　　　　　　202×年4月　　　　　　产量：500件　　金额单位：元

项目	直接材料		定额工时/小时	直接人工	制造费用	合计
	定额	实际				
月初在产品						
本月生产费用						
生产费用合计						
费用分配率						
完工半成品成本						
月末在产品成本						

表6-2.43 产品成本计算表

生产步骤：二车间　　　　　　　　202×年4月　　　　　　产量：500件　　金额单位：元

项目	直接材料		定额工时/小时	直接人工	制造费用	合计
	定额	实际				
月初在产品						
本月生产费用						
生产费用合计						
费用分配率						
完工半成品成本						
月末在产品成本						

学习心得

（1）学习内容的梳理——画思维导图。（50分）

（2）假如你是成本核算岗位的会计，学习本任务对你具体工作的指导和帮助有哪些？（可以包括但不限于如何选择和运用成本计算方法）（50分）

任务三　运用平行结转分步法计算产品成本

任务导读

　　王芳大学毕业前到当地一家童车生产企业从事成本会计核算的实习工作。经过一段时间的学习，王芳总结了该企业的生产过程为：童车生产工艺流程主要分为铸造、加工、装配三个工艺步骤。其中，铸造车间将原材料铸造成钢管半成品，加工车间对钢管半成品和其他原材料进行进一步加工，装配车间将加工车间的半成品和外购半成品组装成童车产成品。根据掌握的资料，王芳认为该企业为大批量装配式重复生产企业，工艺复杂，生产步骤多，因此，其成本计算方法适用平行结转分步法。

　　请问：这种分析是否科学合理？平行结转分步法在成本计算方面有哪些特点？如果你与王芳一同到该企业实习，你能回答上面的问题吗？

任务陈述

　　有些大批量多步骤生产企业的各生产步骤所产的半成品种类繁多，为了简化和加快成本核算，各生产步骤在计算生产成本时不需要计算上一步骤转入的半成品成本，也不需要计算本步骤所生产半成品的成本，而是只计算各步骤半成品应计入最终产成品成本的"份额"。将各步骤所生产半成品计入产成品成本的"份额"平行转入产成品成本明细账，从而汇总计算出产成品的制造成本。平行结转分步法计算产品成本所涉及的业务活动和单证如图6-3.1所示。

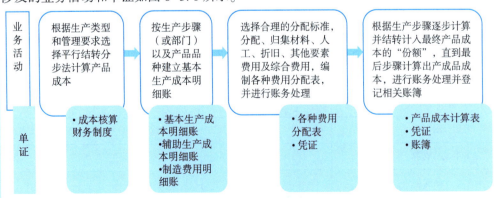

图6-3.1　平行结转分步法计算产品成本所涉及的业务活动和单证

任务分析

在实务中，有些多步骤生产企业很少对外销售半成品，如果将各步骤发生的半成品成本随同半成品实物一起转入后续步骤进行计算，其成本核算工作量太大，而且也没有必要。为了简化成本计算工作，企业一般在管理上不要求提供各步骤半成品的成本资料。因此，各步骤可以不计算半成品成本，只计算该步骤各种半成品发生的生产费用，以及该步骤半成品应转入产成品成本的"份额"。产成品的总成本由各步骤转入的半成品成本"份额"汇总而成。

知识准备

一、平行结转分步法的计算特点

平行结转分步法又称为不计算完工半成品成本分步法。平行结转分步法的计算特点主要如下。

第一，采用平行结转分步法计算产品成本，各步骤不需要计算完工半成品的成本，只计算该步骤所发生的生产费用。

第二，各步骤之间不结转半成品成本，只在企业的产成品入库时才将各步骤成本中应计入产成品成本的"份额"从各步骤成本明细账中转出，不通过"自制半成品"账户进行单独核算，即无论半成品是在各步骤之间直接转移，还是通过半成品仓库收发，半成品成本不随半成品实物转移而结转，仅需要对自制半成品进行数量记录。

第三，每一步骤的生产费用需要采用适当的方法，在其"狭义完工产品"与月末"广义在产品"之间进行分配。

这里的"狭义完工产品"是指最终完工并验收入库的产成品。

"广义在产品"是指就整个企业的全部生产过程而言的未完工产品，具体包括：①本步骤（部门）正在加工的在产品（亦称狭义在产品）；②本步骤完工转入后面各步骤加工，尚未最终产成的在产品；③自制半成品；④正在返修中的废品。

要计算完工产成品成本，必须将各步骤所归集的全部生产费用划分成应计入完工产成品成本的"份额"和广义在产品成本两大部分。

二、平行结转分步法的适用范围

平行结转分步法主要适用于在成本管理上不要求计算半成品成本的企业，特别是半成品不对外销售的大批大量装配式多步骤生产企业。在这些企业中，从投入原材料生产到产出产成品，先由各生产步骤（部门）对各种原材料平行组织加工，然后在最后步骤（组装部门）将前面各种半成品装配成完工的产成品。各步骤半成品的种类比较多且半成品对外销售情况很少的企业，宜采用平行结转分步法，某些连续式多步骤生产企业，如果各步骤（部门）所产半成品不对外出售，仅供本企业下一步骤继续加工，也可以采用平行结转分步法。

三、平行结转分步法的成本计算程序

平行结转分步法的成本计算程序归纳如下。

（1）按产品分步骤设置产品成本计算表，归集生产费用，计算出每种产品在各生产步骤所发生的生产费用总额。

（2）计算每一步骤应计入完工产品成本的"份额"。期末，可以采用定额比例法或约当产量法等专门方法，将各步骤成本计算表中的生产费用，在最后步骤的完工产品和广义在产品之间进行分配，计算出各步骤应计入完工产品成本的"份额"。

（3）将各步骤中应计入完工产品成本的"份额"平行汇总，计算出每种完工产品的成本。

（4）将各步骤产品成本计算表中归集的生产费用，扣减应计入完工产品成本的"份额"，算出月末广义在产品成本。

平行结转分步法的成本计算程序如图 6-3.2 所示。

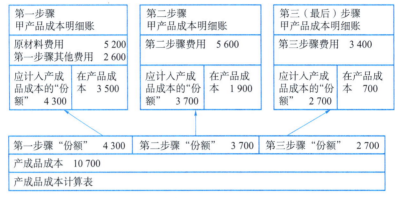

图 6-3.2　平行结转分步法的成本计算程序（金额单位：元）

运用平行结转分步法进行成本计算，关键是要正确确定各步骤生产费用中应计入产成品成本"份额"。

各步骤的生产费用可采用约当产量比例法、定额比例法等方法计算应计入产成品成本的"份额"。

四、成本类账簿设置

采用平行结转分步法计算产品成本时，需要设置的成本类总账账户有"基本生产成本""辅助生产成本""制造费用"等。在"基本生产成本"账户下，通常按照生产步骤（或部门）设置二级明细账户，按照产品品种设置三级明细账户。"辅助生产成本""制造费用"账户通常按照部门设置二级明细账户。

任务实施

一、企业 202×年 4 月概况及成本核算财务制度

1. 企业简介

飞驰单车制造有限公司生产 D 单轮车和 M 单轮车，生产过程分为两个步骤，分别在两个基本生产车间进行。该公司设有一个辅助生产车间（机修部门），辅助生产车间的生产费用全部在"辅助生产成本"账户核算。一车间加工完的半成品直接转入二车间装配成产成品，每个产成品耗用一个半成品。该公司在企业管理上不要求计算各车间半成品的成本。

2. 企业成本核算财务制度

（1）根据企业类型特点和管理要求，产品成本计算方法采用平行结转分步法。

（2）基本科目设置。

①设置基本生产成本明细账，按生产步骤及产品种类设明细账，按"直接材料"
"直接人工"和"制造费用"三个成本项目对各项要素费用进行归集。

②设置辅助生产成本明细账，按辅助生产车间设置。

③设置制造费用明细账，核算基本生产车间发生的费用。

（3）材料费用按实际成本计价。

（4）辅助生产车间发生的费用采用直接分配法分配。

（5）制造费用按产品工时比例法进行分配。

（6）生产费用在完工产品和月末在产品之间的分配采用约当产量比例法计算
（该企业各月末在产品数量变化大）。所有工序的材料均于生产开始时一次投入，在
产品完工程度均为50%。

二、产品成本核算相关账簿设置及相关资料

（1）产品成本核算相关账簿设置见表6-3.1~表6-3.7。

表 6-3.1　基本生产成本明细账

二级明细科目：一车间　　　　　　　　　　　　　　　　　　　完工产量：3 000 件

三级明细科目：D 半成品　　　　　　202×年 4 月　　　　　　金额单位：元

| 月 | 日 | 内容摘要 | 成本项目（借方分析金额） | | | 合计 |
			直接材料	直接人工	制造费用	
		月初在产品成本	47 800	48 200	19 200	115 200
		本月生产费用				
		生产费用合计				
		结转完工产品成本				
		完工产品单位成本				
		月末在产品成本				

表 6-3.2　基本生产成本明细账

二级明细科目：一车间　　　　　　　　　　　　　　　　　　　完工产量：2 000 件

三级明细科目：M 半成品　　　　　　202×年 4 月　　　　　　金额单位：元

| 月 | 日 | 内容摘要 | 成本项目（借方分析金额） | | | 合计 |
			直接材料	直接人工	制造费用	
		月初在产品成本	106 760	58 340	31 700	196 800
		本月生产费用				
		生产费用合计				
		结转完工产品成本				
		完工产品单位成本				
		月末在产品成本				

表6-3.3　基本生产成本明细账

二级明细科目：二车间　　　　　　　　　　　　　　　　　　　完工产量：3 000 件

三级明细科目：D 单轮车　　　　　202×年4 月　　　　　　　　金额单位：元

月	日	内容摘要	成本项目（借方分析金额）			合计
			直接材料	直接人工	制造费用	
		月初在产品成本	72 600	75 300	23 400	171 300
		本月生产费用				
		生产费用合计				
		完工产品成本				
		月末在产品成本				
		月末在产品成本				

表6-3.4　基本生产成本明细账

二级明细科目：二车间　　　　　　　　　　　　　　　　　　　完工产量：2 000 件

三级明细科目：M 单轮车　　　　　202×年4 月　　　　　　　　金额单位：元

月	日	内容摘要	成本项目（借方分析金额）			合计
			直接材料	直接人工	制造费用	
		月初在产品成本	191 300	86 720	33 580	311 600
		本月生产费用				
		生产费用合计				
		完工产品成本				
		月末在产品成本				
		月末在产品成本				

表6-3.5　辅助生产成本明细账

二级明细科目：机修车间　　　　　　202×年4 月　　　　　　　金额单位：元

月	日	摘要	材料费	职工薪酬	折旧费	办公费	保险费	水电费	其他	合计	转出	余额

表6-3.6　制造费用明细账

二级明细科目：一车间　　　　　　　202×年4 月　　　　　　　金额单位：元

月	日	摘要	机物料	职工薪酬	折旧费	修理费	水电费	办公费	保险费	其他	合计	转出	余额

表 6-3.7　制造费用明细账

二级明细科目：二车间　　　　　　　　　202×年 4 月　　　　　　　　　金额单位：元

月	日	摘要	机物料	职工薪酬	折旧费	修理费	水电费	办公费	保险费	其他	合计	转出	余额

（2）产品产量相关资料。

本月产品产量相关资料见表 6-3.8。

表 6-3.8　产量记录　　　　　　　　　　　单位：件

项目	一车间		二车间	
	D 半成品	M 半成品	D 单轮车	M 单轮车
月初在产品数量	100	200	200	300
本月投产数量	2 900	1 800	2 800	1 900
本月完工产品数量	2 800	1 900	3 000	2 000
月末在产品数量	200	100	0	200
在产品完工程度	50%	50%		50%

三、各要素费用、综合费用和产品成本的核算

（一）材料费用的核算

根据材料费用分配表编制会计分录，填制记账凭证，见表 6-3.9。

表 6-3.9　记账凭证

单位名称：飞驰单车制造有限公司　　　　202×年 4 月 30 日　　　　　　　记字第　　号

摘要	总账科目	明细科目	借方金额	贷方金额	记账
领用材料	基本生产成本	一车间——D 半成品（直接材料）	140 600		
	基本生产成本	一车间——M 半成品（直接材料）	186 300		
	基本生产成本	二车间——D 单轮车（直接材料）	133 500		
	基本生产成本	二车间——M 单轮车（直接材料）	63 700		
	辅助生产成本	机修车间（材料费）	12 180		
	制造费用	一车间（机物料）	720		
	制造费用	二车间（机物料）	510		
	管理费用		3 710		
	原材料			541 220	
附件　张		合计	541 220	541 220	

（二）职工薪酬费用的核算

根据职工薪酬费用汇总表编制会计分录，填制记账凭证，见表 6-3.10。

表 6-3.10 记账凭证

单位名称：飞驰单车制造有限公司　　　　202×年 4 月 30 日　　　　　　　　记字第　号

摘要	总账科目	明细科目	借方金额	贷方金额	记账
计提职工薪酬	基本生产成本	一车间——D 半成品（直接人工）	126 153		
计提职工薪酬	基本生产成本	一车间——M 半成品（直接人工）	84 102		
计提职工薪酬	基本生产成本	二车间——D 单轮车（直接人工）	202 002		
计提职工薪酬	基本生产成本	二车间——M 单轮车（直接人工）	134 668		
计提职工薪酬	辅助生产成本	机修车间（职工薪酬）	36 156		
计提职工薪酬	制造费用	一车间（职工薪酬）	23 318		
计提职工薪酬	制造费用	二车间（职工薪酬）	23 711		
计提职工薪酬	销售费用		110 826		
计提职工薪酬	管理费用		87 377		
计提职工薪酬	应付职工薪酬	工资		632 300	
计提职工薪酬	应付职工薪酬	社会保险费		196 013	
附件　张		合计	828 313	828 313	

（三）其他要素费用的核算

根据上述费用分配表，编制会计分录，填制记账凭证，见表 6-3.11。

表 6-3.11 记账凭证

单位名称：飞驰单车制造有限公司　　　　202×年 4 月 30 日　　　　　　　　记字第　号

摘要	总账科目	明细科目	借方金额	贷方金额	记账
分配其他费用	制造费用	一车间（折旧费）	12 890		
		一车间（办公费）	2 050		
		一车间（其他）	6 360		
分配其他费用	制造费用	二车间（折旧费）	10 320		
		二车间（办公费）	2 310		
		二车间（其他）	6 970		
分配其他费用	辅助生产成本	机修车间（折旧费）	8 350		
		机修车间（办公费）	2 120		
		机修车间（其他）	3 530		
分配其他费用	销售费用		25 200		
分配其他费用	管理费用		29 900		
分配其他费用	银行存款			69 730	
分配其他费用	其他应收款	保险费		2 920	
分配其他费用	累计折旧			37 350	
附件　张		合计	110 000	110 000	

（四）辅助生产费用的核算

根据上述分配结果，编制会计分录，填制记账凭证，见表6-3.12。

表6-3.12　记账凭证

单位名称：飞驰单车制造有限公司　　　202×年4月30日　　　　　记字第　号

摘要	总账科目	明细科目	借方金额	贷方金额	记账
分配辅助费用	制造费用	一车间（其他）	27 272		
分配辅助费用	制造费用	二车间（其他）	25 713.6		
分配辅助费用	管理费用		9 350.4		
分配辅助费用	辅助生产成本	（转出）		62 336	
附件　张		合计	62 336	62 336	

（五）制造费用的核算

根据制造费用分配表的分配结果，编制会计分录，填制记账凭证，见表6-3.13。

表6-3.13　记账凭证

单位名称：飞驰单车制造有限公司　　　202×年4月30日　　　　　记字第　号

摘要	总账科目	明细科目	借方金额	贷方金额	记账
分配制造费用	基本生产成本	一车间——D半成品（制造费用）	45 381.25		
分配制造费用	基本生产成本	一车间——M半成品（制造费用）	27 228.75		
分配制造费用	基本生产成本	二车间——D单轮车（制造费用）	27 813.84		
分配制造费用	基本生产成本	二车间——M单轮车（制造费用）	41 720.76		
分配制造费用	制造费用	一车间（转出）		72 610	
分配制造费用	制造费用	二车间（转出）		69 534.6	
附件　张		合计	142 144.6	142 144.6	

根据审核无误的记账凭证登记基本生产成本明细账（略）。

四、生产费用分配的核算

月末，将各步骤中各种产品的全部生产费用在完工产品与月末在产品之间进行分配。飞驰单车制造有限公司采用约当产量比例法分配生产费用。各步骤中各种产品生产所需的原材料随生产陆续投入。

本月产品产量资料见表6-3.14。

表6-3.14　产量记录　　　　　　　　　　　　单位：件

项目	一车间		二车间	
	D半成品	M半成品	D单轮车	M单轮车
月初在产品数量	100	200	200	300
本月投产数量	2 900	1 800	2 800	1 900

项目	一车间		二车间	
	D 半成品	M 半成品	D 单轮车	M 单轮车
本月完工产品数量	2 800	1 900	3 000	2 000
月末在产品数量	200	100	0	200
在产品完工程度/%	50	50		50

编制 D 半成品成本计算表，见表 6-3.15。

表 6-3.15　产品成本计算表

部门：一车间　　产品：D 半成品　　202×年 4 月　　完工产量：3 000 件　　金额单位：元

摘要	直接材料	直接人工	制造费用	合计
月初在产品成本	47 800	48 200	19 200	115 200
本月生产费用	140 600	126 153	45 381.25	312 134.25
生产费用合计	188 400	174 353	64 581.25	427 334.25
本月最终完工产成品数量	3 000	3 000	3 000	
本步骤在产品约当产量	200×50%	200×50%	200×50%	
以后步骤在产品数量	0	0	0	
月末广义在产品约当量	100	100	100	
约当总产量	3 100	3 100	3 100	
费用分配率	60.774 2	56.242 9	20.832 7	137.849 8
应计入产成品成本份额	182 322.60	168 728.70	62 498.10	413 549.40
月末在产品成本	6 077.40	5 624.30	2 083.15	13 784.85

编制 M 半成品成本计算表，见表 6-3.16。

表 6-3.16　产品成本计算表

部门：一车间　　产品：M 半成品　　202×年 4 月　　完工产量：2 000 件　　金额单位：元

摘要	直接材料	直接人工	制造费用	合计
月初在产品成本	106 760	58 340	31 700	196 800
本月生产费用	186 300	84 102	27 228.75	297 630.75
生产费用合计	293 060	142 442	58 928.75	494 430.75
本月最终完工产成品数量	2 000	2 000	2 000	
本步骤在产品约当产量	100×50%	100×50%	100×50%	
以后步骤在产品数量	200	200	200	
月末广义在产品约当量	250	250	250	
约当总产量	2 250	2 250	2 250	
费用分配率	130.248 9	63.307 6	26.190 6	219.747
应计入产成品成本份额	260 497.80	126 615.20	52 381.10	439 494.10
月末在产品成本	32 562.20	15 826.80	6 547.65	54 936.65

编制 D 单轮车成本计算表，见表 6-3.17。

表 6-3.17 产品成本计算表

部门：二车间　　产品：D 单轮车　　　202×年 4 月　　　完工产量：3 000 件　　金额单位：元

摘要	直接材料	直接人工	制造费用	合计
月初在产品成本	72 600	75 300	23 400	171 300
本月生产费用	133 500	202 002	27 813.84	
生产费用合计	206 100	277 302	51 213.84	534 615.84
本月最终完工产成品数量	3 000	30 00	3 000	
本步骤在产品约当产量	0	0	0	
以后步骤在产品数量	0	0	0	
月末广义在产品约当量	0	0	0	
约当总产量	3 000	3 000	3 000	
费用分配率	68.7	92.434	17.071 3	178.205 3
应计入产成品成本份额	206 100	277 302	51 213.84	534 615.84
月末在产品成本	0	0	0	0

编制 M 单轮车成本计算表，见表 6-3.18。

表 6-3.18 产品成本计算表

部门：二车间　　产品：M 单轮车　　　202×年 4 月　　　完工产量：2 000 件　　金额单位：元

摘要	直接材料	直接人工	制造费用	合计
月初在产品成本	191 300	86 720	33 580	311 600
本月生产费用	63 700	134 668	41 720.76	240 088.76
生产费用合计	255 000	221 388	75 300.76	551 688.76
本月最终完工产成品数量	2 000	2 000	2 000	
本步骤在产品约当产量	200×50%	200×50%	200×50%	
以后步骤在产品数量	0	0	0	
月末广义在产品约当量	100	100	100	
约当总产量	2 100	2 100	2 100	
费用分配率	121.428 6	105.422 9	35.857 5	262.709
应计入产成品成本份额	242 857.2	210 845.80	71 715	525 418
月末在产品成本	12 142.80	10 542.20	3 585.76	26 270.76

根据各车间（步骤）各种产品成本计算分配结果编制产品成本汇总表，见表 6-3.19。

表 6-3.19　产品成本汇总表

202×年 4 月　　　　　　　　　　　　　　　　　金额单位：元

摘要		直接材料	直接人工	制造费用	合计
D 单轮车	一车间应计入产成品成本份额	182 322.6	168 728.7	62 498.1	413 549.4
	二车间应计入产成品成本份额	206 100	277 302	51 213.84	534 615.84
	产成品总成本	388 422.60	446 030.7	113 711.94	948 165.24
	产成品单位成本	129.47	148.68	37.9	316.05
M 单轮车	一车间应计入产成品成本份额	260 497.80	126 615.20	52 381.10	439 494.10
	二车间应计入产成品成本份额	242 857.2	210 845.80	71 715	525 418
	产成品总成本	503 355	337 461	124 096.10	964 912.10
	产成品单位成本	251.68	168.73	62.05	482.46

　　假设产成品均已验收入库，根据产品成本汇总表中 D 单轮车总成本和 M 单轮车总成本，结转验收入库产成品的生产成本，编制会计分录并填制记账凭证，见表 6-3.20。

表 6-3.20　记账凭证

单位名称：飞驰单车制造有限公司　　202×年 4 月 30 日　　　　　　记字第　号

摘要	总账科目	明细科目	借方金额	贷方金额	记账
结转生产成本	库存商品	D 单轮车	853 043.50		
结转生产成本	库存商品	M 单轮车	1 060 033.84		
结转生产成本	基本生产成本	一车间（D 半成品）		413 549.4	
结转生产成本	基本生产成本	一车间（M 半成品）		439 494.10	
结转生产成本	基本生产成本	二车间（D 单轮车）		534 615.84	
结转生产成本	基本生产成本	二车间（M 单轮车）		525 418	
附件　张		合计	1 913 077.34	1 913 077.34	

　　根据审核无误的记账凭证及有关单证，登记基本生产成本明细账（略）。

五、产品主要成本报表的编制与分析

　　为了反映该公司在报告期内两种主要产品的总成本，下面编制按成本项目反映的产品生产成本表，见表 6-3.21。

表 6-3.21　飞驰单车制造有限公司产品生产成本表

编制单位：飞驰单车制造有限公司　　202×年 4 月　　　　　　　　金额单位：元

成本项目	上年实际	本年计划	本月实际	本年累计实际
直接材料	11 840 228	11 248 216.60	89 777.60	3 245 310.40
直接人工	92 120 167	93 962 570.30	783 491.70	3 123 890.80
制造费用	2 502 234.10	2 389 785.80	209 630.34	830 221.36
生产费用合计	106 462 629.10	107 600 572.70	1 082 899.64	7 199 422.56

成本项目	上年实际	本年计划	本月实际	本年累计实际
加：在产品期初余额	1 620 157	1 539 149	107 880	420 523
减：在产品期末余额	1 035 940.34	1 487 250.20	117 740.72	471 162.72
产品生产成本合计	107 046 845.80	107 652 471.50	1 073 038.92	7 148 782.84

对可比产品成本降低计划完成情况进行分析，结合该公司的生产情况，主要分析本年计划成本比上年实际成本的降低程度和本月单位成本的计划完成情况。

该公司生产的 M 单轮车为不可比产品，D 单轮车为可比产品。为了进一步分析 D 单轮车的单位成本计划完成情况，利用比较分析法编制该公司的主要产品单位成本计划完成情况分析表，见表 6-3.22。

表 6-3.22 飞驰单车制造有限公司主要产品单位成本计划完成情况分析表

产品名称：D 单轮车　　　　　　　　　　202×年 4 月　　　　　　　　　　金额单位：元

成本项目	单位成本			本月与上年实际比		本月与本年计划比	
	上年实际	本年计划	本月实际	降低额	降低率/%	降低额	降低率/%
直接材料	125.51	125.50	129.47	-3.96	-3.16	-3.97	-3.16
直接人工	142.60	148.68	148.68	-6.08	-4.26	0	0
制造费用	38.70	37.90	37.90	0.80	2.06	0	0
合　计	306.81	312.08	316.05	-9.24	-3.01	-3.97	-1.27

可以看出，该产品本月实际单位成本比计划超支 3.97 元，主要是直接材料超支 3.97 元，影响了单位成本计划的完成，还应对直接材料进行进一步分析。

经过调查了解，D 单轮车材料费用的变动主要受材料单位消耗量和单价两方面因素的影响。下面用连环替代法对其变动影响额进行分析。编制 D 单轮车直接材料分析表，见表 6-3.23。

表 6-3.23 D 单轮车直接材料分析表

202×年 4 月

材料名称	计量单位	耗用量		单价/元		原材料费用/元	
		计划	实际	计划	实际	计划	实际
A 材料	千克	2.65	2.616	47.36	49.50	125.50	129.47
合计						125.50	129.47

该产品原材料费用实际比计划超支 3.97 元（129.47-125.50），用连环替代法分析如下：

材料消耗量变动影响额=(2.616-3.65)×47.36=-1.62(元)

材料单价变动影响额=(49.50-47.36)×2.616=+5.59(元)

二者的综合影响额=(-1.62)+5.59=+3.97(元)（差异）

材料单价变动主要受市场供需影响而略有上涨，材料单位消耗量实际比计划节

学习笔记

约，主要原因是加工技术得到改进，减少了废品损失。

【"任务导读"解析】

王芳的分析基本合理。平行结转分步法一般适用于大批大量多步骤重复生产企业，并且在成本管理方面不要求提供各步骤半成品的成本资料，尤其适用于前面各步骤平行加工，在最后一个步骤组装成品的装配式复杂生产。

任务拓展

> 讨论：平行结转分步法与逐步结转分步法关键的区分点是什么？

悟道明理：能
力不是唯一，
态度决定一切

平行结转分步法
的概念特点及
适用范围

平行结转分步法
的成本计算程序

平行结转分步法
计算实例

技能闯关

一、单项选择题

1. 采用平行结转分步法计算产品成本时，将生产费用在完工产品与月末在产品之间分配是指（　　）。

A. 在各步骤完工半成品与狭义在产品之间分配

B. 在最终产成品与广义在产品之间分配

C. 在各步骤完工半成品与广义在产品之间分配

D. 在最终产成品与狭义在产品之间分配

2. 平行结转分步法在成本计算方面的突出特点是（　　）。

A. 只计算各步骤半成品应计入最终产成品成本的"份额"

B. 各步骤生产费用在完工半成品和月末产成品之间分配

C. 各步骤需要计算和结转完工半成品的成本

D. 产成品成本是各步骤所生产半成品的成本之和

3. 在平行结转分步法下，每个步骤完工产品的成本就是（　　）。

A. 该步骤完工半成品的成本

B. 该步骤生产费用中应计入产成品成本的"份额"

C. 该步骤生产费用中应计入半成品成本的"份额"

D. 该步骤完工产成品的成本

二、多项选择题

1. 平行结转分步法下的广义在产品包括（　　）。

A. 正在本步骤加工的在产品

B. 本步骤完工转入半成品库保管的自制半成品

C. 从半成品库转入后面步骤正在继续加工的在产品

D. 最后生产步骤完工入库的产成品

2. 平行结转分步法适用于（　　　）的情况。

A. 产品种类多，计算和结转半成品的工作量很大

B. 生产步骤多，且管理上不要求提供各步骤半成品的成本资料

C. 管理上不要求全面反映各步骤的生产费用水平

D. 管理上不要求产成品反映原始成本项目资料

3. 下列各项中，属于平行结转分步法特点的有（　　　）。

A. 半成品成本不随半成品实物转移而结转

B. 不结转各步骤半成品成本

C. 产成品成本根据各步骤应计入产成品成本的生产费用"份额"汇总而得

D. 各步骤需要计算应计入产成品成本的生产费用"份额"

三、判断题

1. 在平行结转分步法下，各步骤的生产费用都要在完工产成品和广义在产品之间进行分配。　　　　　　　　　　　　　　　　　　　　　　　　（　　）

2. 平行结转分步法不需要设置"自制半成品"账户。　　　　　　（　　）

3. 平行结转分步法实际上是品种法的多次连续应用。　　　　　（　　）

四、技能训练题

某企业是大批大量多步骤连续式生产企业，只生产甲产品。产品生产分为两个步骤，分别在两个车间进行。第一车间为第二车间加工半成品，半成品直接转入第二车间继续加工，每件产成品耗用一件半成品。两个车间的月末生产费用都按约当产量比例法分配，原材料于生产开始时一次投入，各车间月末在产品完工程度均为50%。本月产成品均已验收入库。

产量记录表见表6-3.24。

表 6-3.24　产量记录表

202×年 9 月 30 日　　　　　　　　　　　　　　　　单位：台

生产步骤	月初在产品	本月投产	本月完工	月末在产品
一车间	200	1 200	1 100	300
二车间	300	1 700	1 600	400

月初在产品成本表见表6-3.25。

表 6-3.25　月初在产品成本表

202×年 9 月 30 日　　　　　　　　　　　　　　　　单位：台

生产步骤	直接材料	直接人工	制造费用	合计
一车间	68 200	35 500	32 300	135 000
二车间		32 700	30 300	63 000

本月生产费用表见表6-3.26。

表6-3.26　本月生产费用表

202×年9月30日　　　　　　　　　　　　　　　　　　　　金额单位：元

生产步骤	直接材料	直接人工	制造费用	合计
一车间	403 200	177 500	193 800	774 500
二车间		176 580	163 620	340 200

要求：根据上述资料，采用平行结转分步法计算产成品成本和月末在产品成本，填制产品成本计算表和产成品成本汇总表（表6-3.27～表6-3.29），并编制相应的会计分录。

表6-3.27　产品成本计算表

部门：一车间　　　　　　　　202×年9月30日　　　　　　　　金额单位：元

项目	直接材料	直接人工	制造费用	合计
月初在产品成本				
本月生产费用				
生产费用合计				
约当总产量				
费用分配率				
应计入产成品成本份额				
月末在产品成本				

表6-3.28　产品成本计算表

部门：二车间　　　　　　　　202×年9月30日　　　　　　　　金额单位：元

项目	直接材料	直接人工	制造费用	合计
月初在产品成本				
本月生产费用				
生产费用合计				
约当总产量				
费用分配率				
应计入产成品成本份额				
月末在产品成本				

表 6-3.29 产成品成本汇总表

202×年 9 月 30 日　　　　　　　　　　　金额单位：元

项目	直接材料	直接人工	制造费用	产品总成本	单位成本
一车间					
二车间					
合计					

▶ **学习心得**

（1）学习内容的梳理——画思维导图。（50 分）

（2）假如你是成本核算岗位的会计，学习本任务对你具体工作的指导和帮助有哪些？（可以包括但不限于如何选择和运用成本计算方法）（50 分）

任务四　运用 Excel 以逐步结转分步法计算产品成本

▶ **任务导读**

前面已经运用 Excel 以品种法和分批法计算了产品成本，本任务继续利用 Excel 计算产品成本，产品成本的计算方法改为逐步结转分步法。

▶ **任务陈述**

运用 Excel 以逐步结转分步法计算产品成本，需要了解企业的基本情况，清楚逐步结转分步法的计算程序，在 Excel 中录入基础数据，创建公式进行自动核算。运用 Excel 以逐步结转分步法计算产品成本学习任务示意如图 6-4.1 所示。

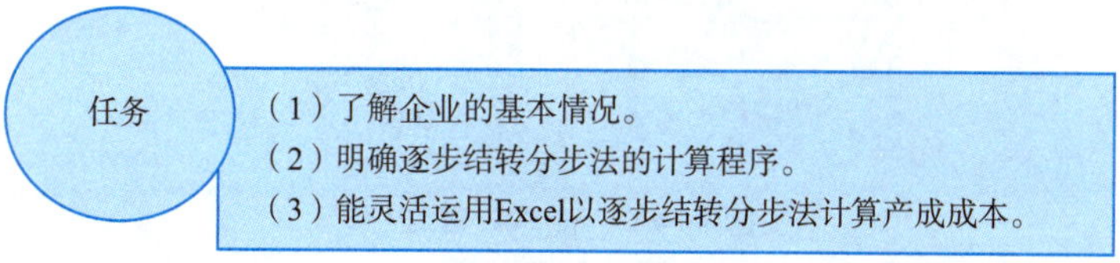

任务　（1）了解企业的基本情况。
　　　（2）明确逐步结转分步法的计算程序。
　　　（3）能灵活运用Excel以逐步结转分步法计算产成本。

图 6-4.1 运用 Excel 以逐步结转分步法计算产品成本学习任务示意

▶ **任务分析**

本任务采用本项目任务二中科达纺织印染厂产品生产过程中发生的业务资料，通过 Excel 进行成本计算，首先要掌握运用逐步结转分步法计算产品成本的程序。

学习笔记

知识准备

运用逐步结转分步法计算产品成本的程序如下。

（1）按生产步骤及产品种类设明细账，开设基本生产成本明细账。

（2）按生产步骤及产品种类归集、分配生产费用。

（3）按生产步骤及产品种类计算完工产品成本。

（4）如果采用逐步综合结转分步法计算产品成本，则还要进行成本还原；若采用逐步分项结转分步法计算产品成本，则不需要进行成本还原。

（5）结转产品成本。

任务实施

一、企业基本情况

科达纺织印染厂是一家生产纺织品的企业，主要生产涤丝花布。该厂设有涤丝车间、白布车间和花布车间三个基本生产车间，一个机修辅助生产车间。产品生产经过三个基本生产车间顺序加工，第一车间生产的半成品——涤丝被第二车间领用，第二车间生产的半成品——白布被第三车间领用，并将其加工成产成品——花布。该厂在企业管理上要求计算各车间半成品的成本，并设置半成品库。产品成本计算方法采用分步法中的逐步综合结转分步法。

二、成本计算程序

成本计算程序如图 6-4.2 所示。

1. 开设成本明细账，录入期初余额	2. 归集与分配材料费用	3. 归集与分配燃料费用	4. 归集与分配外购动力费用
5. 归集与分配职工薪酬费用	6. 归集与分配固定资产折旧费用	7. 归集与分配其他费用	8. 归集与分配辅助生产费用
9. 归集与分配基本生产车间制造费用	10. 计算各种完工产品和在产品成本		

图 6-4.2　成本计算程序

成本计算程序

学习心得

（1）学习内容的梳理。（50分）

（2）假如你是成本核算岗位的会计，学习本任务对你具体工作的指导和帮助有哪些？（可以包括但不限于如何选择和运用成本计算方法）（50分）

项目总结

　　分步法是按照产品的生产步骤归集生产费用，计算产品成本的一种方法。它主要适用于大量大批多步骤生产的企业。其特点是以各步骤的产品作为成本计算对象；以会计报告期作为成本计算期；月末将生产费用在完工产品和月末在产品之间进行分配。分步法按照各步骤之间是否结转半成品成本又分为逐步结转分步法和平行结转分步法两种。

　　逐步结转分步法主要适用于大批大量多步骤生产，且在管理上有必要提供半成品成本资料的企业，尤其是将各步骤所生产半成品作为商品对外销售的企业。其特点是要按照产品的加工顺序，逐步计算并结转半成品成本，上一步骤所生产半成品的成本，随着半成品实物的转移，从上一步骤的成本计算表转入下一步骤相同产品的成本计算表，以便逐步计算各步骤的半成品成本，最后一个步骤即完工产品成本。

　　逐步结转分步法是将半成品成本在下一步骤成本计算表中反映的方法，可分为逐步综合结转分步法和逐步分项结转分步法两种方法。逐步综合结转分步法是将各步骤所耗用的上一步骤的半成品成本，以其合计数综合记入下一步骤的产品成本计算表中的半成品或原材料成本项目。逐步综合结转分步法不能直接提供按原始成本项目反映的成本资料，对计算出的产成品成本需要进行成本还原。

　　平行结转分步法也称为不计算半成品成本分步法。它主要适用于在成本管理上不要求计算半成品成本的企业，特别是半成品不对外销售的大批大量装配式多步骤生产企业。其特点是各步骤不计算半成品成本，只计算本步骤所发生的生产费用；各步骤之间不结转半成品成本，只在企业的产成品入库时才将各步骤费用中的应计入产成品的"份额"从各步骤产品明细账中转出，不通过"自制半成品"账户进行核算，即半成品成本不随半成品实物转移而结转。每一步骤的生产费用需采用适当的方法，在其完工产品与月末广义在产品之间分配。

项目七 运用辅助方法计算产品成本

✓ **项目导读**

在实际工作中，由于企业情况复杂，管理基础和管理要求不同，有的企业在采用三种基本产品成本计算方法的基础上，还要采用分类法、定额法等辅助方法计算产品成本。分类法、定额法与生产特点无直接关系，不涉及成本计算对象，从计算产品实际成本来说，并不是必不可少的，因此称之为产品成本计算的辅助方法。本项目的工作任务有产品成本计算的分类法、定额法及联产品、副产品成本的计算。

知识目标	能力目标	素质目标
1.掌握辅助方法的基本概念、原理和计算方法，了解其适用范围和特点 2.了解辅助方法与其他成本计算方法的区别和联系，能够根据企业的实际情况选择合适的成本计算方法	1.能够根据企业的实际情况和产品特点，选择合适的辅助方法进行产品成本计算 2.能够运用辅助方法进行产品成本分析，发现潜在的成本节约点，提出改进措施和建议	1.具备良好的职业道德和职业素养 2.具备团队合作精神和良好的沟通能力，能够与其他人员紧密合作，共同完成企业的成本管理目标 3.具备严谨的工作态度和细致的工作作风，能够认真对待每一个细节，确保成本数据的准确性和完整性

任务一 运用分类法计算产品成本

▶ **任务导读**

202×年6月，浙江某高新纤维公司登陆深圳中小板。该公司主营涤纶工业长丝，产品应用于输送带帆布、篷盖材料、广告增强材料、膜结构、土工材料、汽车安全带、吊装带、工程线绳等产业用纺织品。该公司产品包括"超高强超低缩涤纶工业长丝""拒海水型涤纶工业长丝""一步法5 000D涤纶工业长丝""阻燃型涤纶工业长丝"等几种类别、近百个规格型号。如果以前面学习的品种法计算产品成本，成本计算将极为复杂。

请问：在这种情况下，有什么简便的成本计算方法吗？

任务陈述

某些企业所生产产品的种类、规格繁多，如果将产品的种类、规格作为成本计算对象，设置产品成本明细账，归集生产成本，计算各种产品的成本，则其计算工作量十分繁重。为了减轻计算工作，需要在成本计算基本方法的基础上，采用分类法计算产品成本，这样既简化了成本计算，又能正确提供成本核算资料。

运用分类法计算产品成本所涉及的业务活动及单证如图7-1.1所示。

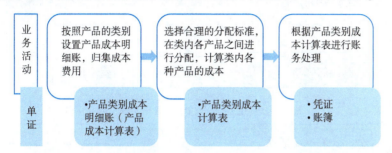

图7-1.1 运用分类法计算产品成本所涉及的业务活动及单证

任务分析

分类法是以产品类别为成本计算对象，首先按照产品类别设置生产成本明细账，汇集生产费用，计算出各类产品的总成本，然后将总成本按一定标准在该类产品的各种产品间进行分配，计算出各种产品成本。分类法的任务可以分解为：选定标准产品；确定各类产品系数；计算各类产品本月总系数；计算各类产品的总成本和单位成本。

知识准备

一、分类法的含义及适用范围

产品成本计算的分类法是按产品类别汇集生产费用，先计算各类产品成本，然后再按一定的分配标准，计算分配类内各品种、规格产品成本的一种方法。

分类法的适用范围如下。

（1）凡是产品的品种、规格繁多，又可以按照一定标准划分为若干类别的企业或部门，均可以采用分类法计算产品成本。

（2）生产联产品、副产品和等级品的企业，可采用分类法计算产品成本，如化工企业生产的联产品，采用的原料和工艺过程相同，适宜也只能采用分类法计算产品成本。

（3）企业生产的零星产品，虽然内部结构、所消耗的原材料和工艺过程不一定完全接近，但是它们的数量少，费用比重小，为了简化计算，也可以采用分类法计算产品成本。

分类法与生产类型没有直接关系，只要具备上述条件，就可以在各种类型的生产中应用。

二、分类法的特点

分类法的特点如图 7-1.2 所示。

> **以产品的类别为成本计算对象**
> - 按照产品类别归集费用，计算各类产品成本。先根据产品的结构、所用原材料和工艺过程，将产品划分为若干类别，按照类别设立产品成本明细账，归集生产费用，计算各类产品成本。同一类别产品内不同品种产品的成本采用一定的分配方法分配确定。各成本项目可以按照同一标准分配，也可以按照成本项目的性质，分别采用不同的分配标准，以使分配结果更加合理。

> **分类法的成本计算期应视产品生产类型及管理要求而定**
> - 如果是大批大量生产，则应结合品种法或分步法进行成本计算，每月月末定期计算产品成本；如与分批法结合使用，则成本计算期与生产周期一致。

> **分类计算产品成本**
> - 分类法实质上是在品种法、分批法、分步法的基础上演变来的，因此，其成本计算程序与三种基本方法大致相同。不同的是，分类法首先要将产品归类，按类别设立成本计算表，按类别归集和分配费用，然后将归集的费用在类内采用一定的方法，分配到类内各种产品中，最后计算类内各种产品的单位成本。

图 7-1.2　分类法的特点

三、分类法的计算程序

（1）按产品类别设立产品成本明细账。
（2）分配类内各种产品成本。

任务实施

运用分类法计算各类产品成本时可采用品种法、分批法、分步法等基本方法。选择适当的分配标准，分配计算类内各种产品成本是分类法的关键。常用的方法有定额比例法和系数法，定额比例法的原理前已述及，这里主要介绍系数法。

系数法的特点是计算出各类产品总成本后，在类内各种产品之间按照系数分配成本。系数是指类内各种规格产品之间的比例关系。确定系数时，一般在同类产品中选择一种产量较大、生产较稳定、规格适中的产品作为标准产品。把标准产品的系数定为 1，用其他产品同标准产品进行对比求出系数，再乘以产量求出总系数。

计算公式如下：

$$某种产品系数 = \frac{该产品售价(或定额消耗量、体积)}{标准产品售价(或定额消耗量、体积)}$$

$$某种产品总系数(标准产量) = 该产品实际产量 \times 该产品的系数$$

$$费用分配率 = 应分配成本总额 / 类内各种产品系数之和$$

$$某种产品应负担费用 = 某种产品总系数 \times 费用分配率$$

【案例 7-1.1】　力达工厂为大批大量单步骤小型生产企业，设有一个基本生产车间，大量生产 3 种规格不同的电子元件。根据产品结构特点和耗用的原材料及工艺技术过程，可以将这三种产品划为一类（甲类），即甲类产品包括 101、102、103 等三种不同规格的产品。根据该厂产品生产特点和成本管理要求，可先采用品种法的基本原理计算出甲类产品本月完工产品的实际总成本，然后采用系数法将本类产品的总成本分配于类内各种规格的产品。本月生产的甲类产品的成本已经按照品种法的基本原理进行归集和分配，甲类产品的成本计算表见表 7-1.1。本类产品的生产费用在本月完工产品和月末在产品之间的分配采用定额比例法。甲类产品中各种产品的消耗定额见表 7-1.2。要求计算甲类产品中各种产品的成本。

表 7-1.1 产品成本计算表

产品：甲类　　　　　　　　　　　202×年 6 月　　　　　　　　　　　金额单位：元

项目	直接材料	直接人工	制造费用	合计
月初在产品成本	24 000	4 800	3 600	32 404
本月生产费用	120 000	25 344	18 505.6	163 845.6
生产费用合计	144 000	30 144	22 105.6	196 249.6
本月完工产品总成本	120 000	28 260	20 724	168 984
月末在产品成本	24 000	1 884	1 381.6	27 265.6

表 7-1.2 甲类产品的材料和工时消耗定额

产品：甲类　　　　　　　　　　　202×年度使用　　　　　　　　　　　编号：01

产品名称	材料消耗定额/元	工时消耗定额/小时
101 产品	3.60	0.84
102 产品	3.30	0.72
103 产品	3.00	0.60

（1）选定标准产品。力达工厂甲类产品中，103 产品生产比较稳定、产量较大、规格比较适中，故选择 103 产品为标准产品。

（2）确定各产品系数。力达工厂甲类产品中，直接材料按材料消耗定额比例进行分配，直接人工和制造费用按工时消耗定额确定系数，类内产品系数的计算见表 7-1.3。

表 7-1.3 甲类产品系数计算表

产品：甲类　　　　　　　　　　　202×年度使用　　　　　　　　　　　编号：01

产品名称	材料消耗定额/元	系数	工时消耗定额/小时	系数
101 产品	3.60	1.2	0.84	1.4
102 产品	3.30	1.1	0.72	1.2
103 产品	3.00	1.0	0.60	1.0

（3）计算各类产品本月总系数。

生产成本在类内各种产品之间分配，分配标准是总系数（标准产量），根据表 7-1.3 所列各种产品的系数和本月各种产品产量资料，编制"力达工厂产品总系数计算表"，见表 7-1.4。

表 7-1.4　力达工厂产品总系数计算表

产品名称	产品产量/件	材料		工时	
		系数	总系数	系数	总系数
101 产品	500	1.2	600	1.4	700
102 产品	400	1.1	440	1.2	480
103 产品	1 960	1.0	1 960	1.0	1 960
合计			3 000		3140

（4）计算各种产品的总成本和单位成本。

①根据表 7-1.1 所列甲类产品本月完工产品总成本，以及表 7-1.4 所列各种产品总系数，可以计算出各成本项目的费用分配率。

$$直接材料分配率 = \frac{120\ 000}{3\ 000} = 40$$

$$直接人工分配率 = \frac{28\ 260}{3\ 140} = 9$$

$$制造费用分配率 = \frac{20\ 724}{3\ 140} = 6.6$$

②根据各种产品的总系数和费用分配率，编制"力达工厂产品成本计算表"，见表 7-1.5，计算各种产品的总成本和单位成本。

表 7-1.5　力达工厂产品成本计算表

产品：甲类产品　　　　　　　　　202×年 6 月　　　　　　　　　金额单位：元

产品名称	产品产量/件	材料总系数	直接材料分配金额	工时总系数	直接人工分配金额	制造费用分配金额	产成品成本	单位成本
分配率			40		9	6.6		
101	500	600	24 000	700	6 300	4 620	34 920	69.84
102	400	440	17 600	480	4 320	3 168	25 088	62.72
103	1 960	1 960	78 400	1 960	17 640	12 936	108 976	55.6
合计		3 000	120 000	3 140	28 260	20 724	168 984	

③根据表 7-1.5，编制结转本月完工入库产品成本的记账凭证，见表 7-1.6。

表 7-1.6　记账凭证

单位：力达工厂　　　　　　　　202×年 9 月 30 日　　　　　　　　记字第　　号

摘要	总账科目	明细科目	借方金额	贷方金额	记账
完工产品	库存商品	101 产品	34 920.00		
入库		102 产品	25 088.00		
		103 产品	108 976.00		
	基本生产成本	甲类产品		168 984.00	
合计			168 984.00	168 984.00	

特 别 提 示

　　采用分类法时，产品分类一定要恰当，不能把耗用原料和加工过程差异较大的产品归为一类。分类法只是成本计算的辅助方法，关于成本计算期如何确定、生产费用是否要在完工产品和月末在产品之间分配等问题，都根据它所结合使用的成本计算的基本方法确定。

【"任务导读"解析】

　　对于像浙江某高新纤维公司这样的企业，其生产的产品品种多、规格型号多，如果按照前面学习的品种法计算产品成本，成本计算将极为复杂，成本计算工作量非常大，因此应用分类法来计算产品成本是一个明智的选择。

任务拓展

　　查阅定额比例法分配计算类内各种产品成本的计算方法。

悟道明理：学会　　分类法的含义　　分类法成本　　运用分类法中的系
分类，保护环境　　及适用范围　　计算的程序　　数法计算产品成本

技能闯关

一、单项选择题

1. 分类法的成本计算对象是（　　）。

A. 产品品种　　　　B. 产品类别　　　　C. 产品规格　　　　D. 产品加工步骤

2. 在计算类内各种产品成本时，分配标准应选择与产品成本高低有直接联系的项目，通常采用的分配标准有（　　）。

A. 定额成本　　　　B. 约当产量　　　　C. 标准产量　　　　D. 固定成本

3. 采用分类法按系数分配计算类内各种产品成本时，系数的确定方法是（　　）。

A. 选择产量大的产品作为标准产品，将其系数定为1

B. 选择产量大、生产稳定的产品作为标准产品，将其系数定为1

C. 选择产量大、生产稳定或规格折中的产品作为标准产品，将其系数定为1

D. 自行选择一种产品作为标准产品，将其系数定为1

二、多项选择题

1. 采用分类法计算产品成本时应注意的问题是（　　）。

A. 类内产品的品种不能过多　　　　B. 类内产品的品种不能过少

C. 分配标准可由企业自行选择　　　　D. 分配标准的选择应有一定原则

E. 类距要适当

2. 分类法的成本计算程序是（　　　）。

A. 在同类产品中选择一种产量大、生产稳定或规格折中的产品作为标准产品

B. 把标准产品的系数定为1

C. 将其他产品的单位系数据与标准产品的系数相比，求出其他产品的系数

D. 用各种产品的实际产量乘以系数，计算出总系数

E. 按各种产品总系数比例分配计算类内各种产品成本

3. 在分类法下计算类内产品成本，一般可以采用的方法是（　　　）。

A. 系数法　　　　　　　　　　　　B. 定额成本计价法

C. 定额比例法　　　　　　　　　　D. 分批法

E. 约当产量法

4. 在分类法下，将每类产品总成本在类内各种产品之间进行分配时所选择的分配标准通常是（　　　）。

A. 定额消耗量　　　B. 计划成本　　　C. 产品售价　　　D. 定额成本

E. 产品的质量或体积

三、判断题

1. 采用分类法计算产品成本，不论选择什么作为分配标准，其产品成本的计算结果都有不同程度的假设性。（　　　）

2. 由于分类法是为了简化成本核算工作而采用的方法，所以只要能简化成本核算工作，产品可以随意进行分类。（　　　）

3. 采用分类法计算产品成本，对类内产品成本的分配，各成本项目可采用相同的分配标准，也可采用不同的分配标准。（　　　）

4. 分类法适用于产品品种、规格较多，并可按一定标准进行分类的企业的成本计算，也是成本计算的一种基本方法。（　　　）

5. 采用分类法计算产品成本，每类产品内各种产品的直接费用和间接费用均采用分配方法分配计算。（　　　）

四、技能训练题

某企业采用分类法计算产品成本，第一类产品共有甲、乙、丙三种产品，其中乙产品为主要产品，确定为标准产品。该类产品以定额成本为综合分配标准。甲、乙、丙三种产品的单位定额成本分别为1.2元、1.5元、1.8元。

要求：根据上述资料，分别计算各产品综合系数及各项费用分配率，并完成第一类产品成本计算表，见表7-1.7。

表7-1.7　第一类产品成本计算表

产品名称：第一类产品　　　　　　　　　　　　　　　　　　　　　　　　金额单位：元

项目	产量/件	定额成本	综合系数	标准产品	直接材料	直接人工	制造费用	成本合计
甲产品	10 000							
乙产品	80 000							
丙产品	30 000							
合计					101 680	59 520	24 800	186 000

学习心得

（1）学习内容的梳理——画思维导图。（50分）

（2）假如你是成本核算岗位的会计，学习本任务对你具体工作的指导和帮助有哪些？（可以包括但不限于如何选择和运用成本计算方法）（50分）

任务二　计算联产品、副产品成本

任务导读

我国西部某氮肥厂的主要产品为合成氨，在生产合成氨的同时生产联产品甲醇。在生产过程中为了提高资源的利用率，减少环境污染，工厂对废气进行了综合利用，生产硫磺、干冰、液体二氧化碳、稀氨水、甲烷气体等多种副产品。

请问：这样的企业在产品成本计算上有什么特点？

任务陈述

一些企业在使用同种原材料、在同一生产过程中生产出几种主要产品（联产品）的同时，附带生产或利用生产中的废料加工一些非主要产品（副产品）。在这种情况下，需要采用一定的方法正确核算各主、副产品的成本。将副产品按照一定的方法计价，从总成本中扣除，以扣除后的成本作为几种主要产品的成本，并做进一步分配。

联产品、副产品的成本计算所涉及的业务活动和单证如图7-2.1所示。

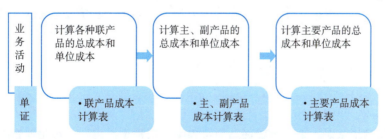

图7-2.1　联产品、副产品的成本计算所涉及的业务活动和单证

任务分析

在联产品分离之前，只能将其归为一类，计算其总成本，然后采用一定的分配标准和适当的方法，将联合成本在联产品之间进行分配，求出各个联产品应负担的联合成本。

由于副产品和主要产品是在同一生产过程中生产出来的，所以一般将副产品和主要产品归为一类，按照分类法归集费用，计算总成本。

知识准备

一、联产品成本计算

（一）联产品的含义

联产品是指企业在生产过程中，使用相同的原材料，经过共同的生产工艺，进行相同的加工过程所生产出来的具有同等地位、不同用途的几种主要产品。如炼油厂从原油中可以同时提炼出汽油、煤油、柴油、机油等几种主要产品，这些产品都是炼油厂的联产品。联产品在生产过程中使用同样的原材料，并且在同一生产过程中生产出来。

（二）联产品成本的计算程序

联产品成本的计算程序如图 7-2.2 所示。

1.采用分类法，计算联产品分离前的联合成本	→	2.采用适当的标准在各种联产品之间分配联合成本	→	3.将分配的联合成本和分离后的加工成本进行汇总，计算联产品的总成本和单位成本

图 7-2.2　联产品成本的计算程序

（三）联产品联合成本的分配方法

在通常情况下，将联产品分离前发生的成本称为联合成本，而把联产品分离后每种产品发生的成本称为可归属成本，因此，联产品的成本包括其应负担的联合成本加上其分离后的可归属成本。

采用什么样的分配方法分配联合成本，关系到联产品成本计算的准确性和合理性，因此，企业可根据具体情况确定分配方法。通常的分配方法包括实物量分配法、系数分配法、相对售价比例分配法。

二、副产品成本计算

（一）副产品的含义

副产品是指企业在生产主要产品的过程中，附带生产出的一些非主要产品。副产品不是企业的主要产品，但它们却有一定的价值和用途，如在制皂工业中产生的甘油等。有些企业在生产过程中会产生一些废水、废气、废渣，对"三废"进行综合利用、回收或提炼所产生的产品也可以称为副产品。

（二）副产品成本计算的特点

由于副产品和主要产品是在同一生产过程中生产出来的，它们发生的费用很难分开，所以一般将副产品和主要产品归为一类，按照分类法归集费用，计算总成本。主、副产品分离前的成本称为共同成本。一般来说，副产品的价值相对较低，在企业全部产品中所占比重较小，因此可将副产品按照简化的方法计价，从主、副产品的总成本中扣除，从而确定主产品的成本。

任务实施

一、联产品成本计算

（一）实物产量分配法

实物产量分配法就是根据分离点上各种联产品的质量、长度、容积或其他实物产量比例来分配联合成本的一种方法。其计算公式如下：

联合成本分配率=联合成本/各种联产品实物产量之和

某种产品应分配的联合成本=该种联产品实物产量×联合成本分配率

【案例7-2.1】 联创公司生产A、B、C三种联产品，本期发生的联合成本为360 000元，根据各种产品的重量分配联合成本，计算结果见表7-2.1。

表7-2.1 联产品成本计算表　　　　　　　　　　　　　金额单位：元

产品名称	实物产量/千克	分配率	应分配成本
A产品	500		150 000
B产品	400		120 000
C产品	300		90 000
合计	1 200	300	360 000

（二）系数分配法

系数分配法是根据各种联产品的实际产量，按系数将其折算为标准产量来分配联合成本的一种方法。

具体计算程序是：第一，确定各种联产品的系数；第二，用每种联产品的产量乘以各自的系数，计算出标准产量；第三，将联合成本除以各种联产品标准产量之和，求得联合成本分配率；第四，用联合成本分配率乘以每种联产品的标准产量，就可以计算出各种联产品应负担的联合成本。其计算公式如下：

联合成本分配率=联合成本/各种联产品标准产量之和

某种产品应分配的联合成本=该种联产品标准产量×联合成本分配率

【案例7-2.2】 华微公司用同一原材料，在同一工艺过程中生产甲、乙、丙三种主要产品。分配联合成本时，以产品售价为标准确定系数，以乙产品为标准产品，其系数为1，甲产品分离后还继续加工。有关资料见表7-2.2、表7-2.3。

表7-2.2 联产品系数分配表

产品名称	产量/吨	单位售价/元	系数
甲产品	120	72	1.2
乙产品	600	60	1
丙产品	300	48	0.8

表7-2.3 联产品成本计算表　　　　　金额单位：元

项目	直接材料	直接人工	制造费用	合计
分离前的联合成本	17 712	6 494.4	5 313.6	29 520
各成本项目占总成本比重	60%	22%	18%	
分离后甲产品继续加工成本	900	400	200	1 500

要求按照系数分配法分配联产品成本，并计算甲产品的总成本和单位成本。

（1）根据上述资料，编制联产品成本计算表，见表7-2.4。

表7-2.4 联产品成本计算表　　　　　金额单位：元

产品名称	产量/吨	系数	标准产量	联合成本	分配率	应分配的联合成本
	（1）	（2）	（3）=（1）×（2）	（4）	（5）=（4）÷（3）	（6）=（3）×（5）
甲产品	120	1.2	144			4 320
乙产品	600	1	600			18 000
丙产品	300	0.8	240			7 200
合计			984	29 520	30	29 520

（2）编制甲产品成本计算汇总表，见表7-2.5。

表7-2.5 甲产品成本计算汇总表　　　　　金额单位：元

项目	分配的联合成本		分离后的加工成本	总成本	单位成本
	比重/%	金额			
	（1）	（2）=（1）×总金额	（3）	（4）=（2）+（3）	（5）=（4）÷产量
直接材料	60	2 592	900	3 492	29.1
直接人工	22	950.4	400	1 350.4	11.25
制造费用	18	777.6	200	977.6	8.15
合计	100	4 320	1 500	5 820	48.5

（三）相对售价比例分配法

相对售价比例分配法是按照生产出的各联产品售价的比例，将联合成本在各种联产品之间进行分配，以计算各联产品的总成本和单位成本的一种联产品成本分配方法。在这种情况下，售价较高的联产品负担的联合成本较多，售价较低的联产品负担的联合成本较少，以使各联产品取得大致相同的毛利率。这种方法弥补了实物量比例分配法的缺陷，使各联产品应负担的联合成本与售价联系起来。相对售价比例分配法的计算公式如下：

联合成本分配率=联合成本/各种联产品售价之和

某种联产品应分配的联合成本=该种联产品售价×联合成本分配率

【案例7-2.3】　阳光公司生产甲、乙、丙三种联产品，单位售价分别为14元、12元和10元，202×年7月发生的联合成本为89 216元，其中：直接材料60 000元、直接人工11 216元、制造费用18 000元。生产完工甲产品3 200件、乙产品4 000件、丙产品1 600件。要求：按照相对售价比例分配联产品成本，并编制联产品成本计算表，见表7-2.6。

表7-2.6　联产品成本计算表　　　　　金额单位：元

产品名称	产量/件	单价	售价	分配率	分配联合成本	单位成本
甲产品	3 200	14	44 800		36 736	11.48
乙产品	4 000	12	48 000		39 360	9.84
丙产品	1 600	10	16 000		13 120	8.2
合计			108 800	0.82	89 216	

特别提示

　　相对售价比例分配法中的售价即产品的销售收入，但是这里的销售收入不是按照产品销售量计算的，而是按照产品产量计算的。此种方法只适用于成本高低与售价关系密切的联产品的成本分配。

二、副产品成本计算

【案例7-2.4】　中远公司在生产主要产品甲产品的同时，附带生产乙、丙、丁三种副产品。乙产品按售价扣除销售税金、销售费用等有关项目后的余额计价，并按比例从联合成本项目中进行扣除；丙产品按计划成本计价，从联合成本的直接材料项目中扣除；丁产品由于数量较少、价值较低，采用简化的方法而不予计价。202×年3月有关产量、成本资料见表7-2.7和表7-2.8。

表7-2.7　产品、单价、计划成本资料　　　　　金额单位：元

产品名称	产量/吨	单位售价	单位税金	单位销售费用	计划单位成本
甲	3 000				
乙	540	40	5	6	
丙	160				20
丁	2				

表7-2.8　有关成本费用资料　　　　　金额单位：元

项目	直接材料	直接人工	制造费用	合计
本月主、副产品共同成本	72 000	8 000	20 000	100 000
乙产品分离后加工费用		1 000	1 160	2 160

要求根据以上资料编制主、副产品成本计算表，计算结果见表7-2.9。

表7-2.9　主、副产品成本计算表　　　　　　　金额单位：元

项目	共同成本		丙产品（160吨）		乙产品（540吨）				甲产品（3 000吨）	
	金额	比重/%	总成本	单位成本	总成本			单位成本	总成本	单位成本
					分离前	分离后	合计			
	（1）	（2）	（3）	（4）	（5）	（6）	（7）	（8）	（9）	（10）
直接材料	72 000	72	3 200	20	9 720		9 720	18	59 080	19.69
直接人工	8 000	8			1 080	1 000	2 080	3.85	6 920	2.31
制造费用	20 000	20			2 700	1 160	3 860	7.15	17 300	5.77
合计	100 000		3 200	20	13 500	2 160	15 660	29	83 300	27.77

注：表中相关数据的计算过程如下。

丙产品：总成本=160×20=3 200（元）。

乙产品：总成本=540×（40-5-6）=15 660（元）；

其中分离前的总成本=15 660-2 160=13 500；

直接材料=13 500×72%=9 720（元）；

直接人工=13 500×8%+1 000=2 080（元）；

制造费用=13 500×20%+1160=3 860（元）。

甲产品：总成本=100 000-3 200-13 500=83 300（元）；

直接材料=72 000-3 200-9 720=59 080（元）；

直接人工=8 000-1 080=6 920（元）；

制造费用=20 000-2 700=17 300（元）。

【"任务导读"解析】

该氮肥厂的主要产品为合成氨，在生产合成氨的同时生产联产品甲醇，这说明该氮肥厂的主要产品为联产品；在生产主要产品的同时又生产了硫磺、干冰、液体二氧化碳、稀氨水、甲烷气体等多种副产品，表明该氮肥厂生产的产品既有联产品又有副产品。在这种情况下，需要采用一定的方法正确计算各主、副产品的成本。

任务拓展

查阅资料：体会不同企业联产品和副产品成本计算方法选择的适应性。

悟道明理：分清
轻重缓急

使用系数分配法
分配联产品成本

使用相对售价比例分
配法分配联产品成本

副产品成本计算

技能闯关

一、单项选择题

1. 企业利用同种原材料，在同一生产过程中同时生产出的几种地位相同的主要产品，称为（　　）。

A. 半成品　　　　　B. 联产品　　　　　C. 副产品　　　　　D. 等级产品

2. 在联产品分离后再发生的加工成本称为（　　）。

A. 联合成本　　　　B. 可归属成本　　　C. 可分成本　　　D. 共同成本

3. 企业在生产主要产品的过程中，附带生产出来的一些次要产品称为（　　）。

A. 联产品　　　　　B. 等级品　　　　　C. 副产品　　　　　D. 次品

二、多项选择题

1. 联产品联合成本的分配方法有（　　）等。

A. 系数分配法　　　　　　　　　B. 相对售价比例分配法

C. 实物产量分配法　　　　　　　D. 人工成本分配法

E. 净实现价值分配法

2. 联产品的成本由（　　）之和组成。

A. 联合成本　　　　B. 可归属成本　　　C. 制造成本　　　D. 销售成本

E. 辅助生产成本

3. 对于分离后需要进一步加工的副产品，其成本计算的方法有（　　）。

A. 副产品只负担可归属成本

B. 副产品只负担联合成本

C. 副产品同时负担可归属成本和联合成本

D. 副产品不负担任何成本

E. 企业自行确定副产品成本

4. 联产品和副产品的区别在于（　　）。

A. 经过的生产过程是不同的　　　　B. 前者是主要产品，后者是次要产品

C. 联产品价值高，副产品价值低　　D. 使用的材料是不同的

E. 投入的人工费用是不同的

三、判断题

1. 联产品的成本包括其应负担的联合成本加上分离后的可归属成本。　　　（　　）

2. 一般来说，副产品的价值相对较高，在企业全部产品中所占比重较大，因此可将副产品按照简化的方法计价，从主、副产品的总成本中扣除，从而确定主产品的成本。　　　　　　　　　　　　　　　　　　　　　　　　　　　　（　　）

3. 用副产品成本不计价方法计算副产品成本一般适用于副产品分离后不再加工，而且其价值较高的情况。　　　　　　　　　　　　　　　　　　　　　（　　）

4. 副产品成本按固定成本计价的方法适用于副产品分离后需要进一步加工，且价值较低的情况。　　　　　　　　　　　　　　　　　　　　　　　　　（　　）

四、技能训练题

1. 某企业用同一种原材料，经过同一工艺过程生产出甲、乙、丙、丁四种主要产品，本月生产甲产品 2 000 千克、乙产品 1 300 千克、丙产品 450 千克、丁产品

1 400千克。无月初、月末在产品。该月生产的联合成本为48 000元，直接材料为31 200元，直接人工为12 000元，制造费用为4 800元，甲产品的价格为12元，乙产品的价格为15元，丙产品的价格为18元，丁产品的价格为6元。

要求如下。

（1）按实物量分配法计算各种产品的成本，完成表7-2.10。

表7-2.10　联产品成本计算表（实物量分配法）　金额单位：元

产品名称	产量/千克	分配率	应负担的成本			
			直接材料	直接人工	制造费用	合计
甲产品	2 000					
乙产品	1 300					
丙产品	450					
丁产品	1 400					
合　计	5 150		31 200	12 000	4 800	48 000

（2）按系数分配法计算各种产品成本，完成表7-2.11（以甲产品的价格作为分配标准）。

表7-2.11　联产品成本计算表（系数分配法）　金额单位：元

产品名称	产量/千克	系数	标准产量	分配率	应负担的成本			
					直接材料	直接人工	制造费用	合计
甲产品	2 000	1						
乙产品	1 300							
丙产品	450							
丁产品	1 400							
合计	5 150				31 200	12 000	4 800	48 000

（3）按相对售价比例分配法计算各种产品成本，完成表7-2.12。

表7-2.12　联产品成本计算表（相对售价比例分配法）　金额单位：元

产品名称	产量/千克	销售价格	销售收入	分配率	应负担的成本			
					直接材料	直接人工	制造费用	合计
甲产品	2 000	12						
乙产品	1 300	15						
丙产品	450	18						
丁产品	1 400	6						
合计	5 150				31 200	12 000	4 800	48 000

2. 某企业在生产A产品的同时，附带生产B产品（副产品），B产品分离后需进一步加工后出售。本月共发生联合成本135 000元，其中直接材料占50%，制造费用占30%，B产品进一步加工发生直接人工2 000元、制造费用2 500元。本月生产A

产品 1 000 千克、B 产品 2 000 千克。B 产品单位售价为 12 元，单位税金和利润合计 2 元。

要求：按副产品既负担可归属成本，又负担分离前联合成本的方法计算 B 产品成本，完成表 7-2.13。

表 7-2.13　主、副产品成本计算表　　　　　金额单位：元

项目	共同成本		B 产品（2 000 千克）					A 产品（1 000 千克）	
	金额	比重/%	总成本			单位成本		总成本	单位成本
			分离前	分离后	合计				
直接材料		50							
直接人工				2 000					
制造费用		30		2 500					
合计	135 000			4 500					

学习心得

（1）学习内容的梳理——画思维导图。（50 分）

（2）假如你是成本核算岗位的会计，学习本任务对你具体工作的指导和帮助有哪些？（可以包括但不限于如何选择和运用成本计算方法）（50 分）

项目总结

本项目主要介绍了分类法、定额法等成本计算辅助方法的成本核算程序，介绍了联产品、副产品的成本计算方法。

本项目主要介绍了分类法中的系数法。系数法是根据各种联产品的实际产量，按系数将其折算为标准产量来分配联合成本的一种方法。

联产品是指企业在生产过程中，使用相同的原材料，经过共同的生产工艺，进行相同的加工过程，生产出来的具有同等地位、不同用途的几种主要产品。副产品是指企业在生产主要产品的过程中，附带生产出的一些非主要产品。在实际工作中，联产品、副产品是按照分类法进行产品成本计算的。

项目八　成本控制与考核

✓ 项目导读

成本控制的重要手段是标准成本法。成本会计人员应根据企业实际制定标准成本，与企业实际成本对比，正确分析成本差异，准确进行标准成本账务处理，借以控制成本。成本控制所涉及的工作任务有标准成本制定、标准成本差异分析、标准成本账务处理。责任成本是成本考核的重要手段，通过对责任成本的计算和考核，可以对企业的业绩进行评价。成本考核所涉及的工作任务有各个责任中心责任成本的确定、责任成本的考核。在任务实施过程中，按照成本控制和考核的程序详细介绍完成任务的相关知识、操作步骤，从而实现本项目的任务目标。

知识目标	能力目标	素质目标
1.理解成本控制的含义，熟悉成本控制的内容 2.熟悉成本控制的方法 3.理解责任成本的含义，熟悉责任成本的内容	1.能够运用标准成本法进行成本控制 2.能够进行责任成本的计算与考核	1.具备强烈的责任心和使命感，积极推动成本控制和考核工作 2.具备坚韧不拔的毅力和决心，提出创新性的解决方案 3.具备不断学习和自我提升的能力，关注行业动态和市场变化，不断提升自身的专业素养 4.具备诚信、正直的职业道德

任务一　控制成本费用

▶ 任务导读

东方公司是一家从事钢铁冶炼和机械制造的股份有限公司，由于产品生产工序复杂，原材料消耗和人工费用等和同行业相比偏高，企业生产成本一直居高不下，企业竞争力下降。

东方公司决定自202×年10月开始学习邯钢经验，推行标准成本法控制成本。

请问：对此你有何建议？你认为应如何运用标准成本法控制成本？

任务陈述

运用标准成本法控制成本，首先应制定本企业的标准成本，即制定单位产品标准成本，为下一步的成本差异分析和账务处理提供基础；成本差异分析的目的在于找出差异存在的原因和对策，以便对成本进行控制；标准成本账务处理不仅可以提高成本计算的质量和效率，还可以简化记账手续。

运用标准成本法进行成本控制所涉及的业务活动和单证如图 8-1.1 所示。

图 8-1.1　运用标准成本法进行成本控制所涉及的业务活动和单证

任务分析

标准成本法一般适用于产品品种较少的大批量生产企业，尤其是存货品种变动不大的企业，并且对企业的管理有很高的要求。单件小批和试制性生产企业因为要反复制定修改标准成本，得不偿失，故较少采用标准成本法。

运用标准成本法控制成本，首先要制定标准成本，即制定单位产品标准成本；其次，确定实际成本与标准成本的差异；最后，对各种成本差异进行账务处理。

在制定单位产品标准成本时，无论是哪一个项目，均需要分别确定其用量标准和价格标准。用量标准包括单位产品材料消耗量、单位产品直接人工工时，主要由生产技术部门制定；价格标准包括原材料价格、小时工资率、小时制造费用分配率，由会计部门和采购生产部门共同制定。用量标准和价格标准相乘得到相应的标准成本。

成本差异包括直接材料差异、直接人工差异、变动制造费用差异和固定制造费用差异。直接材料、直接人工、变动制造费用均属于变动成本，其成本差异的基本分析方法相同；其成本差异可归结于实际价格脱离标准价格形成的价格差异和实际用量脱离标准用量形成的数量差异两类。固定制造费用属于固定成本，不因业务量而变，故其差异分析不同于变动费用差异分析，其成本差异可归结于实际数超过预算数的固定制造费用耗费差异、实际工时未达到生产能量而形成的闲置能量差异和实际工时脱离标准工时而形成的效率差异。

在标准成本系统中，平时记录各种成本差异，期末将各种成本差异的累积发生额结转到"本年利润"账户，以计算本期利润。

知识准备

一、制定单位产品标准成本

（一）成本控制的含义

成本控制即在成本形成过程中对各项成本活动进行监控，及时发现偏差，采取纠正措施，保证成本目标的实现。成本控制有狭义成本控制和广义成本控制之分。狭义成本控制也称为日常成本控制或成本的过程控制。广义成本控制包括事前成本控制、事中成本控制、事后成本控制。本项目所讲的成本控制是指狭义成本控制。

（二）成本控制的程序

（1）制定成本控制标准。这是成本控制的起点。成本控制标准一般按直接材料、直接人工和制造费用分别制定。每一项成本控制标准的制定均应考虑数量和单价两个基本要素。

（2）执行成本控制标准。

（3）确定成本差异。将实际发生的费用与制定的标准进行比较，分析成本差异的程度和性质，确定成本差异形成的原因和责任归属。成本差异的计算与分析通常按直接材料、直接人工和制造费用三个项目进行。

（4）进行成本反馈。成本差异情况应及时反馈到有关部门，以便提出降低成本的措施或修订成本控制标准的建议。

（三）成本控制的原则

（1）经济原则。经济原则即因推行成本控制而发生的成本，不应超过因缺少控制而丧失的收益。经济原则的要求：成本控制具有实用性；贯彻例外管理原则，正常成本费用支出控制可以从简，而格外关注各种例外成本费用支出；贯彻重要性原则，把注意力集中于重要事项，无关紧要的事项从略；成本控制应具有灵活性。

（2）因地制宜原则。成本控制必须个别设计，适合特定企业、部门、岗位和成本项目的实际情况，不可盲目照搬别人的做法。

（3）全员参加原则。成本控制是全体员工的共同任务，每个员工都负有成本控制责任。成本控制要求每个员工：具有成本控制的愿望和意识，养成节约成本的习惯，关心成本控制的结果；具有合作精神，理解成本控制是一项集体的努力过程；正确理解和使用成本控制信息，据以控制成本。有效控制成本的关键，是调动全体员工的积极性。

（4）领导推动原则。成本控制必须由最高管理当局推动。成本控制对管理当局的要求：重视并支持成本控制；具有完成成本控制的决心和信心，不半途而废；具有实事求是的精神，不急功近利、好高骛远；以身作则，严格控制自身的责任成本。

（四）成本控制的方法

本书所讲成本控制方法，是指日常成本控制方法。日常成本控制方法包括定额法和标准成本法。本项目仅对标准成本法做简要介绍。

标准成本法也称为"标准成本制度"，是泰罗管理思想在成本会计中的具体体现。标准成本法是一个成本控制系统，包括制定标准成本、计算和分析差异、处理成本差异三个环节。

（五）标准成本的含义

标准成本是通过精确的调查、分析和技术测定而制定的，用于评价实际成本的一种预计成本。标准成本基本排除了不应该的成本"浪费"，是一种"应该"成本。标准成本主要用于衡量产品制造过程的工作效率和控制成本，也可用于存货和销货的成本计算。

（六）标准成本的类型

企业在生产经营过程中的不同期望水平导致不同的标准成本类型。

（1）理想标准成本，是指企业在最优生产条件下，利用现有的规模和设备能够达到的最低成本。制定理想标准成本的依据，是理论上的业绩标准、生产要素的理想价格和可能实现的最高生产经营能力利用水平。它的主要用途是提供一个完美无缺的目标，揭示实际成本下降的潜力。其提出的要求太高，因此不能作为考核的依据。

（2）基本标准成本，是根据某一时期正常的耗用水平、正常的价格和正常的生产经营能力利用程度制定的标准成本。这是一种经过努力可以达到的成本，而且在生产技术和经营管理条件没有较大变动的情况下，可以不必修订而继续使用。

（3）正常标准成本，是指在效率良好的生产条件下，根据下期一般应该发生的生产要素消耗量、预计价格和预计生产经营能力利用程度制定的标准成本。

在制定正常标准成本时，把生产经营中一般难以避免的损耗和低效率等情况计算在内，更符合实际，成为切实可行的控制标准。从数量上，正常标准成本高于理想标准成本，低于历史平均水平，有利于调动职工积极性。企业广泛采用的标准成本是正常标准成本。

二、标准成本差异分析

（一）成本差异的含义

实际成本与标准成本的差额，称为标准成本差异或称为成本差异。成本差异反映实际成本脱离预定目标的程度。

（二）成本差异分析基本原理

成本差异＝实际成本－标准成本＝实际数量×实际价格－标准数量×标准价格
　　　　＝实际数量×（实际价格－标准价格）＋（实际数量－标准数量）×标准价格
　　　　＝材料价格差异＋材料数量差异

（三）成本差异形成的原因

不同的成本项目，其成本差异形成的原因有所不同。

材料价格差异是在采购过程中形成的，应由采购部门负责，其具体原因很多，比如未能及时订货造成的紧急订货、供应厂家价格变动、采购舍近求远、违反合同而被罚款等。材料数量差异是在材料耗用过程中形成的，反映生产部门的成本控制业绩，形成材料数量差异的具体原因有很多，比如操作失误造成废品和废料增加、因技术改进而节省材料、新工人上岗造成多用料等；但有时多消耗材料并非生产部门的责任，如购入材料质量低劣、工艺变更、检验过严也会使数量差异增大。

直接人工工资率差异形成的原因包括：直接生产工人升级或降级使用、奖励制度未产生实效、工资率调整、加班或使用临时工、出勤率变化等，其一般应归属于人事劳动部门，具体可能涉及生产部门或其他部门。直接人工效率差异主要是生产部门的责任，形成的原因包括：工作环境不良、工人经验不足、工人劳动情绪不佳、机器或工具选择不当、设备故障太多、作业计划安排不当等。

变动制造费用耗费差异是部门经理的责任，主要是部门开支超支造成的。变动制造费用效率差异形成的原因与直接人工效率差异形成的原因相同。

三、标准成本账务处理

（一）账户设置

设置"原材料""生产成本""产成品"账户登记相关资产的标准成本；设置"材料价格差异""材料数量差异""直接人工效率差异""直接人工工资率差异""变动制造费用耗费差异""变动制造费用效率差异""固定制造费用耗费差异""固定制造费用闲置能量差异""固定制造费用效率差异"账户登记相关成本差异。

（二）成本差异结转

在成本差异不大时，将成本差异在会计期末结转本期损益。具体来说，将各种成本差异转入"本年利润"账户，或者先将成本差异转入"主营业务成本"账户，再随同已销产品的标准成本转入"本年利润"账户。

▶ 任务实施

一、制定单位产品标准成本

（一）直接材料标准成本的制定

材料用量标准即单位产品材料消耗量，主要由生产技术部门制定；材料价格标准即材料价格，由会计部门和采购部门共同制定，见表8-1.1。

直接材料标准成本＝直接材料标准消耗量×材料标准单价

表8-1.1 东方公司直接材料标准成本

A 产品　　　　　　　　　　　202×年10月　　　　　　　　　　金额单位：元

标　　准	材料甲	材料乙
价格标准		
发票价格	1.00	4.00
装卸检验费	0.07	0.28
每千克标准价格	1.07	4.28
用量标准（千克）		
设计用量	3.0	2.0
允许损耗	0.3	
单位标准用量	3.3	2.0
成本标准		
材料甲（3.3×1.07）	3.53	
材料乙（2.0×4.28）		8.56
单位产量产品标准成本	12.09	

（二）直接人工标准成本的制定

直接人工用量标准即单位产品直接人工工时，主要由生产技术部门制定；直接人工价格标准即单位小时工资率，由会计部门和生产部门共同制定，见表 8-1.2。

直接人工标准成本＝直接人工标准工时×直接人工标准工资率

表 8-1.2 东方公司直接人工标准成本

A 产品   202×年 10 月   金额单位：元

标　准	第一车间	第二车间
直接人工标准工资率		
基本生产工人人数	20	50
每人每月工时（21.75×8）	174	174
出勤率	95%	95%
每人平均可用工时	165.3	165.3
每月总工时	3 306	8 265
每月总工资	3 600	12 600
每小时工资	1.90	1.52
直接人工标准工时		
理想作业时间	1.5	0.8
设备调整时间	0.3	—
工间休息	0.1	0.1
其他	0.1	0.1
单位产品工时合计	2.0	1.0
直接人工标准成本	2.18	1.52
合计	3.70	

（三）制造费用标准成本的制定

制造费用用量标准即单位产品直接人工工时或机器工时，主要由生产技术部门制定；制造费用价格标准即小时制造费用分配率，由会计部门和生产部门共同制定。

1. 变动制造费用标准成本

变动制造费用标准分配率＝变动制造费用预算总数/直接人工标准总工时总费用

变动制造费用标准成本＝直接人工标准工时（机器工时）×变动制造费用标准分配率

各部门变动制造费用标准成本确定以后，可汇总出单位产品的变动制造费用标准成本，见表 8-1.3。

表 8-1.3 东方公司变动制造费用标准成本

A 产品   202×年 10 月   金额单位：元

部　门	第一车间	第二车间
变动制造费用预算		
运输	800	2 100
电力	400	2 900

部　　门	第一车间	第二车间
消耗材料	400	2 300
间接人工	2 000	3 900
燃料	400	1 400
其他	200	400
合计	5 200	13 000
生产量标准（人工工时）/小时	4 000	10 000
变动制造费用分配率	1.3	1.3
直接人工标准工时/小时	2	1
变动制造费用标准成本	2.6	1.3
单位产品标准变动制造费用	3.90	

2. 固定制造费用标准成本

如果企业采用完全成本法计算成本，则固定制造费用计入产品成本。

固定制造费用标准分配率＝固定制造费用预算总数/直接人工标准总工时

固定制造费用标准成本＝直接人工标准工时(机器工时)×固定制造费用标准分配率

各部门固定制造费用标准成本确定以后，可汇总出单位产品的固定制造费用标准成本，见表8-1.4。

表8-1.4　东方公司固定制造费用标准成本

A产品　　　　　　　　　　　　202×年10月　　　　　　　　　金额单位：元

部　　门	第一车间	第二车间
固定制造费用预算		
折旧费	200	1 750
管理日人员工资	700	1 500
间接人工	500	1 200
保险费	300	400
其他	300	150
合计	2 000	5 000
生产量标准（人工工时）/小时	4 000	10 000
固定制造费用分配率	0.5	0.5
直接人工标准工时/小时	2	1
固定制造费用标准成本	1	0.5
单位产品标准固定制造费用	1.50	

（四）单位产品标准成本

将以上直接材料、直接人工和制造费用的标准成本按产品加以汇总，即可确定单位产品的标准成本，一般通过编制"标准成本卡"来完成，见表8-1.5。

表 8-1.5　东方公司标准成本卡

A 产品　　　　　　　　　　　　202×年 10 月

成本项目	用量标准	价格标准	标准成本
直接材料			
甲材料	3.3 千克	1.07 元/千克	3.53 元
乙材料	2.0 千克	4.28 元/千克	8.56 元
合计			12.09 元
直接人工			
第一车间	2.0 小时	1.09 元/小时	2.18 元
第二车间	1.0 小时	1.52 元/小时	1.52 元
合计			3.70 元
制造费用			
变动制造费用（第一车间）	2.0 小时	1.30 元/小时	2.60 元
变动制造费用（第二车间）	1.0 小时	1.30 元/小时	1.30 元
合计			3.90 元
固定费用			
固定制造费用（第一车间）	2.0 小时	0.50 元/小时	1.00 元
固定制造费用（第二车间）	1.0 小时	0.50 元/小时	0.50 元
合计			1.50 元
单位标准成本总计		21.19 元	

二、标准成本差异分析

（一）直接材料成本差异分析

直接材料成本差异分为材料数量差异和材料价格差异。

$$材料价格差异 = 实际数量 \times (实际价格 - 标准价格)$$
$$材料数量差异 = (实际数量 - 标准数量) \times 标准价格$$

【案例 8-1.1】　东方公司 202×年 10 月生产产品 400 件，消耗乙材料 900 千克，材料单价为 4.08 元/千克；直接材料单位产品标准成本为 8.56 元，即每件产品消耗 2 千克直接材料，材料标准单价为 4.28 元/千克。试进行直接材料成本差异分析。

$$直接材料价格差异 = 900 \times (4.08 - 4.28) = -180(元)$$
$$直接材料数量差异 = (900 - 400 \times 2) \times 4.28 = 428(元)$$

验算如下。

$$直接材料成本差异 = -180 + 428 = 248(元)$$
$$直接材料成本差异 = 900 \times 4.08 - 400 \times 2 \times 4.28 = 3\ 672 - 3\ 424 = 248(元)$$

（二）直接人工成本差异分析

直接人工成本差异分为直接人工效率差异和直接人工工资率差异。

$$直接人工工资率差异 = 实际工时 \times (实际工资率 - 标准工资率)$$
$$直接人工效率差异 = (实际工时 - 标准工时) \times 标准工资率$$

【案例 8-1.2】　东方公司 202×年 10 月生产产品 400 件，实际使用工时为 900 小时，支付工资 1 098 元；直接人工的标准成本为 3.06 元/小时，即每件产品标准工时为 3 小时；标准工资率为 1.02 元/小时。试进行直接人工成本差异分析。

$$直接人工效率差异=(900-400×3)×1.02=(900-1\ 200)×1.02=-306(元)$$

$$直接人工工资率差异=900×\left(\frac{1\ 098}{900}-1.02\right)=900×(1.22-1.02)=180(元)$$

验算如下。

$$直接人工成本差异=-306+180=-126(元)$$
$$直接人工成本差异=1\ 098-400×3.06=-126(元)$$

（三）变动制造费用成本差异分析

变动制造费用成本差异分为变动制造费用耗费差异和变动制造费用效率差异。

$$变动制造费用耗费差异=实际工时×(实际分配率-标准分配率)$$
$$变动制造费用效率差异=(实际工时-标准工时)×变动制造费用标准分配率$$

【案例 8-1.3】 东方公司本月生产产品 400 件，实际使用工时为 900 小时，实际发生变动制造费用 1 350 元；变动制造费用的标准成本为 3.9 元/件，即每件产品标准工时为 3 小时；标准变动制造费用分配率为 1.3 元/小时。试进行变动制造费用成本差异分析。

$$变动制造费用效率差异=(900-400×3)×1.3=-300×1.3=-390(元)$$

$$变动制造费用耗费差异=900×\left(\frac{1\ 350}{900}-2\right)=900×(1.5-1.3)=180(元)$$

验算如下。

$$变动制造费用成本差异=-390+180=-210(元)$$
$$变动制造费用成本差异=1\ 350-400×3.9=-210(元)$$

（四）固定制造费用成本差异分析

1. 二因素分析法

将固定制造费用成本差异分为固定制造费用耗费差异和固定制造费用能量差异。固定制造费用耗费差异指固定制造费用实际金额与固定制造费用预算金额之间的差额；固定制造费用能量差异指固定制造费用预算与固定制造费用标准成本的差额。

表述如下。

$$固定制造费用标准分配率=\frac{固定制造费用预算总额}{计划产量标准总工时}$$

$$固定制造费用耗费差异=固定制造费用实际数-固定制造费用预算数$$
$$固定制造费用能量差异=固定制造费用预算数-固定制造费用标准成本$$
$$=(计划产量标准工时-实际产量标准工时)×$$
$$固定制造费用分配率$$

2. 三因素分析法

将固定制造费用能量差异进一步分为固定制造费用效率差异和固定制造费用闲置能量差异。固定制造费用效率差异是实际工时脱离标准工时而形成的，固定制造费用闲置能量差异是实际工时未达到生产能量而形成的。

$$固定制造费用耗费差异=固定制造费用实际数-固定制造费用预算数$$

固定制造费用闲置能量差异＝固定制造费用预算数－实际工时×固定制造费用标准分配率

＝（计划产量标准工时－实际工时）×固定制造费用标准分配率

固定制造费用效率差异＝（实际工时－实际产量标准工时）×固定制造费用标准分配率

【案例 8-1.4】　东方公司 202×年 10 月生产产品 400 件，实际使用工时为 900 小时，实际发生固定制造费用 2 035 元；企业生产能量为 600 件，即 1 800 小时；每件产品固定制造费用标准成本为 4.5 元/件，即每件产品标准工时为 3 小时；标准分配率为 1.50 元/小时。试进行固定制造费用成本差异分析。

（1）二因素分析法。

固定制造费用耗费差异＝2 035－1 800×1.5＝－665（元）

固定制造费用能量差异＝1 800×1.5－400×3×1.5＝2 700－1 200＝＋900（元）

验算如下。

固定制造费用成本差异＝（－665）＋（＋900）＝＋235（元）

固定制造费用成本差异＝2 035－400×4.5＝＋235（元）

（2）三因素分析法。

固定制造费用耗费差异＝2 035－1 800×1.5＝－665（元）

固定制造费用闲置能量差异＝（1 800－900）×1.5＝＋1 350（元）

固定制造费用效率差异＝（900－400×3）×1.5＝－450（元）

验算如下。

固定制造费用成本差异＝（－665）＋（＋1350）＋（－450）＝＋235（元）

固定制造费用成本差异＝2 035－400×4.5＝＋235（元）

三、标准成本账务处理

（一）记录各种成本差异

【案例 8-1.5】　南方公司 202×年 10 月期初资料见表 8-1.6。

表 8-1.6　期初资料

202×年 10 月

单位标准成本		费用预算	
直接材料（100 千克×0.3 元/千克）	30 元	计划产量耗用时间	4 000 小时
直接人工（8 小时×4 元/小时）	32 元	变动制造费用	6 000 元
变动制造费用（8 小时×1.5 元/小时）	12 元	固定制造费用	4 000 元
固定制造费用（8 小时×1 元/小时）	8 元	变动制造费用标准分配率	1.5 元/小时
单位产品成本	82 元	固定制造费用标准分配率	1 元/小时

（1）本月第一次购入原材料 30 000 千克，实际成本为 0.27 元/千克，共计 8 100元，材料款未付。

材料价格差异：30 000×（0.27－0.3）＝－900（元）。

账务处理如下。

借：原材料　　　　　　　　　　　　　　　　　　　　　　　9 000

　贷：材料价格差异　　　　　　　　　　　　　　　　　　　　　900

　　　应付账款　　　　　　　　　　　　　　　　　　　　　　8 100

（2）本月第二次购入原材料20 000千克，实际成本为0.32元/千克，共计6 400元，材料款未付。

材料价格差异：20 000×（0.32-0.3）=400（元）。

账务处理如下。

借：原材料 6 000（20 000×0.30）

　　材料价格差异 400

　　贷：应付账款 6 400（20 000×0.32）

（3）本月投产450件产品，共领用原材料45 500千克。

材料数量差异：（45 500-450×100）×0.3=150（元）。

账务处理如下。

借：生产成本 13 500（450×100×0.30）

　　材料数量差异 150

　　贷：原材料 13 650（45 500×0.30）

（4）本月初在产品为50件，在产品约当量系数为0.5。本月投产450件产品，完工入库430件产品，月末在产品为70件。本月实际使用直接人工3 500小时，应支付工资14 350元，工资率为4.10元/小时。

本月完成约当产量：70×0.5+430-50×0.5=440（件）。

直接人工效率差异：（3 500-440×8）×4=-80（元）。

直接人工工资率差异：3 500×（4.10-4）=350（元）

账务处理如下。

借：生产成本 14 080（440×8×4）

　　直接人工工资率差异 350

　　贷：直接人工效率差异 80

　　　　应付工资 14 350（3 500×4.10）

（5）本月实际发生变动制造费用5 600元，实际费用分配率为1.6元/小时。

变动制造费用效率差异：（3 500-440×8）×1.5=-30（元）。

变动制造费用耗费差异：3 500×（1.6-1.5）=350（元）。

账务处理如下。

借：生产成本 5 280（440×8×1.5）

　　变动制造费用耗费差异 350

　　贷：变动制造费用效率差异 30

　　　　变动制造费用 5 600（3 500×1.6）

（6）本月实际发生固定制造费用3 675元，实际费用分配率为1.05元/小时。

固定制造费用耗费差异：3 675-4 000=-325（元）。

固定制造费用闲置能量差异：（4 000-3 500）×1=500（元）。

固定制造费用效率差异：（3 500-440×8）×1=-20（元）。

账务处理如下。

借：生产成本 3 520（440×8×1）

　　固定制造费用闲置能量差异 500

　　贷：固定制造费用耗费差异 325

　　　　固定制造费用效率差异 20

　　　　固定制造费用 3 675（3 500×1.05）

（7）本月初产成品为 30 件，本月完工入库 430 件产品。

账务处理如下。

借：产成品　　　　　　　　　　　　　　　　　35 260（430×82）

　　贷：生产成本　　　　　　　　　　　　　　　　　　　　35 260

（8）本月销售 440 件产品，月末剩余产品 20 件，销售单价为 125 元/件。

账务处理如下。

借：应收账款　　　　　　　　　　　　　　　　　55 000（440×125）

　　贷：生产成本　　　　　　　　　　　　　　　　　　　　55 000

借：主营业务成本　　　　　　　　　　　　　　　36 080（440×82）

　　贷：生产成本　　　　　　　　　　　　　　　　　　　　36 080

（二）结转各种成本差异

借：主营业务成本　　　　　　　　　　　　　　　　　　395

　　材料价格差异　　　　　　　　　　　　　　　　　　500

　　直接人工效率差异　　　　　　　　　　　　　　　　 80

　　变动制造费用效率差异　　　　　　　　　　　　　　 30

　　固定制造费用耗费差异　　　　　　　　　　　　　　325

　　固定制造费用效率差异　　　　　　　　　　　　　　 20

　　贷：材料数量差异　　　　　　　　　　　　　　　　　150

　　　　直接人工工资率差异　　　　　　　　　　　　　　350

　　　　变动制造费用耗费差异　　　　　　　　　　　　　350

　　　　固定制造费用闲置能量差异　　　　　　　　　　　500

【"任务导读"解析】

标准成本法一般适用于产品品种较少的大批量生产企业，尤其是存货品种变动不不大的企业，并且对企业的管理有很高的要求。单件小批和试制性生产企业因为要反复制定修改标准成本，得不偿失，故较少采用此方法。东方公司应根据自己的生产类型和管理水平进行借鉴。

可以推行如下程序进行成本控制。

（1）制定成本控制标准。这是成本控制的起点。成本控制标准一般按直接材料、直接人工和制造费用分别制定。每一项成本控制标准的制定均应考虑数量和单价两个基本要素。

（2）执行成本控制标准。

（3）确定成本差异。将实际发生的费用与制定的成本控制标准进行比较，分析成本差异的程度和性质，确定成本差异形成的原因和责任归属。成本差异的计算与分析通常按直接材料、直接人工和制造费用三个项目进行。

（4）进行成本反馈。应及时将成本差异情况反馈到有关部门，以便提出降低成本的措施或修订成本控制标准的建议。

任务拓展

查阅资料：标准成本法在某些企业是如何应用的？

悟道明理：科技　　变动制造费用　　使用二因素分析法分析　　使用三因素分析法分析
兴国，守正创新　　成本差异分析　　固定制造费用成本差异　　固定制造费用成本差异

技能闯关

一、单项选择题

1. 固定制造费用成本差异按二因素法可以分解为（　　　）。

A. 固定制造费用价格差异和产量差异

B. 固定制造费用耗费差异和效率差异

C. 固定制造费用能量差异和效率差异

D. 固定制造费用耗费差异和能量差异

2. 人工标准成本等于（　　　）。

A. 材料的标准耗用数量乘以标准小时工资率

B. 标准工时数乘以材料的标准耗用数量

C. 材料的标准价格乘以材料的标准耗用数量

D. 标准小时工资率乘以标准工时数

3. 标准成本确定后，应就不同种类、不同规格的产品，编制（　　　）。

A. 标准价格卡　　　B. 标准成本卡　　　C. 销售卡　　　D. 利润卡

4. 产品的实际成本与标准成本之间的差额称为（　　　）。

A. 成本差异　　　B. 标准成本　　　C. 变化成本　　　D. 间接成本

5. 关于成本差异分析的说法，正确的是（　　　）。

A. 成本差异只包括实际数量脱离标准数量而产生的数量差异

B. 引起成本差异的根本原因只有通过管理当局的调查分析才能确定

C. 成本差异只包括实际价格脱离标准价格而产生的价格差异

D. 成本差异是产品的实际成本与理想成本的差异

6. 在一位财务经理的计算清单中，有如下计算。

（1）实际数量实际价格；（2）实际数量标准价格；（3）标准数量标准价格；
（4）标准数量实际价格。如果计算数量差异，则计算公式为（　　　）。

A. （4）-（2）　　　B. （1）-（2）　　　C. （2）-（3）　　　D. （3）-（2）

7. 成本差异的组成部分是（　　　）。

A. 效率差异和数量差异　　　　　　　B. 数量差异和工时差异

C. 价格差异和数量差异　　　　　　　D. 价格差异和工资差异

8. 用标准成本法计算出来的产品成本是产品的（　　　）。

A. 标准成本　　　B. 储备成本　　　C. 实际成本　　　D. 销售成本

9. 材料的标准价格信息的取得部门为（　　　）。

A. 采购部门　　　B. 销售部门　　　C. 研究部门　　　D. 生产部门

二、多项选择题

1. 以下关于固定制造费用成本差异分析的表述中，错误的有（　　　）。

A. 固定制造费用成本差异分为固定制造费用耗费差异与固定制造费用效率差异

B. 固定制造费用能量差异是生产能量与实际产量的标准工时之差与固定制造费用标准分配率的乘积

C. 固定制造费用的实际金额与固定制造费用预算金额间的差额，称为固定制造费用效率差异

D. 固定制造费用能量差异反映未能充分使用现有生产能量而造成的损失

2. 由（　　　）造成的直接人工工资率差异是企业可以预防的。

A. 工人的工作安排不得当 　　　　　B. 工人不熟悉工作环境

C. 生产计划安排不当导致低效率 　　D. 生产准备时间过长

3. 固定制造费用成本差异按三因素法可以划分为（　　　）。

A. 固定制造费用效率差异 　　　　　B. 固定制造费用价格差异

C. 固定制造费用耗费差异 　　　　　D. 固定制造费用闲置能量差异

4. 产生材料价格脱离标准的原因可能是（　　　）。

A. 延期付款，未获优惠 　　　　　　B. 购入低价材料

C. 按经济订货量制定购货计划 　　　D. 紧急订货

5. 以下属于标准成本差异的是（　　　）。

A. 材料价格差异 　　　　　　　　　B. 直接人工成本差异

C. 变动制造费用效率差异 　　　　　D. 固定制造费用效率差异

6. 直接人工工资率标准可能采用（　　　）。

A. 标准工时 　　　　　　　　　　　B. 标准小时工资率

C. 标准计件单价 　　　　　　　　　D. 标准分配率

7. 广义成本控制包括（　　　）。

A. 事前成本控制　　B. 事中成本控制　　C. 事后成本控制　　D. 反馈控制

8. 成本控制的基本程序是（　　　）。

A. 制定成本控制标准 　　　　　　　B. 编制成本计划

C. 确定成本差异 　　　　　　　　　D. 进行成本反馈

三、判断题

1. 在标准成本系统中，设置"原材料""生产成本""产成品"账户登记相关资产的实际成本。　　　　　　　　　　　　　　　　　　　　　　　　（　　）

2. 实际成本与标准成本的差额称为标准成本差异。标准成本差异反映实际成本脱离预定目标程度的信息。　　　　　　　　　　　　　　　　　　　　（　　）

3. 在成本差异不大时，将成本差异在会计期末结转本期损益。　　　　（　　）

4. 现行标准成本是指企业现在所使用的标准成本。　　　　　　　　　（　　）

5. 标准成本差异包括数量差异和价格差异。　　　　　　　　　　　　（　　）

6. 各种标准成本差异抵消后的净额，应计入"基本生产成本"账户。　（　　）

7. 从本质上讲，标准成本法是一种成本控制和管理的方法。　　　　　（　　）

8. 直接人工成本差异分为直接人工效率差异和直接人工工时率差异。　（　　）

9. 固定制造费用闲置能量差异等于生产能量与标准工时的差乘以固定制造费用

分配率。 （　　）

四、技能训练题

1. 甲公司采用标准成本法核算产品成本，期末采用结转本期损益法处理成本差异。原材料在生产开始时一次投入，其他成本费用陆续发生。在产品成本按照约当产量法计算，约当产量系数为 0.5。

月初结存原材料 20 000 千克；本月购入原材料 32 000 千克，其实际成本为 20 000 元；本月生产领用原材料 48 000 千克。

本月消耗实际工时 1 500 小时，实际工资额为 12 600 元。变动制造费用实际发生额为 6 450 元，固定制造费用为 1 020 元。

本月月初在产品为 60 件，本月投产数量为 250 件，本月完工入库数量为 200 件，本月销售产品 100 件（期初产成品数量为零）。甲公司对该产品的产能为 1 520 小时/月。

产品标准成本资料见表 8-1.7。

表 8-1.7　产品标准成本资料

产品标准成本	标准单价	标准消耗量	标准成本/（元·件$^{-1}$）
直接材料	0.6 元/千克	200 千克/件	120
直接人工	8 元/小时	5 小时/件	40
变动制造费用	4 元/小时	5 小时/件	20
固定制造费用	1 元/小时	5 小时/件	5
单位标准成本			185

要求如下。

（1）计算变动成本项目的成本差异。

（2）计算固定成本项目的成本差异。

（3）分别计算期末在产品和期末产成品的标准成本。

2. 乙公司相关资料见表 8-1.8。

表 8-1.8　乙公司相关资料

项　　目	数　　据
甲产品单位工时标准	2 小时/件
标准变动制造费用分配率	5 元/小时
标准固定制造费用分配率	8 元/小时
本月预算产量	10 000 件
实际产量	12 000 件
实际工时	21 600 小时
实际变动制造费用	110 160 元
实际固定制造费用	250 000 元

要求计算下列指标。

（1）单位产品的变动制造费用标准成本。

（2）单位产品的固定制造费用标准成本。

（3）变动制造费用效率差异、变动制造费用耗费差异。

（4）固定制造费用效率差异、闲置能量差异和耗费差异。

（5）对成本差异进行账务处理。

学习心得

（1）学习内容的梳理——画思维导图。（50分）

（2）假如你是成本核算岗位的会计，学习本任务对你具体工作的指导和帮助有哪些？（可以包括但不限于如何选择和运用成本计算方法）（50分）

任务二　考核成本费用

任务导读

李铭在一家生产小型电器的公司负责成本控制和考核工作。由于刚刚上任，他在这方面的经验不足，对此他自感责任重大，终日忧心忡忡，不知如何有效地控制和考核成本。

请问： 对此你有何建议？你认为应如何控制和考核成本？

任务陈述

成本考核是成本管理的一个关键环节，责任成本是成本考核的重要手段，通过对各个责任中心的责任成本的计算和考核，对企业的业绩进行评价，并据以编制成本控制与考核报告。

成本考核所涉及的业务活动和单证如图8-2.1所示。

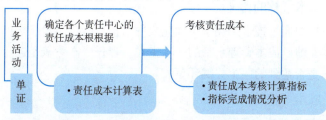

图8-2.1　成本考核所涉及的业务活动和单证

▶ **任务分析**

对企业成本进行考核，首先应设立责任中心，对成本目标进行分解落实，确定各责任中心的可控成本；其次，确定各责任中心的考核指标；最后，评价各责任中心的业绩，编写成本控制与考核报告。

▶ **知识准备**

一、责任成本的计算

（一）责任成本的含义与特点

1. 责任成本的含义

责任成本是成本考核的形式。责任成本是以责任中心为对象，以其承担的责任为范围所归集的成本，亦即特定责任中心的全部可控成本。

2. 可控成本的含义

可控成本是指在特定时期内、特定责任中心能够直接控制其发生的成本。可控成本总是针对特定责任中心的，一项成本对某个责任中心是可控的，而对另一个责任中心则是不可控的。区分可控成本，还要考虑成本发生的时间范围，一般来说，在消耗或支付的当期成本是可控的，一旦消耗或支付就不再可控。

在计算责任成本前，必须将成本分为可控成本和不可控成本。确定可控成本的条件有：成本可以预计、可以控制、可以计量。否则，该成本为不可控成本。

3. 责任成本的特点

计算责任成本的目的是评价成本控制业绩。责任成本以责任中心为计算的对象；责任成本的计算范围是各个责任中心的可控成本，即谁能控制谁负责；责任成本的重点是事后的计算、评价和考核。

（二）责任成本的内容

（1）责任成本的内容取决于企业的生产特点。不同的企业有不同的生产特点，因此不同企业的责任中心的责任成本也不同。

（2）责任成本的内容主要有：技术部门的责任成本、供应部门的责任成本、生产部门的责任成本、销售部门的责任成本和行政管理部门的责任成本。

二、责任成本的考核

（一）责任成本考核的含义

责任成本考核即通过报告期成本实际完成数与预算指标、定额指标对比，借以评价成本管理工作业绩及成本管理水平的一项工作。责任成本考核是进行成本管理和检验成本管理目标是否达到的一个关键环节。

（二）责任成本考核的内容

1. 编制与修订责任成本预算

责任成本预算是各责任中心业绩控制和考核的重要依据。通常按预定的生产产量、生产消耗定额标准和成本标准，运用弹性预算方法，编制各责任中心的责任成本预算。按预定的业务量标准编制好责任成本预算后，还需要按实际的业务量进行调整。

2. 确定责任成本考核指标

用于责任成本考核的指标有目标成本变动额和目标成本变动率。

$$目标成本变动额＝实际成本－预算成本$$

$$目标成本变动率＝（目标成本节约额/目标成本）×100\%$$

责任成本预算高于实际成本，表示目标成本变动；反之，则表示目标成本超支。

3. 业绩评价

评价一个责任中心的业绩，要同时考核目标成本变动额和目标成本变动率，综合考核各方面因素的影响，合理、公正地进行业绩评价。

进行业绩评价，应编制成本控制与考核报告，对相关责任中心进行奖励与惩罚，提出纠偏措施。纠偏措施包括：重新制定计划或修改目标；采用组织手段重新委派任务或明确职责；采用人事管理措施增加人员，选拔、培训或者撤换主管人员；改进指导和领导工作，给下属以更具体的指导和实施更有效的领导。

任务实施

一、责任成本的计算

责任成本由各责任中心直接控制和调节的可控成本组成。属于某责任中心的各项可控成本之和，即构成该责任中心的责任成本。

$$某责任中心的责任成本＝该责任中心生产成本－该责任中心不可控成本＋$$
$$其他单位转来的责任成本$$

责任成本考核一般采用逐级汇总的办法，通常由班组、车间、厂部逐级汇总。先由班组汇总到车间，再汇总到厂部，计算出企业责任成本。

$$班组责任成本＝可控直接材料成本＋可控直接人工成本＋可控制造费用成本$$
$$车间责任成本＝各班组责任成本＋车间可控间接费用成本$$
$$企业责任成本＝各车间责任成本＋企业可控间接费用成本$$

【案例 8-2.1】　下面以东方公司 202× 年 12 月的资料为例，计算责任成本，见表 8-2.1。

表 8-2.1　东方公司责任成本计算表　　　　　　金额单位：元

成本中心		预算	实际	差异
甲班组责任成本	实际业绩			
	直接材料	4 500	4 700	+200
	直接人工	2 000	2 100	+100
	制造费用	1 600	1 500	-100
	合计	8 100	8 300	+200

成本中心		预算	实际	差异
A 车间责任成本	实际业绩			
	甲班组责任成本	8 100	8 300	+200
	乙班组责任成本	8 000	7 800	−200
	A 车间可控成本	2 000	2 200	+200
	合计	18 100	18 300	+200
企业责任成本	实际业绩			
	A 车间责任成本	18 100	18 300	+200
	B 车间责任成本	19 800	21 000	+1 200
	企业可控成本	4 500	5 000	+500
	成本合计	42 400	44 300	+1 900

二、责任成本的考核

【案例 8-2.2】 南方公司生产 A、B、C 三种产品，每种产品均需甲、乙、丙三个生产部门加工。202×年 12 月该公司发生直接材料 180 000 元、直接人工 80 000 元，制造费用 100 000 元，根据料、工、费耗用的原始凭证及有关的分配表，各责任中心和各产品该月成本计算见表 8-2.2。如果甲、乙、丙三个责任中心的责任成本预算分别为 150 000 元、80 000 元和 110 000 元，则如何对各责任中心进行考核？

表 8-2.2　南方公司责任成本和产品成本计算表

202×年 12 月　　　　　　　　　　　　　　　　金额单位：元

成本项目	合计	责任成本			产品成本		
		甲	乙	丙	A	B	C
直接材料	180 000	90 000	50 000	40 000	43 000	77 000	60 000
直接人工	80 000	30 000	20 000	30 000	20 000	30 000	30 000
制造费用	100 000	40 000	30 000	30 000	30 000	40 000	30 000
总成本	360 000	160 000	100 000	100 000	93 000	147 000	120 000

$$目标成本变动额（甲）= 160\ 000 - 150\ 000 = 10\ 000（元）$$

$$目标成本变动率（甲）= \frac{-10\ 000}{150\ 000} \times 100\% = -6.7\%$$

由此可见，甲责任成本中心成本超支较少，没有完成成本控制目标，应进一步分析原因，采取有效措施，以便下期控制成本。

$$目标成本变动额（乙）= 100\ 000 - 80\ 000 = 20\ 000（元）$$

$$目标成本变动率（乙）= \frac{20\ 000}{80\ 000} \times 100\% = 25\%$$

由此可见，乙责任成本中心成本超支较多，没有完成成本控制目标，应进一步分析原因，采取有效措施，以便下期控制成本。

$$目标成本变动额(丙)=100\ 000-110\ 000=-10\ 000(元)$$

$$目标成本变动率(丙)=\frac{-10\ 000}{110\ 000}\times100\%=-9.1\%$$

由此可见，丙责任成本中心成本节约，超额完成成本控制目标，应在分析原因的基础上总结经验，以便更好地控制成本。

【"任务导读"解析】

可以通过对各责任中心的责任成本的计算和考核，有效地控制和考核成本，借以对企业的业绩进行评价。

控制和考核成本应从以下几个方面进行。

（1）编制与修订责任成本预算。

（2）确定成本考核指标。

（3）进行业绩评价

任务拓展

查阅资料：标准成本法对企业发挥的作用有哪些？

| 悟道明理：绩效考核促发展 | 责任成本的含义与特点 | 责任成本考核的内容 | 责任成本的计算 |

技能闯关

一、单项选择题

1. 责任成本是由各个责任中心可以直接控制和调节的（　　）。

A. 实际成本　　　　B. 定额成本　　　　C. 标准成本　　　　D. 可控成本

2. 责任成本预算高于实际成本，表示目标成本（　　）。

A. 超支　　　　B. 节约　　　　C. 相等　　　　D. 以上都对

3. 责任成本是以责任中心为对象，以其承担的责任为范围所归集的成本，亦即（　　）。

A. 特定责任中心的部分可控成本　　　　B. 特定责任中心的全部可控成本

C. 责任中心的部分可控成本　　　　D. 责任中心的全部可控成本。

二、多项选择题

1. 责任成本的特点是（　　）。

A. 计算责任成本的目的是评价成本控制业绩

B. 责任成本以责任中心为计算对象

C. 责任成本的计算范围是各责任中心的可控成本

D. 责任成本的重点是事中的计算、评价和考核。

2. 在责任成本考核中，用于责任成本考核的指标有（　　　）。

A. 目标成本节约额　　　　　　　　B. 目标成本节约率

C. 标准成本　　　　　　　　　　　D. 可控成本

3. 责任中心的责任成本 =（　　　）-（　　　）+（　　　）。

A. 该责任中心标准生产成本　　　　B. 该责任中心生产成本

C. 该责任中心不可控成本　　　　　D. 其他单位转来的责任成本

4. 纠偏措施包括（　　　）。

A. 重新制定计划或修改目标

B. 采用组织手段重新委派任务或明确职责

C. 采用人事管理措施增加人员，选拔、培训或者撤换主管人员

D. 改进指导工作

三、判断题

1. 在计算责任成本前，必须将成本分为可控成本和不可控成本。（　　　）

2. 责任成本的计算对象就是企业产品的成本计算对象。（　　　）

3. 责任成本考核的指标有目标成本变动额和目标成本变动率。（　　　）

四、技能训练题

某企业内部某车间为责任中心，生产甲产品，预算成本为 160 000 元，实际成本为 150 000 元。计算该责任中心的责任成考核指标——目标成本节约额和目标成本变动率。

学习心得

（1）学习内容的梳理——画思维导图。（50分）

（2）假如你是成本核算岗位的会计，学习本任务对你具体工作的指导和帮助有哪些？（可以包括但不限于如何选择和运用成本计算方法）（50分）

项目总结

成本控制即在成本形成过程中对各项成本活动进行监控，及时发现偏差，采取纠正措施，保证成本目标的实现。成本控制程序是：制定成本控制标准—执行成本控制标准—确定成本差异—进行成本反馈。成本控制的常用方法有定额法和标准成本法。标准成本法也称为"标准成本制度"，是一个成本控制系统，包括制定标准成本、计算和分析差异、处理成本差异三个环节。

成本考核是在财务报告期结束时，通过把财务报告期成本完成数额与计划指标、定额指标、预算指标进行对比，来评价成本管理工作成绩的一项工作，它是成本管理的最后一个环节，也是检查成本管理目标是否达到的一个重要环节。对成本进行考核，通常采用以下方式：将成本指标分解落实到每一个责任中心，以责任成本的形式对每一个责任中心进行成本考核，企业通过责任成本的计算与考核来评价每一个责任部门的成本管理目标完成情况。

学习笔记

参 考 文 献

[1] 江希和. 成本会计教程 [M]. 7 版. 北京：高等教育出版社，2022.

[2] 注册会计师资格考试教材编写组. 财务成本管理 [M]. 北京，中国财政经济出版社 . 2022.

[3] 万寿义，任月君，李日昱. 成本会计习题与案例 [M]. 大连：东北财经大学出版社，2022.

[4] 吴育湘. 成本会计实务 [M]. 镇江：江苏大学出版社，2021.

[5] 史艳利. 企业成本核算与分析 [M]. 上海：立信会计出版社，2021.

[6] 刘爱荣，陈辉，郭士富. 成本会计实训 [M]. 7 版. 大连：大连理工大学出版社，2021.

[7] 李爱红. 成本核算与管理 [M]. 北京：高等教育出版社，2020.

[8] 范晓东 . 500 强企业成本核算实务 [M]. 北京：机械工业出版社，2020.

[9] 孙颖. 成本会计项目化教程 [M]. 2 版. 北京：高等教育出版社，2019.

[10] 李跃升. 成本管理会计与企业决策分析 [M]. 北京：人民邮电出版社，2019.

[11] 杜晓荣，张颖，陆庆春. 成本控制与管理 [M]. 2 版. 北京：清华大学出版社，2018.

[12] 汪立元，任爱莲. 成本会计 [M]. 2 版. 北京：中国人民大学出版，2018.